叢書・ウニベルシタス　1172

〈ベル・エポック〉の真実の歴史

ドミニク・カリファ
寺本敬子 訳

法政大学出版局

エミリーへ

目次

「時間軸上では、後戻りすることはできない。失われたものは、永遠に失われている。」

ウラディミール・ジャンケレヴィッチ『還らぬ時と郷愁』（一九八三年）

プロローグ
見出された時？

われわれは皆、「ベル・エポック」について何らかのことは知っている。そのベル・エポックと言われて頭に浮かべる像は、ときに印象主義的なものではあるが、この表現は馴染み深く、われわれにとって未知ではないイメージを喚起する。学校での記憶に加えて、多くの小説、映画、シャンソンを通して言及されてきたものが混ざり合っている。ベル・エポックは、美術書や展覧会カタログでも引用されている。さらにロケットペンダントやポートレート、全身像などの写真、絵葉書、古紙、広告、いくらかの物品、またそれほど遠くない過去から伝わる無数のこまごまとした物がある。まずこれらのことから出発し、われわれが瞬時に抱く表象から浮かび上がるベル・エポックの肖像を描写してみよう。

「ベル・エポック」……。もちろん舞台はフランスである。たとえこの表現が少しずつ他の言語や他の文化に広がってゆき、この国が同時代の世界の他地域に対して有していたとりわけ文化的な大きな影響力を示すことになったのだとしても。いつのことか。一九〇〇年の前後である。のちに見るようにこの日付は、しばしば揺れ動く傾向があり、実際にいくつか異なる解釈が存在する。しかし一九〇〇年はキリのいい数字であって、この「際立った日付」[*1]は大変覚えやすく、記憶に焼きつき、したがってコンセンサスを取りつけるのに打ってつけである。つまり二〇世紀初頭のフランス、より正確にはパリだ。あらゆる視線を惹きつけ、あらゆるエネルギーを一身に集めているように見える、あの光の都である。異論の余地なく、ベル・エポックは都会的で、パリのもので、この首都を崇めてすらいる。しかしこのパリは、さまざまな側面で田舎風の魅力を保持していた。モンマルトル、ベルヴィル、ヴォージラール、パッシー、マルヌ川の岸辺、または城壁を越えたところから始まる野菜畑のある郊外など、田舎は決して遠くなかった。それはまた「上京してきた」地方出身者のパリでもある。〔第三〕共和政の国家が一九〇〇年九月二二日にシャン・ド・マルスの庭園で催した、二万二〇〇〇人もの市町村長を招待した祝宴や、出身地方の訛りを持った共和国大統領の例が浮かぶ。エミール・ルーベはモンテリマール、アルマン・ファリエールはロ・エ・ガロンヌ、レモン・ポワンカレはバール＝ル＝デュックの訛りがあった。パリの「全体的なトーンは、カフェ・ド・コメルスの匂いがする田舎だった」と、風刺文作家ピエール・ドミニクが見事にまとめている。[*2]パリはまた、ドーヴィル、ラ・ボール、ヴィシー、ビアリッツ、モンテカルロあるいはカンヌとさまざまな「属領」抜きには存在しない「シックな都市」[*3]でもあった。この最後の点は、きわめて重要である。ベル・エポックがほとんどつねに連想させていたのは、上流社会の無頓着で移り気な世界、サロン、社交界、ハイ・ライフといった美しい暮らしぶりであった。上流社会の人々が劇場、オペラ、競馬場に通い、マキシムでシャンパンとともに夕食をとる。男性は「シルクハット」をかぶり、ボタン穴にカーネーションをとおし、女性はホブルスカートをはき、巨大な帽子をかぶっている。この上流社会《モンド》と、さらにその世界の周囲にある高級娼婦たちの「半上流社会《ドゥミ・モンド》」が、社会全体を具現化しているとまで考えるほどおめでたい人は皆無だとしても、それらが当時の社会全体に範を垂れていたと考えたくなる人もいるだろう。当時のヨーロッパは平穏であり、経済成長や繁栄は現実のものであり、余暇産業や娯楽産業は当時目覚ましい発展を見せていた。これらすべてが、軽快さ、生きる喜び、快楽を共有する世界といった印象をもたらす。ベル・エポックは、いわば「人生における偉大な安息日」[*4]のようなものであった。

ベル・エポックにはいくつか別の特徴がしばしば結びつけられる。まずは進歩の絶対的な力に対する信頼感である。ベル・エポックは実証主義を標榜したとも言われる。その写真帖《アルバム》はどれも、科学と技術の驚異を挙げることから始まる。夜のとばりを後退させた「電気の精」のきらめき、無線の電信技術を開発したエドゥアール・ブランリの発見、物理学の世界に新たな価値をもたらしたアンリ・ベクレルあるいはマリー・キュリーの業績、これらなしにこの写真帖を理解することはできない。産業を育成し、発展を刺激するこの進歩は、自由かつ無頓着で、悪い側面がない。進歩は「壮挙」の形で表される。たとえば、自動車の開発者、またさらにはクレマン・アデル、ルイ・ブレリオ、あるいはロラン・ガロなど一流の航空士である。その進歩は、衆目を集めたこと疑いなしの公的な祝賀会でも凱旋する。一八九八年にパリで開催された自動車のサロン、一九〇〇年七月の地下鉄の開通、一九一一年のグラン・パレにおける第一回の航空サロンを挙げよう。というのも、進歩と最新技術の力は、万人の役に立ち、万人に利益となるものであるからだ。五〇〇〇万人以上の入場者を集め、産業の大博覧会であると同時に巨大な祝祭の広場であった一九〇〇年の〔パリ〕万国博覧会が、全世界にこのことを知らしめる。リュミエール兄弟が発明したシネマトグラフという機械および産業の純正な産物は、さらなるものをもたらした。わずか十数年間で、単なる技術が、万人に開かれ手に届く驚異的なスペクタクルになり、われわれのあらゆる表象とあらゆる感情を生き生きとしたかたちで総合してくれるような新たな言語になったのである。

進歩は自由をもたらし、自由を創るものと考えられていただけに、人はいっそう容易に進歩の勝利を信じた。不平等が幅広く温存されていたにもかかわらず、ベル・エポックという想像物は、貧困が減少し、習俗が柔和になり、快適さと消費が拡大し、それとともに生きる喜びも拡大すると認めた。苦労して獲得されたこの自由は、彫刻家ジュール・ダルーが一八九九年にナシオン広場に設置した彫像《共和国の勝利》によって政治的にも保障された。一八九七年、エドモン・ロスタンの『シラノ』の主人公が胸をそらす満席の劇場で、またアリスティド・ブリュアンを売り出したル・シャ・ノワールやル・ミルリトンといったキャバレーで、「仕事の後の土曜の晩」に多種多様な人々がひしめくカフェ・コンセールでと、フランス人はどこでも自由を掲げた。この自由は、余暇が徐々に現れてくるところでも明るみになる。余暇は一八九九年にアメリカ人の社会学者ソースティン・ヴェブレンが定義した「有閑階級」の特性だけではもう説明できないものになり始めていた。スポーツ、さらには自転車ほど、この新しい自由を象徴するものはない。自転車は、労働者にも少しずつ手が届くようになる。それは、産業活動が搾取と同義語ではなくなり、社会的期待を具現化するようになる時を告げている。*5 自転車は、余暇を得るための道具、青年期の夢、若さの象徴として不可欠なものとなる。女性にとっては、衣服の束縛からの解放、活動、自立といった、それ以上のものを約束したように思われる。しかし海水浴、テニス、「サヴァット〔フランス式キックボクシング〕」や体操も、一九〇〇年パリのオリンピック競技大会が催す身体の大祝祭の一部をなしていた。あらゆる領域での自由、無頓着、軽快さ、快楽が風俗に悪影響を及ぼすと人は信じるふりをした。それほどベル・エポックという想像物は、移り気で卑猥な調子を分泌したのである。「女性の優位」、グラマーやセックス・アピールが話題に上がる。そしてリアーヌ・ド・プジー、エミリエンヌ・ダランソン、あるいはクレオ・ド・メロード〔いずれもダンサー、高級娼婦〕の柔和で憂いをもつ微笑からは、コルセットやボタンブーツといった控えめのエロチシズムが発散する。

しかしもうひとつの、これまた決定的な特徴がある。すなわち、「前衛《アヴァンギャルド》」が勝利する一連の大胆さを強調するという特徴である。ベル・エポックは、文句なく文化的である。ベル・エポックは、驚異的な創造力の豊かさという考えに大幅に立脚していた。この考えがパリをして異論の余地のない芸術と文学の首都とし、この時期をして一種の美学的な大胆さ、実験、独創性の絶頂としたのである。「パリは当時、絵画や彫刻の西洋の首都として認知されるだけでなく、音楽、演劇、おそらくは文学においても最も重要な産地であった」と、アメリカの大学の最近の講義概要はまとめている。[*6] そこで紹介されている一覧は驚異的なものだ。クロード・ドビュッシーの『ペレアスとメリザンド』の第一部（一九〇二年）とパブロ・ピカソの《アヴィニョンの娘たち》（一九〇七年）とが、エクトール・ギマールまたはエミール・ガレによるモダン・アートの渦巻装飾と一八九六年のアルフレッド・ジャリによる『ユビュ王』の出現とが、一九〇九年のロシア・バレエのスキャンダルと一九一三年のマルク・シャガールの《窓から見たパリ》における分裂した視覚とが対話しているのだから。この時代を絶対的な美的ショックを与えた時代とする芸術家、運動、学派、雑誌、声明は枚挙にいとまがないだろう。芸術と産業のあいだで、制度的な文化と路上の文化とのあいだで交流や循環もますます顕著になっていく。ポスターや広告が芸術の域にのしあがり、新聞や普及版の分冊にも霊感が宿り、ファントマ〔一九一一年に開始した覆面盗賊を主人公とする大衆文学の人気シリーズ〕が自動記述を開始する。

　以上のすべてが収斂し、この時代は、進歩、自由、刷新、幸福の並外れた一連の時代となる。「パリはなんて生きることを幸せに感じていたことか！」と後にモーリス・シュヴァリエが世紀初頭を振り返って記している。[7] 軽快さと生きる喜び、お祭り騒ぎとダンスパーティー、美的・科学的創造と民主主義の成就といった驚異的な瞬間である。そうではあるが……、この夢のような絵画は、影の部分を含んでいる。というのも、幸福と無頓着は、実際、脅威に囲まれてしか存在せず、「快楽の時」は悪徳の時でもあるからだ。[8] 退廃《デカダンス》の不安は、世紀末を過ぎても残存することはなかったが、別の危険が激化してきたのである。アルコール中毒や自殺が社会を腐敗させる。犯罪、狂気、売春が、手に手を取って前進する。ごろつき、アナーキスト、ストライキ、浮浪者が進歩の継続を妨げる。大衆は、さまざまな恐るべきユートピアに導かれ、興奮する。一九一二年四月一二日、一種の水に漂う小型のベル・エポックというべきタイタニック号の難破は、その後勝利を収めることになる動乱の悲劇的な予兆をこの社会にもたらした。

　舞台裏、幸福の錯覚《イリュージョン》、人々が目を背けたがっていた脅威、これらすべてが暗黙のうちに、ベル・エポックが想起させるものにしつこく付きまとうのである。「自覚しようとは望まずに、一九〇〇年は内側からむしばまれていく」とアルマン・ラヌーは記している。[9] というのも、ベル・エポックの歴史を語る者すべてが、一九一四年八月一日にそれが突如終わることも知っているからである。幸福、繁栄、生きる喜び、創造的な無頓着が、塹壕の黒い泥のなかに埋まっていくことを。どれだけ客観的であろうとしても、何が起きたかを学ぶこと、「歴史の結末」を知ることは、必然的に歴史の流れの評価に影響をもたらす。目的論は、周知のように、恐ろしい同伴者である。当然にも、あらゆる歴史家がこの困難に出会う。歴史家は、当事者や史料に密着し続け、そして双方の発する言葉に耳を傾け、それらを交差させることで、こうした困難をかわそうとする。しかしながら、この手続きの実行には、ベル・エポックを対象とする場合、さらに厄介な性格が付きまとう。というのも、この表現は、「世紀末《ファン・ド・シエクル》」が同時代人によって時代を描写するために作られ使用されたのとは反対に、後代に作られた、回顧的かつ直接的にノスタルジックな種類の語であって、主に「われわれが失った世界」を嘆き悲しむことを目的としていたからだ。同時代の人は誰も、この表現を使用することはなかった。その用法は、いかに熟慮したとしても、まるまるひとつの想像物と演劇性、さらに「ドラマツルギー〔作劇法〕」を内に秘めているのであって、これらがその史実性をゆがめ、その意味を改変するのだ。一九〇〇年代を「ベル・エポック」として語ることは、一九一九年から三九年の時期を「戦間期」として語ることと同様に時代錯誤的である。歴史家は通常、この種の神話を素早く狩り出すものだが、言葉の用法については現在にいたるまで解明しようとはほとんど試みず、概して次のような指摘に留まっていた。すなわち、問題の時代がすべての人にとって美しかったわけではない、という原則的な指摘である。歴史家がどれほど軽率にこのベル・エポックなる表現をわがものとし、時代区分法のお決まりの鋳型に嵌め込んだかを知って驚く向きもあろう。「ノスタルジーから生まれた表現は、一定の懐疑的態度で取り扱われなくてはならない」とイギリスの二人の歴史家がいみじくも指摘している。[*10]

本書は、この点の確認、およびそこから発する疑問から生まれた。本書の意図は、ベル・エポックという想像物がもたらす極端な表象を修正することではない。この時代を研究する歴史家の大半がすでに行っているのだから。またわれわれの歴史と言語に属する表現に「けりをつける」ことでもない。というのも、こうした表現は、それについてひとがどう考えようが、われわれの時代理解を形づくり続けるであろうからだ。本書の野心は別のところにある。いつ、なぜこの名称が生まれたのかを理解すること、それがどのように用いられたのかを理解すること、さらに、それがどのような多くの想像物をもたらしたかを分析することにある。言語学者が学術用語で「クロノニム（chrononyme）」と呼ぶもの、すなわち、ある時代のアイデンティティを定義するために社会意識が徐々に認めるようになったさまざまな「時代の名前」のひとつを明らかにすることにある。[*11] 実際、命名することは、けっして中立的なものではない。この作業はつねに、しばしば科学的なもので、ときには政治的、イデオロギー的、文化的、商業的なものでもある、種々の意図や結果を含んでいる。歴史家がもし、過去に付与されたすべての意味を把握しようと望むなら、これらの意図と結果を巧みに狩り出していくことが重要である。というのも過去は、終了ないし完成したものであるにはほど遠く、後の時代から投げかけられる視線や問いによって働きかけられ続けているからである。本書が描く「ベル・エポックの真実の歴史」はしたがって、一九〇〇年代の歴史を間接的にしかたどらない。むしろ、この用語、またはその諸前提がどう創出されたのかから始め、この創意に満ちた時代を指す想像物がどのように構築され、修正され、再構築され、時に発明されたのかを理解することに努めたい。

「ベル・エポック」の境界標に関する問題には、したがって長くこだわることはしない。フランスの歴史家たちは、それでもしばしばこの区切りについて議論し、異なる日付を提案してきた。少なくとも始点についてはそうだ。というのも、終点——一九一四年——については疑義が呈されたことがなかったためだ。逆に、開始時期については多くの議論が起こった。年代記作者のなかには、軽率にも、いささか断定的な日付を提案した者もいる。「ベル・エポックは、一八八九年五月六日に始まる。このとき万国博が開催されたからだ。大衆の熱狂が、その焦点を映し出している」[*12]。多くの著者は、もっと慎重であった。フランス革命百周年、共和政の決定的な定着を祝う一八八九年〔パリ〕万国博が明らかな目印になるとしても、同じくらい重要な別の日付も提案された。一八九四年、すなわち「〔ドレフュス〕事件」へと発展するものが始まる年が挙げられるのは、この「事件」が周知の通り現代フランスの生成において重要だからだ。一八九六年は、経済成長および繁栄のサイクルへの回帰の年である。一八九八年または一八九九年は、ドレフュス事件の頂点である。そしてもちろん一九〇〇年は、キリのよい数字で、緊張緩和、さらに、その次の最も重要な「エクスポ」となる万国博開催の年である。時に、さらにこれとは異なる、いっそう驚くべき提案もある。始点を一八七六年にし、終点を一九一一年に設定した小粒の地域研究がその一例である[*13]。外国からの捉え方はいっそう漠としている。アメリカ人のフランス歴史家ユージン・ウェーバーは、「一九一四年に先立つおよそ一〇年」とするが、専門を同じくするチャールズ・リーリックによれば「〔第一次〕大戦前の三〇年」である[*14]。外国で出版された百科事典、教科書や一般書は、ベル・エポックなる表現をいっそう広く捉え、一八七一年から一九一四年までの第三共和政の前期だとしている。これらの多様な見解は、後に見るように、さまざまな文化やそれを生み出した時代についてわれわれに多くのことを教えてくれる。しかしながら、見解の多様性自体を重視しすぎてはならない。というのも、ユベール・ジュアンが鋭敏に見てとったように、「ベル・エポックは、すべてが混ざり合う漠然としたノスタルジーを表す[*15]」ものだからだ。すでに一九四六年、ファッション・パレードの組織者はこのことに気づいていた。「彼らの着想の源には、あらゆる日付が混ぜ合わされている。婦人服職店主に対して、それらの参照先についての正確さをあまり求めてはならない！　思い起こされるのは、ベル・エポックの総体なのである。ベル・エポックは、ガヴァルニからエリューまでの時期である。アメリ女王から始まり、グレフュール伯爵夫人で潰える。半世紀間に流行した豪華な服飾の大パレードがファッションショーの会場を占拠しようとシャンゼリゼ大通りを下っていった[*16]」。

われわれにとって真に重要な唯一の日付は、この表現が生まれた日付である。この調査は容易に見えるかもしれない。というのも、「ベル・エポック」は、失われた世界へのノスタルジーを表すために〔第一次〕大戦の直後に現れたと説明する点で、すべての著者の意見が一致しているからだ。この主張が、本から本へと再生産され、法律と同じような力を獲得した。あるアーキビストは一九七二年に、この現象を次のように説明している。

「ベル・エポック」という表現はまず、今世紀初めの年代の、主としてパリの狭い社会階層における、安逸で無頓着な生活を指すものである。この表現は、第一次世界大戦の後、一九〇〇年から一九一四年までの時期をひとまとめにして説明する際に世論にも採り入れられた。この転移および神話の誕生はかなりよく理解できる。この現象は、すさまじい苦悩を経験した世代、幻想とともに最良の仲間たちを失った世代、それ以前の時期の長期にわたる平和と安定を称揚することによって一九一四〜一九一八年の泥と血の壕を忘れることに喜びを見出していた世代の現象なのだ。[*17]

それから四〇年が経った今も、この説明は変わっていない。「戦間期という宙ぶらりんの時代のノスタルジックな歴史が一九一八年以来、大戦との対照を強調するためにこの時代を「ベル・エポック」と呼んだ」と美術史家ジェローム・ヌートルは記している。[*18] この見解は、外国でも広く認知されている。一九二〇年代は、「フランスがかつては平和と繁栄を享受していたこと、パリが代表的な都市であったことを主に示すために」[*19] 一九二〇年代が「ベル・エポック」を作り上げたというのである。

この説明はもちろん、もっともらしい。しかしながら、これまで一度も証明されたことはない。歴史家がそれを確認するための証拠を探し求めても、見つけることはできないのだ。チャールズ・リーリックは、「五年におよぶ苦悩、喪失、悲嘆の果てに」「ベル・エポック」が生まれたとする出生証明書の信憑性に深刻な疑義を呈した最初の人物である。それに少し遅れてジャックリーン・ラルエットが裏付けるように、「子細に検討すると、この主張は、いかなる史料にも基づいておらず、誤りであるかもしれない」。[*20]

したがって、次の簡潔な問いから調査を始めるのが適切である。一九世紀と二〇世紀の転換期のフランスを描くために「ベル・エポック」の表現が初めて現れたのはいつなのか。

＊　＊　＊

「お聞きください……。背徳だ、退廃だ、弛緩だなどと叫んでも無駄です。私としては、われわれがひとつの美しい時代《ベル・エポック》（une belle époque）に生きていると思うのです。歴史はいつか、われわれが正しいことを認めるでしょう……言うまでもありません。フランスがこれほど強力で、偉大で、敬われたことはなかったのです」。「まさにそのとおりだ！　われわれは、美しい時代《ベル・エポック》、光の時代を生きていますからね。大衆は、識見豊かです。教育……、自由……、兵役義務もありますからね」[*21]。このようにオクターヴ・ミルボーが一八九二年の『河岸で』に登場させた二人のブルジョワは胸を張って語り合う。この驚くべき対話は、「世紀末」の真只中で、フランスの疑いようのない偉大さを称えている。フランスの軍隊、勢力、文化、さらには、言葉の端に見え隠れする、その脅威をもである。しかしながら、この表現がここではしかるべき日付を伴っていたり、しかるべく同定された時代を指していたりするわけではないことを人は認めるだろう。「ベル・エポック（la Belle Époque）」ではなく、「ひとつの美しい時代《ベル・エポック》（une belle époque）」である。このような意味で用いられる事例は、もちろん多数ある。ある医師の旅行家は一九〇四年に「美しい時代《ベル・エポック》のギリシア作品」に言及している。またオデットが、「女友達から招待を受け、その家ではすべて〈時代もの（de l'époque）〉であったことをスワンにかつて話した。しかしスワンは、その時代が何なのか言わせることができなかった」[*22]という一節が頭に浮かぶ。これらの用例は、複数示すことができるが、「美しい（belle）」と「時代（époque）」を結びつける連辞の「自然な」意味に留まっている。これは一九〇五年に小役人のフロランタンが、遺産や昇進が自らの手から逃れてゆくのを見たときに発している「汚い時代（Sale époque）！」についても同様である。[23]
宣戦布告と動員は、もちろんひとつの時代の終わりとして受け止められた。ギョーム・アポリネールが一九一八年に刊行した『カリグラム』選集中の有名な詩が知られている。「一九一四年八月三一日／午前零時の少し前にドーヴィルを出発した／ルーヴェールの小さな車内で／運転手を入れてわれわれは三人であった／まるごとひとつの時代にさらばと言った……」[24]。あたかもこの別離をよりよく説明するためであるかのように、二人の相棒は、八月二日にひとたびパリに到着すると、ポワソニエール大通りの店でいくつかの短編映画を撮っている。こうした表現の用例が、大戦後に増加する。美術史家が「スペインとポルトガルにおける絵画の美しい時代《ベル・エポック》」（一六世紀を対象とする）を語り、「美しい時代《ベル・エポック》の円卓」（第二帝政期を対象とする）に言及するジャーナリストのリュシアン・デュベックが一九二四年九月、『ルヴュ・エブドマデール〔週刊雑誌〕』で「美しい時代《ベル・エポック》のジョルジュ・カルパンティエ」を称える。[25] しかしながら、忙しない一九二〇年代には、世紀初頭のものと同定される「ベル・エポック（la Belle Époque）」については何の痕跡もない。次の一〇年間に事態はいっそう鮮明になる。このあいだに大戦に先立つ時代へのノスタルジーが現れ、これがベル・エポックの真実の前史をなすにいたるのである。一九三〇年に、有名な婦人服デザイナーのポール・ポワレが回想録を出版し、そこで彼は「時代」をどのように着飾ったかを説明している。その一方で、雑誌『純粋詩』も「象徴主義の美しい時代《ベル・エポック》」を取り上げる。二年後に、ガリエラ美術館の学芸員アンリ・クルーゾーが、モダン・スタイルの美学の「結局のところ美しい時代《ベル・エポック》」について語り、この時代を一八九〇年に開始し、一九〇〇年頃に開花するものとしている。[26]
批評家ジャン・ヴァルドワが、『映画雑誌』で一九〇〇年を舞台とする近年の映画の連作についてコメントし、「サガン公とエミリエンヌ・ダランソンの通うマキシム。美しい時代《ベル・エポック》……」*27と書く。ここではより明確だが、この言い回しはまだ良き時代の同義語でしかなく、それ以上ではない。「あぁ！　そう、それはわれわれが生きる安らぎを知っていた良き時代でした」。一九三七年のジュリアン・デュヴィヴィエの映画『望郷（*Pépé le Moko*）』では、題名と同じ名の主人公に対し、年老いた歌手フレエルがまさにこう言っている。「私は、気がめいると、時代を替えるのよ！」こう言って彼女は、蓄音機に自分の二〇歳のときのシャンソンをかける。表現はこのように「流行していた」が、まだ完全に定着していたとは言えない。この表現は、一九三六年にもう少しはっきりと認められる。歌手のロベール・ビュルニエが、ヌーヴォーテ劇場での、アンリ・デュヴェルノワ、アンドレ・バルド、アンリ・クリスティーネによるオペレッタ『雌鶏（*La Poule*）』のなかで、「あぁ！　美しい時代《ベル・エポック》」と歌い出したときのことである。*28もっともこの歌は、それに先立つ三年前にルネ・ギッサールが同じシナリオをもとに制作した映画のなかで使われていた。しかしながら、この称揚された「美しい時代《ベル・エポック》」は、まだ明白には世紀初頭に結びついていない。それはただ良き時代、かつての良き時代、「過ぎ去った時」の美しい時代《ベル・エポック》を想起させるものなのである。それから実に四年を経てようやく一九四〇年一〇月、「ベル・エポック（la Belle Époque）」がはっきりと現れる。司会者で「放送番組の演出家」のアンドレ・アレオーがラジオ・パリで「あぁ、ベル・エポック！　一九〇〇年の時代の音楽クロッキー」と題する新娯楽番組を始めたからだ。アレオーは、一九三六年のリフレインから当然ながら着想を得ているが、それを具体的に年表の上に固定し、きわめて特殊なタイプのシャンソン、すなわち一九〇〇年代のカフェ・コンセールの大ヒット曲に結びつける。ベル・エポックはこのとき誕生したのだ。

＊　＊　＊

本書の続く頁では、したがって、「ベル・エポックの真実の歴史」をたどり、「歴史的な想像物」とは、すなわち再構成された過去とはどのようなものなのかを説明したい。本書を貫く問いがひとつある。なぜ二〇世紀（しかし二一世紀もすぐさまその後に続くことになる）は、自らの最初の年代を称え、ほぼ神聖化する必要を感じたのか。いかなるダイモン〔守り神〕がこのようなノスタルジーを育むよう導いたのか。ダイモンがそこから恩恵や利益を引き出したとすれば、それはいかなる恩恵、いかなる利益なのか。というのも、こうして名づけられた時代の歴史が、一九〇〇年代についてわれわれに何かを伝えるとしても――そうではないことがありえようか――、同じ歴史はまた、いやおそらくとりわけ、出生時の幸福な時代を忘れることに苦労した二〇世紀という、困難で不快な、恐ろしい時代についてもわれわれに語りかけるからだ。そもそも、「ベル・エポック」なる時代の一般的様相は、絶えず変化してきた。一九三〇年代の「ベル・エポック」――当時は「一九〇〇年の時代」と呼ばれていた――は、一九五〇年代の映画で支配的となる「ベル・エポック」、あるいは一九八〇年に絵葉書のコレクションに顕示される「ベル・エポック」とは同じ相貌をしていない。歴史は、つねに、時代の表象を屈折させ、過去のイメージを自らの必要に応じて作り上げるのだ。大事なのは、異論の余地なく実在していて、われわれの生の骨子をなしている行為や「事象」を無視することではもちろんない。また、空想や想像に身をまかせることでもない。そうではなく、要は、さまざまな時間性が交差することで過去を作り出している巧妙な再構築の過程を、歴史家として分析することである。

したがって、できるかぎり源泉にさかのぼり、最初期から現在の変容にいたるまで、「ベル・エポック」という観念のなかで徐々に入り組んでいった表象群の複雑なもつれを解くよう努めよう。ただし、この行程は、なんらかの「教訓」を垂れたり、自信過剰気味に素人の間違いを訂正することを目指すものではない。想像物が従う法則は堅苦しい年代学の法則とは異なるものであること、歴史は生きものであって、いつも最終的には、それを書く社会に属していることは重々承知しているのだから。

二〇一五年一二月一二日土曜日、午前一〇時。肌寒いが、雨は降っていない。私はソルボンヌ広場で約四〇人の学生と一人の若い女性の同僚に合流した。目的は、この地区に、三〜四人の小さなグループに分かれて散らばり、通行人に対し「ベル・エポック」と聞いて何を思い浮かべるかをインタビューすることである。われわれは、この取り組みを入念に準備した。単刀直入な一〇程度の質問を作成した。この言葉が何を意味するかと問い、場合によってはいくつかの年代を指してもらう、さらにとりわけ主要人物、場所、出来事、それに関連づけることのできる物事に関して答えてもらう。インタビューの最後は、もっと個人的なものに関わり、この時代はあなたが生きてみたかったような時代かどうかを尋ねるのである。

この調査にはもちろん、学術的なねらいは何もない。われわれは、若者や年配者、フランス人や外国人、パリジャンや地方人など、出会う人々みなに質問することにした。これは、人々の感覚、表象がどのようなものかを知るための「街頭インタビュー」でしかない。女子学生のひとりは、「印象派の絵画」と言った。われわれはもちろん、パリの、土曜の朝に高校生や観光客がひしめく恵まれた街区にいることを承知していた。しかしこの計画はわれわれを夢中にさせた。普段は生暖かい講堂でより無気力に見える学生が、やる気と生気に満ちていることに気づき、私は嬉しかった。最後の詰めをしてから、一〇時一五分頃にわれわれは分かれた。幾人かは、リュクサンブール公園のほうに進み、他はパンテオンとコントルスカルプ広場のほうへ、大部分はサン・ミシェル大通り、エコール通り、サン・ジャック通り、エコール・ド・メドシーヌ通りなど、隣接した通りに分散した。

私は早い段階で回答の傾向をつかもうとして一二時三〇分頃に一部のグループと再会し、他のグループとは翌週にまとめて総括することにした。学生たちは、総計で一五〇名を超える人々と会話した。幾人かの学生は断られたが、ほとんどの場合、好意的に受け入れられた。しかしながら多くの学生が驚き、私も参加した会話の際に驚いたのは、大勢の人々の反応である。まるで違法行為の現場を押さえられたとでも感じているようだった。おどおどし、馬鹿げたことを言ったのではないかと恐れ、自分は歴史家ではないと言って予防線を張った。われわれはこのアンケートが取り調べではまったくないこと、どんな意見でも構わないし、知りたいのは人々が質問事項をどう感じ取っているかだ、と重ねて伝えてみても無駄だった。われわれは、「知」に対する強い抑制を感じ取ることとなった。

しかしながら、「ベル・エポック」は、ほぼすべての人にとって何かを意味していた。それは、幸福で平和な、繁栄の時代である。多くの人が連想したのは、憂いがなく快適な時、生きる喜び、進歩が共有され、さらに習俗がいっそう自由になる、奢侈と娯楽の時期である。ある男性は「すべてが経済的に上手くいった時代」と説明する。若いイタリア人のカップルは「装飾、花、色、音楽、舞踏会」と述べる。しかし質問がより具体的なものとなり、年代を問うものになると、みな戸惑い、いっそう曖昧になった。ルネサンスだと答えた者もいるし、一八世紀あるいはフランス革命だとした者、さらに「栄光の三〇年」〔フランスの高度経済成長期の三〇年：一九四五〜七五年〕や、一九九〇年代の末、シラク大統領の時代、サッカーのワールドカップ、「ユーロへの移行以前の時期」を挙げた者もいる。ある高齢の男性は、自分の青年時代だとした。ともあれ大部分の人は、ベル・エポックを二〇世紀初めだとしたが、それでもとりわけ戦間期に位置づける傾向があった。万国博、政教分離〔一九〇五年〕またはバトー・ラヴォワール〔洗濯船：モンマルトルの集合アトリエ兼住宅〕といった一九〇〇年代もいくらかの賛同を得たが、それ以上に、最も多くの人が言及したのは「狂乱の時代」、チャールストン〔一九二〇年代にアメリカ合衆国で始まったダンス〕、ギャルソンヌ〔少年のような服装を取り入れ、一九二〇年代フランスで流行した女性のファッション〕、ジョセフィン・ベーカー、華麗なるギャツビーである。パリがこれらの表象に君臨しているのは疑いない（エッフェル塔、モンマルトル、ピガール、ムーラン・ルージュ、カフェ・コンセール）。しかしこの都市は、禁酒法時代のニューヨークやシカゴと妥協しなくてはならなかった。ウディ・アレンの『ミッドナイト・イン・パリ』がよく挙げられたが、これらのイメージがダブっているのは、部分的にはこの映画のせいだ。結局のところ「ベル・エポック」は、第二帝政期と人民戦線内閣のあいだに位置づけられ、「少しレトロなもの」で満たされ、バルザックからミスタンゲット、オスマンからトゥールーズ＝ロートレック、ペギー、エディット・ピアフにいたるさまざまな主要人物で構成された、フランスの歴史の不確定だが幸福な時期のごときものなのである。

第一部　「一九〇〇年の時代」

一九〇〇年代には、男性も女性も「ベル・エポック」について語ることはなかった。これはすでに確認したとおりである。しかし、言葉とそれらの評価とは別物である。彼らが「美しい時代《ベル・エポック》」〔という語句〕を知らなかったということは、彼らが自らの時代、その特異性、そのアイデンティティを意識していなかったことを意味しない。ひとつの特有の感情、人類学者マーシャル・サーリンズが付与した広い意味での「歴史性」――「人間の共同体における自己意識の様態」[*1]――が、彼らの考えや話題に浸透することがなかったことを意味しない。このような時代の名前《クロノニーム》が作り上げられる前に、この時代を特徴づけるような別の言葉、別の表現が使用されてはいなかったことを示すものは何もない。要するに、ベル・エポックが、それとは別の形や名称のもとで存在していなかったことを示すものは何もない。本書の第一部が対象とするのはこれらの問題である。つまり、ベル・エポックの一種の前史がどのようなものでありえたかを探究することである。内省と知覚と「時代認識」[*2]にかくも夢中になっていた大戦前の年代の既知の事柄から出発しよう。次いで、大戦の後までこの探究を延長しよう。生き生きとしてしばしば波乱に富んでいたが、当時は誰も両大戦間などと形容しようとは思わなかったあの年代を探ろう。そこでもまだ、「ベル・エポック」を目にすることはない。しかし一九三一年には、「ベル・エポック」のさまざまな特徴を予示する「一九〇〇年の時代」がすでにノスタルジーに浸ったかたちで出現するのが見られるだろう。

世紀の境目

「世紀末《ファン・ド・シエクル》」が、同時代の人々のうちに、悲観主義とシニシズムの増長を特徴とする特異な一時期、つまり退廃、風俗の紊乱、「人種の衰退」の時代を生きているという感情を引き起こしたことは周知のとおりだ。[*1] ニュアンスをつけて言えば、これは、大半は社会的に優遇された階級または知的階層に属するごく少数の同時代人のあいだでのことだった。世紀末は実際、芸術家、文筆家、評論家、ジャーナリストといった限られたエリートにおいてしかそのようなものとして受け止められなかったのだ。しかし、これら多種の人びとこそが、自らの考えを表明し、記録を残したのであって、この記録をもとに歴史の一部が書かれたことは事実である。一八八〇年代や一八九〇年代が、完全に陰鬱さや病的な興奮状態のもとにあったとか、狂人やエーテル中毒者にまみれていたとか、珍しい蘭や洗練された香りで満たされていたなどと主張する者はもちろんいない。とはいえ、時代の想像物を形成するのに貢献したのは、衰退あるいは退化といった考えである。

一九〇〇年代も同様であったのか。新世紀に入ることで、同時代人のうちに歴史性をめぐって共通の感情を育みうるような特殊な自覚が生み出されただろうか。このような考えは、時おり支持されてきた。「ベル・エポック」の展覧会カタログには次のよう書かれている。「テーマの核心はここにある。「ベル・エポック」は後世の再構成であるどころか、例外的な時期として最初から明確に現れていた」。[*2] そうだとするとこの時期は、自分自身の神話を創造した、一種の祝祭ないし永続的な「自己賛美」を生きたことになろう。しかし、このような「気質」はどのように確認しえようか。ある時代精神の存在を、どのように確実に証明できるのか。ルイ・ブランは、一八七三年に次のように述べている。「よく考えてみると、思考しているのは個人ではなく、社会なのだ」[*3]。一八九二年に刊行された主著『退廃論』で、当時のフランス社会で自らが感じ取った「精神の「世紀末」の状態」を解明しようと努めたときにマックス・ノルダウが確認したのも同じことである[*4]。このような集合意識の状態が存在することを疑い、逆に社会的差異、性別、年齢、宗教、地位、教養、端的に言えば「アイデンティティ」の際限のない多様性に応じて個人のみが思考するのだと主張することは理にかなったことだろう。そして、思考の時期、背景あるいは対象に応じて個人は違った仕方で思考する、と主張することも。議論の余地があるにせよ、現在はアンケート技術のおかげで、変わりやすく一貫性のない世論の幾分かを摑むことができる。ところが世紀初頭には、こうしたことはまったく可能ではなかった。とはいえ、新聞の飛躍的な発展ならびに民主主義の脆弱さのために激化したこうした問題については、多くの同時代人たちが検討していた。それは「観念力」の時代であった。哲学者アルフレッド・フイエは、体制のほぼ公認の思想家のひとりだったが、一八九〇年から一九〇八年のあいだにこの「観念力」を三つの研究書のテーマとした[*5]。それはまた、「模倣」の時代でもあった。ガブリエル・タルドが同じ頃、「模倣」のうちに行動と社会的紐帯の主要な動力を見ている[*6]。この時期に支配的となったのは、個人を超えて、集合的感性と表象システムが時代意識を形成しているという考えである。

ある意味で、これはまた、文化史の立派なプログラムである。ギゾーが早くも一八二八年から『ヨーロッパ文明史』のなかで社会の「精神状態」と呼んでいたものは、やがて「心性」、次いで「社会的想像物」と命名されたが、それらは実のところ異なる野心をもったものではない。これらを定義するために形成された概念が絶えず変化したとしても、目標と探究は、ほとんど似たようなものなのだ。マックス・ノルダウが一八九二年に、世紀末の「退廃した」精神を捉えようとしたとき、彼には当時の膨大な数にのぼる書物や新聞を検討する以外に選択肢はなかった。約一世紀後の、マルク・アンジュノによる野心的な企ても、それのおうむ返しであるように思われる。確かに規模は異なるが、要はひとつの時代の「社会的言説」の総体を把握することである。アンジュノは、〔革命〕一〇〇周年の〔パリ〕万国博のおかげで象徴的な年となった一八八九年のみを調査の対象に限定してはいるものの、あるデミウルゴス〔造物主〕的な目標を定めた。すなわち、解読すべきは「ある社会状態において、語られ、書かれたものすべて、印刷されたものすべて、公的に述べられたものすべて、〔…〕叙述され、議論されたものすべて」[*7]だというのである。その結果、膨大でほぼ不定形の資料を扱うことになる。マルク・アンジュノは、この尋常ではないテクストの山を整理したり調整したりできるような、類似点、趨勢、原動力を求めて、この「不協和音的な全体」を切り取り、切り分け、分類し、再分類しようとした。もちろんアンジュノがすべてを読んだわけではない。しかし彼が調べた一二〇〇冊の本と小冊子、数百部の新聞、雑誌、シャンソン、ポスターまたはデパートのカタログから、一八八九年のフランスの精神状態をうかがわせる何かが浮かび上がってくる。[*8]もちろん、すべてがひとつの社会のなかで書かれたわけではないし、すべてが表明されているわけではない。「社会的言説」は、多くの感情、思想、語られなかったものを網目から取りこぼすし、それらは永久に歴史からは失われてしまうものだ。しかしながら、残されたものは、どう呼ぼうとも、何が集合的な想像物として留まっているかをわれわれが推し量るのを助けてくれる。

もちろん、ここで問題なのは、その時代に特有の、節度を越えて網羅的であろうとする企てを再び試みることではない。そうではなく、われわれが一九〇〇年のメディアによる生産物の只中へと飛び込んだのは、時代に関する言説の一形態を追究するためである。

一九〇〇年代に入る

「われわれの時代に固有のスタイルというものは果たしてあるのか」と批評家アルセーヌ・アレクサンドルは、一九〇〇年九月一日付の『ル・フィガロ』紙で自問した。この問いは、美術を対象としたものであるが、それ自体、回答を含んでいる。この時代、つまり「近代《モダン》」または「新しい《ヌーヴォー》」と呼ばれる時代に固有のスタイルなど、まさしくありえないのだ。しかしながら、この問いを当時の社会全体に広げることは不当ではないように思われる。一九〇〇年には「総括」と「見通し」が多数行われたので、問いの対象にはじつにふさわしい。実際その数年前から、新聞や雑誌が、世論についての「アンケート」に熱中していた。[*9]あらゆるものにアンケートをとっているのだ。文学の状況、社会的動向、ドイツの影響、内面の言語、パリの公衆衛生の状態、結婚、離婚、はたまた……アンケートの方法についてというアンケートである。これに関しては、ル・プレー派経済学者ピエール・デュ・マルセンが一九〇〇年にまさしく説明している。[*10]パリでも国内の他の大都市でも、人々はアンケート熱にとりつかれたかのようだった。アンケートの方式は、つねに同じである。そのとき重大になっていた問題のひとつを体現するであろうテーマを取り上げ、国家の主要な「人物」に届けられる質問事項を作り上げ、その回答が多くの宣伝文を使って公表される、という具合である。この種のアンケートの増加は、テーマが何であれ、いつも同じ小グループの個人に質問していることと合わせて、アンケートの不自然な性格を十分に説明している。これらのアンケートが興味深いのはむしろ、社会を絶えず探索したいという願望、ほとんど脅迫観念と呼んでもよいもののせいであり、かつまた、アンケートから教訓が得られると信じていることにある。世紀末に結びついた一連の場面が結末を迎えたという感情が、さらにこの分析熱を高めた。マックス・ノルダウは次のように予言していた。「歴史のひとつの時期が明らかに終わりを迎え、もうひとつの時代が現れる。明日は、今日に結びつけられることを欲するとは思われない」[*11]。そしてこの明日とは、多くの同時代人にとって、一九〇〇年に始まったのである。

なぜならば、ロベール・ビュルナンが書き記しているように、一九〇〇年は人々の目を惹きつけ、一九〇〇年は感覚を魅了したからだ[*12]。このキリのよい数字には優雅さがあり、新しい時代の扉を開いてくれるという感情をもたらす算術的またはレトリック上の完璧さのようなものがある。「一九〇〇年は、ありきたりの年ではない。それには個性があるのだ」と『ル・ゴロワ』紙の記者は断言する[*13]。「一〇〇〇年」と同様に、一九〇〇年はわれわれに何かを語りかけようとしているように思われたのだ。しかし何をだろうか。パリの新聞・雑誌も、地方の新聞・雑誌もそれを明らかにはできなかったように思われる[*14]。一九〇〇年の初頭、紙面を満たしていた議論や論争と呼んでよいものは実にくだらないもので、争点は一九〇〇年が二〇世紀の始まりを画すかどうかであった。一八九九年一〇月からすでに、カミーユ・フラマリオンは『雑誌の雑誌』において「二〇世紀は何年に始まるか」[*15]と書き、議論の口火を切った。この問いは日刊紙を喜ばせた。『ル・ゴロワ』紙の別の記者はこう皮肉っている。「一九世紀か二〇世紀かという問題をめぐって、全世界が理屈っぽい数学者と空想的なロマンチストに二分された。かつてモンタギュー派とキャプレット派、ゲルフ党とギベリン党、そして最近ではドレフュス派と反ドレフュス派のように、ここでは一九世紀派と二〇世紀派が対決したのである」。[*16]『ラ・クロワ』紙は関連記事をわずか二回しか掲載していないが、『ル・プティ・ジュルナル』紙と『ル・プティ・パリジャン』紙は、この問題を複数回にわたって一面で取り上げることを厭わなかった。この記録はやがて『ル・フィガロ』紙、『ル・ゴロワ』紙、さらに『ル・ジュルナル』紙によって破られることになる。『ル・マタン』紙については、事をエスカレートさせる例の手口に忠実に、「この大問題」について読者に対する意見聴取を開始した。[*17]「大量の手紙」が送られてきたとし、同紙はそのなかでも最良の意見を選んで取り上げた。三三人が〔一九〇〇年を〕世紀末であると言い、一四名が世紀初頭であるとした。しかしながら一月三日に黄経局〔一七九五年に創設された暦作成局〕が、このサスペンスに終止符を打つ。「一九世紀は一九〇〇年一二月三一日に終わる。二〇世紀は一九〇一年一月一日に始まる」[*18]と明示したのだ。しかし社会的な通念にとっての明証を前にして、このような学術的な宣告はどのような重みをもつのか。ジュール・クラレティは、そのことを十分に理解していた。彼は『パリの生活』の時評欄のなかで次のように書く。「こうした学術的な理由づけが、一般大衆の感情に優ることはないだろう。世紀は万人にとって日曜の夜に終わり、二〇世紀はその翌年に開始するのである。年寄りが未来の世紀の日の出を見ようと大いに急いでいるのは承知している。彼らの幻想を奪わず、新世紀まであと一年待つようになどと宣告しないでおこう」。

フランス人の大部分はおそらく、この年の一月一日が月曜日であっただけにいっそう、クラレティのいう年寄りに似ていたであろう。教皇レオン一三世は一九〇〇年を「聖なる年」と宣言し、ドイツ皇帝ヴィルヘルム二世もこの年を二〇世紀の最初の年として正式に認めたのである。[19] このように二〇世紀を一年早く始めさせることは、ある種の愛国的犯罪に似たものとなった。「世論」は、数学上の間違いを犯すのは覚悟の上で、ジュール・クラレティの考えに味方した。「新世紀によって新しい観念が世界に現れ出てくる」のだからなおさらである。「新しい一年を重ねるこの老化のうちには、未知の世紀のこの日の出のうちには、若返りのようなものがあるのだ[20]」。この大変くだらない議論は、ついにははるかに重要なひとつの変更を隠してしまう。実際、経度局が、領土全体に単一の時刻表示を押しつけた一八九一年の改革の延長線上で、一日の時刻の呼び方を修正したのは一九〇〇年からなのである。それ以降、一日は一二時間ごとの二分割ではなく、連続二四時間で一日となった。[21]「私たちは一八時に夕食をとって、それから二二時半にセンセーショナルな初演を見て拍手喝采する。魅力的な雑談を伴う「ファイヴ・オクロック」、つまり「五時」は、「一七時」になるのだ[22]！」

修復の年

こうした暦上の変化は、逸話でしかなかった。暦書と雑誌はあまりそれに注目しなかったし、一九〇〇年一月一日月曜日は、フランス人の大部分にとって他の日と変わらない一日だった。それよりもいっそう重要なものとして現れたのは、ドレフュス事件が引き起こした政治的動揺の後で、国が負った傷の手当てをし、ゼロから再出発しようとする願望であった。多くの記者が評価するところでは、一九〇〇年の特異性とは、その年が「修復の年[23]」となる点にある。四月に開催予定の万国博の計画は、この確信をさらに強固なものにした。一八八九年がブーランジスム〔将軍ブーランジェを中心とする反議会主義的政治運動」の危機からの脱出を可能にしたように、一九〇〇年はドレフュス事件の悪夢を終わらせ、不和を水に流すことを意味し、「慰めと刷新の年」になるべきなのだ。[*24]

万国博はしかしながら、二〇世紀よりも一九世紀のほうを眺めていた。それは回顧的な性質をもっていて、新しい世紀の到来を祝うよりもむしろ、過ぎ去った「世紀の総括」を引き出すよう促した。一八九二年に商務大臣ジュール・ロッシュは次のように予期していた。「一九〇〇年の万国博は、一九世紀を総括し、一九世紀の哲学を規定するものを打ち立てるだろう」。[*25]まさにこうした展望のなかで万国博は準備されたのだ。つまり、万国博の組織に関する一八九五年の法案が明示していたように、「一九世紀をしかるべく締めくくる」ということである。[*26]グラン・パレでは、一〇〇年展がダヴィッドからセザンヌにいたるフランスの絵画を総括した。トロカデロ宮では、人類の成し遂げた物質的・芸術的・知的発展を称賛し、一三〇の会議が開かれた。万国博はしたがって、何よりもひとつの世紀が成就したことの祝祭なのである。[*27]もちろん、この勝ち誇る実証主義の文脈において、回顧は将来を約束するものだったし、総括には前兆らしい響きがあった。将来に対する信仰ゆえに、万国博は進歩の頌歌となる。『ジル・ブラス』誌の時評欄担当者は、万国博が「未来の時代の生き生きした予言的な象徴である」[*28]と述べる。驚異的な世紀の終わりを祝うことは、「ひとつの時代の入り口」に身を置くよう促した。「学者と哲学者がその偉大さを予言し、現実がおそらくわれわれの想像力が産む夢を追い越してしまう」[*29]ような時代の入り口に、である。

万国博の回顧的側面はまた、多くの編集者に対し、独自の総括を提供するよう促した。まず、「われらが世紀」と題する欄をわざわざ設けた『ルヴュ・パリジエンヌ』や『ルヴュ・ブルー』の事例がある。[*30]

あるいは、『両世界評論』では、ルネ・ドゥミックが世紀末の世代の遺言を記した。[*31] ところで、これらのおびただしい回顧特集は、現在に関して一様なヴィジョンを提供することに成功していただろうか。もちろん、進歩、技術革新、科学の成果への信仰のように、大いに共有されたいくつかのモチーフも存在した。誰もが激情的な崇拝を捧げた電気は、生活の空間と時間を確かに拡大した。各人が希望に満ちた未来を望んでいた。たとえトランスヴァールや、義和団の乱の勃発した中国で一年中戦争が猛威をふるっていても、平和を信じていると言い張った。「二〇世紀は、おそらくあらゆる戦争の終わりを経験するだろう」[*32] とウィリアム・ハーストがニューヨークで断言したが、誰もが彼を信用したがっていたのだ。もうひとつ、ここには国民的な満足感もあった。一九〇〇年のフランスが「文明と芸術の女王」[*33] として認められたことである。「世紀末」のぞっとするような悲観主義は、幸福感と自信過剰に場所を譲り、これが公的な言説、さらには学校の教科書に蔓延った。「フランスは今日、平穏にして強力である……フランスはそれ自体で正義と権利を味方につけている。フランスは将来にすべてを期待している」とエルネスト・ラヴィッスは一九〇〇年に『中級講座』のなかで書いている。[*34]「大いなるナルシシズム」が絶頂に達したパリが、自らに関する言説を増殖させ、「享楽の大鍋」を自認する。[*35] 第三共和政は、分裂、退廃、道徳の危機の世紀から首尾よく抜け出したように見えた。自らの成功が、政治的、外交的、社会的なものであることを望んだ。万国博は「優柔不断な人、内気な人、小心者、懐疑的な人に向けて、共和国の庇護の下で、最愛の祖国はかつての威光を何も失っていないことを明示した。万国博は、大衆の道徳的なレベルが大幅に向上したことを資料を用いて示した。それは、世界がわれわれの国にどれほどの高評価を与えているのか、われわれの国がいかなる敬意に包まれているのか、実質的にも観念的にもいかなる強さを獲得したのかを示したのである」[36]。

しかし、もちろん周知のように、このような言祝ぎは、巻き返しを待つナショナリストも君主制主義者も納得させることはなかった。さらにまた、カトリック界や保守的なエリートも魅了しなかった。彼らは反対に、そこに犯罪、風俗の乱れ、威嚇的な群集および商品文化の蔓延を見てとったのである。左翼の側では、社会主義者や革命家の層もまた、そのような政府中心主義的な見解を共有しなかった。「この全般的な悲しみ、疲労、恐ろしい将来に対する苦悩に満ちた不安のなか、一九世紀が終わる」とセーヌ県の社会党下院議員ギュスターヴ・ルアネは考えた[37]。同じ一九〇〇年に、ジョルジュ・ダリアンは『美しいフランス』という怒り狂った、かつ破壊的な誹謗文書を刊行した。これはフランスの辛辣な肖像を描き出すものである。ただ「おぞましいブルジョワ」、「ごうつくばりの軍人とカトリックの吸血鬼」が跋扈する下劣な社会には、いたるところに虚言、低俗さや隷属が、さらに臆病、愚鈍化、無気力さがあるというのだ。一九〇〇年前後に、雰囲気の変化がありえたことを示す客観的な政治的、経済的、社会的な一連の条件が存在するとしても[38]、最大多数の人々が実際にそれに気づいていたことを証明するものは何もない。自らを言祝ぐ言説の他に、あるひとつの「意味」を示すものとか、現在について明白かつ一貫性のある評価を引き出せるものなどは何もない。それほど意見が対立し、矛盾がたくさんあったのだ。逆に、あらゆる種類の総括や調査の続出は、この時代のヴィジョンを細分化する要因となり、各人は自分の信仰や信条を尺度にしてこのヴィジョンを分析し、解釈した。支配的な感情は、むしろ達成感、したがってあらゆる可能性に開かれているという感情である。このことをまさしく表しているのが、未来を予想するような物語や小説の増加である[39]。「われわれは、るつぼのなか、狂気にとらわれた製作所のなかにいる。すなわち、ここではすべてが可能であり、すべてが――ここで――生じうる」とユベール・ジュアンはいみじくも気づいていた。[*40]

それでも万国博の成功は本物であった（五〇〇〇万人の来訪者、八万三〇〇〇人の出品者、三五万個の電灯の設置など）。また、時代意識におけるその役割は決定的であった。世紀の転換をめぐる興奮および作り物の感動がいったん過ぎ去ると、万国博こそが、その〔一九〇〇年という〕年の意識を作り上げ、支えることになった――つまり、その年の存在を具現化し、象徴化することになったのである。一九〇〇年一一月の閉会式に見られる奇妙な感情はそこから生じている。「月曜夜の一一時、会場全体の囲いの扉が閉められ、もはや解体業者の行列を前にしてしか開かれることがないのをエッフェル塔の大砲が知らせたとき、群衆のうちには、茫然自失の感情が生じた」とある記者は記している。[*41]この特異なる一九〇〇年は、一一月一二日〔閉会式の日付〕で終わるということなのか。建材や漆喰があれほど嘲笑された万国博とまったく同様に、一九〇〇年は騙し絵の年でしかなかったのだろうか。[*42]それゆえにこそ、万国博の解体は、哀惜とノスタルジックな思い出の一群とともに、最初の「美しい時代《ベル・エポック》」を生み出すのである。「万国博がなくなってかなり長く経ってからも、この驚異の都市のスペクタクルを思い出として目の前に浮かべ続けるだろう」とジャン・フロロは書いている。[*43]もっとも、これらのことはすべて、偉大さ、団結、連帯の甘美な夢想で国を慰めるような単なる幻想であるのだが。「もしかするとわれわれは、世界中の人々がひとつの国民にまとまっていると考えたのかもしれない。目覚めなくてはならなかった。その夢は、ほとんどの夢がそうであるのと同様、美しすぎた！　その夢がそれほど続いたのなら、それだけで結構なことだ」。[*44]

逃げてゆく時

一九〇〇年一二月三一日付の『イリュストラシオン』誌のジャーナリストは、「二〇世紀の夜明け」を歓迎する一方で、とりわけ読者に対して暦の上での時代区分をめぐる不毛な議論を乗り越えるよう勧め、賢明にも「「本題に戻ります」」と書いて記事を締めくくった。それでは後続の年代は、特異な時を生きていることをより明白に自覚しただろうか。そうだと肯定する根拠はどこにもない。もちろん、自分たちは素晴らしい時代を生きているとか、反対に本当の悪夢を生きているのだと主張するような、熱狂的、理論的または断定的な声明は多数見つけられる。新聞、雑誌、芸術家、学者はいずれも、自分たちの時代について、一様な表象を提示しているわけではない。アンリ・マティスは一九〇五年に《生きる喜び》を描き、その一方で生まれたばかりの社会科学は新しい病理（群集、都市、無規律状態《アノミー》）を見て取っていた。いくらかの前衛たちは、近代的個人の絶望的なヴィジョン、その行く末についての黙示録的な解釈を提示していた。一九世紀末に開花したデカダン主義が、新たなかたちの退潮と堕落を携えて、次の世紀に再び現れた。未来派の芸術家たちは前途を展望し、そこに暴力と戦争しか見ず、暴力と戦争による再生機能を称えた。[*1] 他の大多数は、科学、技術、文明の進歩をつねに信じていた。この世紀初めに作家の個人的なメモや日記（レオン・ブロワ、ジュール・ルナール、モーリス・バレス、アンドレ・ジッド、モーリス・ドネ、ポール・ヴァレリー）が増加するが、それらはより大きな助けになるわけではない。というのも、必然的に断片的で、細分化され個人的な記述が散らばっているだけだからである。

ヴァージニア・ウルフのように、重大な断絶を見出している作家も幾人かいるが（「一九一〇年一二月またはその近辺に、人間の本性はすっかり変わった」[*2]）、これはどこから着想を得たのか手がかりを与えてはくれない。

歴史学は、一九一三年に並外れたターニングポイントを見ようとした。経済専門家は長いあいだ、この年を国際的な生産量の標準年と考え、文化史の専門家は、文学および美学における創作の一種の驚くべき年と見なした。その主張は、論拠に事欠かない。一九一三年にプルーストが『失われた時を求めて』の第一巻を公刊し、ヴァレリー・ラルボーが『A・O・バルナブース』、ブレーズ・サンドラールとソニア・ドローネーが『シベリア横断鉄道の散文』を作り、アポリネールがキュビスムの絵画を称揚し、『アルコール』を公刊し、ジャック・コポーがヴュー・コロンビエ劇場を創設し、イーゴリ・ストラヴィンスキーが『春の祭典』を、アルノルト・シェーンベルクが『月に憑かれたピエロ』を上演した。これらの美学上の革新のリストを際限なく続けることもできるだろう。この驚異的な活気は、そもそも大陸だけに関わらない。イギリスでは、ブルームズベリー・グループの作家たちがヴィクトリア朝期の思潮と決着をつけ、キュビスムやシミュルタネイスム（同時主義）のイギリス版といえるヴォーティシズムが同様に衝撃を与えた。ニューヨークでは、写真家アルフレッド・スティグリッツが二月に廃兵舎で有名な「アーモリー・ショー」を企画し、そこでマルセル・デュシャンが《階段を降りる裸体》を展示した。こうして、西洋全体が、さらに世界全体が（この年にノーベル文学賞が詩人で作家のインド人ラビンドラナート・タゴールに与えられた）、革新の道を進んでいくように見える。しかし、西洋は、破壊と死の予感に心をさいなまれ、ほとんど取り憑かれてもいたと言ってもよい。未来派が最も明確な形を与えたこの「一九一三年という契機」の閃光はここからくる。虚空のうえで宙吊りになり、底知れぬ深淵への鋭い意識を帯びた一九一三年は、生まれつつある二〇世紀の母胎となる「表現形式」であり、この世紀のすべての逆説を具現しているのである。

多くの書物がこの驚異的な増殖を強調してきた。そこに見られる断絶により新しい探究の領域が開かれたのである。抽象が美学的な明証となり、音階法から逸脱し、詩の視覚的ないし音声的な次元が見出され、「内的冒険の小説」が創案される。こうしたものをジャック・リヴィエールが『新フランス評論』の明晰な記事のなかで理論づけている。アメリカ人の著述家・歴史学者ロジャー・シャタックが一九五八年に公刊した『前衛の時代（*The Banquet Years*）』は、問題の時代のパリの芸術、とくに前衛芸術の全体の一覧を示した最初の著作である。彼は、前衛芸術のうちに、非常に長期にわたる知的・審美的興奮状態の最終局面に不可避的に現れる一種の絶頂感《オルガスム》を見てとる。[*3] 一九七〇年代以来、このような解釈が、多くの著者、展覧会、シンポジウムで繰り返し言及され、展開され、深化されていった。[*4] しかしそのなかで、この時代に増殖した前衛芸術の内側および外側で、同時代の人々がこの現象をどのように考えたかを問う者はほんの少数しかいない。何人かの著者は、この時代の性質に確かに驚いている。ジャック・リヴィエールはこう記している。「われわれは、さまざまな契機のうちのひとつが終わるところにおり、そこで突然何かが動いたことに気づく。われわれはいまや、自らの過去をすべて精算した現在、未来にすべて買収された現在を生きている。またもう一度、朝が来る」。[*5] しかし、このように形式に関わる大胆さは普通、無視されたり拒絶されることもまた周知の通りである。芸術アカデミーの代表者ジャン＝レオン・ジェロームが一八八九年〔パリ〕万国博の美術宮を大統領カルノーに訪問させ、「大統領、これはフランスの不名誉です」[*6]と大袈裟に叫んで、印象派の展示室への入室を妨げることができた時代ではもちろんない。支配的な決定機関に反抗してきた「近代芸術の前線」は、一八八〇年代に自立するに至り、世紀末には闘いに勝利することになった。芸術における「分離派」の近代的な場がまさしく存在していたのである。しかしこの勝利はまた、システムの鎖錠を引き起こし、一九〇〇年以降、新世代の前衛たちが急増する。彼らは、互いに厳しい競争をし、革新の要求を激化させていった。[*7]大衆はと言えば、これらの実験的な形式を無視するか、あるいはあざ笑ったりもした。スノッブな、社交界の人間と見なされていた作家の作品『失われた時を求めて』第一巻が、すべての出版社から拒絶され、自費出版されたことを想起する必要があるだろうか。キュビストたち（この言葉が一九一一年に現れたときには悪意を含んだものであった）が、その時代に影響力のあった批評家たちに異口同音に拒絶されたことも。批評家たちは逆に、ジョバンニ・ボルディニ、ジャン・ベロー、ジャック＝エミール・ブランシュといった社交界の肖像画家たちやサロンの感傷的な芸術を圧倒的に支持したのだった。ジャン＝ルイ・フォランやモーリス・ドニといった画家は、キュビストたちをフランス芸術の敵として糾弾した。一九一三年が美学における近代性の驚異的な実験室であったこと、サン＝シモン主義者たちが言う意味で「重大な境目にある」時代であったことは自明の理に属しているのである。しかし、この年がそのようなものとして感知されていたかどうかは、より不確実なことだ。この時代は、時代にとって周縁的だった文化を物差しにして評価されているのである。一九〇〇年の近代性は、いまだなお「ベル・エポック」のそれではなかった。クロード・ロワは一九四九年にこう述べる。「一九一三年は、一九二四年について後に抱かれたイメージを当てはめたものである。年代学にも横領があるのだ」[*8]。

出来事を遠近法的に配置し、納得のゆく時代区分を構築するのに必要不可欠な目印となるような日付を、歴史は確かに必要とする。しかしその目的が、男性と女性がどのようにその時代を生きたのかを捉えるという、より控えめであると同時により果敢なものである場合、こうした俯瞰的な読みはほとんど理解に役立たない。一九一九年に出版された『精神の危機』のなかでポール・ヴァレリーは、「一九一四年以前のヨーロッパの知的状態を定義する」ことの途方もない難しさを当然のことながら打ち明けている。あえて規定しようとする者がいたとしても、そもそも「完全な状態の無秩序」[*9]しか見ることはないだろう、と。あらゆる点から見て、状況は、一九一三年か一九一〇年に自らの時代を描写しようとした者にとっても同じだったろうと考えざるをえない。おそらくその例外は、時間との関係にまさにかかわる側面である。すなわち、事物は異なる仕方で過ぎ行く、ただし必ずしもより早くというわけではないが、いずれにしてもいっそういやおうなく過ぎ去り、時間との関係は無数の個別の出来事のなかで緩み、ときには消え去ったりするというとりとめのない感情である。同時代のすべての人がアンリ・ベルクソンを読んでいたわけでも、コレージュ・ド・フランスでの——とはいえかなり盛況だった——彼の講義に出席していたわけでもないが、彼の教えが引き起こした熱狂は知られている。[*10]多くの者が、機械論的な時間の概念に抗して、知覚、直観、「思考により捉えられた」、生きられた時間の経験を重視する哲学に無我夢中で飛びついたのだった。『ル・フィガロ』紙でプルーストはこう皮肉を込めて述べている。「日々は時計にとってはおそらく一様であるが、人間にとってそうではない。われわれが一歩一歩よじ昇るのに果てしない時間を費やす巨大で困難な日々があれば、歌いながら全速力で降りていく坂のような日々もある。日々を駆け巡るのに、少し神経質な性質の人はとりわけ、自動車と同じように、異なる「速度」をもっている」[*11]。

以上のような考えは、漠然としていたり、明確であったりすることもあれば、ベルクソンの思想に結びつけられたり、そうでないこともある。いずれにしても「時代の雰囲気」のなかにあり、時間概念に影響を与えていた。当時高く評価されていた未来派的傾向自体、空間と時間の観念についての夢想であった。ある者はより先へと進み、それを実践に移そうとした。ただし、自らの時代の肖像画を描き出そうとしたわけではなかった。社会的または集合的な時間はつねに回折され多元的なものであるだけに、そのような作業は無駄なものだからである。そうではなく、逃げてゆく時間を固定させようとした、つまり、それに形を与えることのできる空間に時間を結びつけようとしていた、ということである。プルーストとウジェーヌ・アジェは、同時代人であっても互いに面識はなかったが、彼らの歩みは、空間と時間のこの奇妙な連関を復元しようとする、丹念で根気強い同一の願望を示している[*12]。アジェはパリに留まり、そこで長年（一八九五年から一九二〇年代の半ばまで）にわたって、街頭、庭、陳列窓、「職人の仕事」の写真を撮ったが、これらをもとにして作られた写真帖《アルバム》は、われわれが世紀初頭の都市を考えるのに今なお役立っている。プルーストの空間はより広く、より変化に富んだものである。それはパリはもちろんのこと、バルベックとコンブレーにも関わっている。語り手の内面的生における紆余曲折をはらみ、移り気な地形図については言うまでもない。しかし、これら二人のまなざしは、彼らの空間および時間の捉え方に定義しがたい憂愁の色調を添えることに貢献している。同じような考えをもった企ては他にも多く指摘できるだろう。たとえば、ベルクソンの大親友であるアルベール・カーンは、一九〇八年から地理学者ジャン・ブリュンヌの助力を得て、「人間の活動が消滅するのは不可避で時間の問題でしかないのだから、そのあらゆる側面、実践、様相をこれを最後にとばかり固定する」ことに専念する。世界を縦横に駆け巡るよう二人が派遣した多くの写真家やカメラマンは、四〇〇〇枚以上の白黒ネガ、七万二〇〇〇枚のオートクローム乾板、一八万三〇〇〇メートルのフィルムを集めた。[*13] それとほぼ同じ頃の一九一一年六月、言語学者フェルディナン・ブリュノがソルボンヌに、シャルル・パテと共同で「音声言語のアーカイブ」を開設した。パリ大学から要請された音声学研究所の原型であり、計画では音色、リズム、アクセント、語句など、話された言語の形跡をできるかぎり保管する巨大なデータバンクを構築することが目指された。[*14] 開戦までに、ソルボンヌをはじめ、アルデンヌ地方、ベリー地方、さらにリムーザン地方で合計して約三〇〇〇回の収録が実現した。

以上のすべては協働してなされていたわけではないから、これらさまざまな発意を連結させることは、部分的に回顧的な幻想に発している。とはいえ、これらの試みは時代に対する不安含みの関係を表す。この関係は一九一三年を揺るがしたとされる美学における「雷鳴」という観念以上に、大戦前の年月について多くのことを語っている。一時的な聾状態はもう少し後、とりわけ一九一四年八月以降に破裂する砲弾の衝撃によって起こった。この戦争は、いくらかの人々によって夢みられたり、望まれたり、予見されていたにしても、[*15] 身体ばかりでなく意識にも刻印される明らかな断絶となった。出征した人々、さらに彼らが出征するのを見たすべての人々——女性たち、子供たち、年寄りたち——にとって、ひとつの時が明らかに止まったのである。アポリネールやアンドレ・ルーヴェールのように、多くの人が「まるまる一時代にさらば」と告げた。彼らにとってこの時代は、平和と安全といったおそらく最も貴重な特徴がなくなってしまったからこそとでもいうかのように、それらを具えて突如、現れた。戦前が成立したのだ！　実際、その特異性を認識するのに長くはかからなかった。一九一四年八月六日以降、ジャック＝エミール・ブランシュは、未公刊に留まった日記のなかで次のように書いている。「いつか私の本『ルイ・エメリス』が出版されたら、そこに読者は戦前の時代の雰囲気を感じ取るだろう。この不安が、私と同じ年齢のある男性を自死に追いやっている。当時あまりに明晰に物事を見てとった芸術家を、自分の属する民族の緩慢な解体に耐えるのにはあまりに年老いていたか、あるいはあまりに若すぎた芸術家を」[*16]。個人ないし社会がひとつの時期や時代の特異性を意識するのは事後においてであって、大抵は事後においてでしかない。断絶が不意であればあるほど、特異性の意識は明瞭に現れる。ぞっとするほど強烈な時期である「大戦」は、そのせいで終わったものの表象を自らの内に必然的に含んでいたのである。

「ダンスしていたから、もう何も重要じゃなかった[*1]」

試練が終わり、荒廃し悲嘆に暮れたフランスにおいてこそ、対照的に「ベル・エポック」と呼ばれる時代のノスタルジーが生まれた。このように大部分の著作はわれわれに伝える。すでに見たとおり、現実は異なっていた。とはいえ、大戦は大きな断絶を刻みはした。「時間を横切り、それを分断する赤道のようなもの」とアンドレ・ド・フキエールは記した[*2]。事実の巨大さ、戦没者および破壊の規模は、ひとつの文明の崩壊を難なく認めさせた。東部では「大閃光」〔ソフィー・クーレの著作『東の大閃光――フランス

人とソ連　一九一七―一九三九年』（一九九九年）が念頭におかれている」がひらめき、一定の人びとに新たな希望をもたらしただけになおさらである。精神科医らは「不調和《ディスコルダンス》」という言葉を使った。つまり、身体ばかりではなく精神にも深い跡を残す、抑え難い断絶のことである。[*3] したがって亀裂は全面的であり、これが感性の大混乱の源となった。「そこから新しい時代が始まるとしなければならない」とジャン＝リシャール・ブロックはロマン・ロランに一九一七年九月一日に書いた。[*4] ヴァレリーが一九一九年に記した『精神の危機』の周知の有名な表現には、「他ならぬわれわれ自身、すなわち文明は、いまや自らが死を免れないことを知っている」とある。ウィーンでは同年、カール・クラウスが、のちに『人類最期の日々』となる作品の最初のシーンを分冊で刊行している。共産主義、ダダ、シュルレアリスム、あるいはアンリ・マシスとジャック・マリタンが一九二〇年に創刊した雑誌『ルヴュ・ユニヴェルセル』のカトリックによる反近代主義など、実に多種多様な運動が同一の悲劇的な調書を作成する。内容は、古い世界の破綻、知性および表象の甚大な危機、そして崩壊しつつある社会に再び希望を与えるべく、新しい形態を想案することの絶対的な必要性である。これほど人心が落ち込んだ終戦は滅多になかった。というのも、すべてが変わったために、すべてを、あるいはほとんどすべてを再考しなくてはならなくなったのだ。つまり、すべてを変容させなければならない――文化の復員を訴える者たちはこう叫んだ。一九三〇年にアンドレ・ヴァルノーは次のように回想している。「戦後、各自が自分の場所を取り戻そうと思ったときに、生活のリズムが変わったこと、存在するものとかつて存在したものとのあいだにはっきりと裂け目があることに気づいた」。[*5]

このような確認は、「昨日の世界」のなかに逃げ場を求めることを促すものではなかった。「昨日の世界」の錯乱と盲目こそが破壊に導いたからだ。そこから生じたのは、まったく反対のことでさえある。さまざまな立場の知識人が、世界を再考し、再び魅惑で包もうと専心していたのに対し、大部分の人々は、戦前の思い出を背負い込むことなく無鉄砲な企てに身を投じたのである。「内面的な喜びがあらゆる人を駆り立てた。というのもわれわれは勝利者であったから、少なくともそうであると信じたからだ」とアンドレ・ヴァルノーは続けた。「楽天主義が支配的だった」のである。[*6] アンドレ・ド・フキエールは、一九一四年以前の社交界の主要な組織者のひとりであり、そうあり続けようとした人だが、彼もまた次のように断定する。「〈大損失〉の後で、人々はあらゆる生きる喜びを急いで享受しようとした」。[*7] カフェ、劇場、ミュージック・ホール、「パリ生活」のその他の祝宴はいち早く息を吹き返したが、ノスタルジーの札に賭けることはほとんどなかったのである。さらに、場所も変わった。すでに大戦前から際立っていたモンパルナスが、廃れたモンマルトルやカルティエ・ラタンに代わって、決定的に頭角を現すことになる。ゲテ通りとヴァヴァン交差点のことをヘンリー・ミラーは「世界の臍」として描いたが、それがソール通りとラヴィニャン通りに取って代わる。一九二一年にボワシー・ダングレ通りに「屋根の上の牛」〔キャバレー〕が開店する。この店をレオン＝ポール・ファルグは「一種のスノビスムのアカデミー」と形容したが、パリ生活の中心地としてすぐさまマキシムの座を奪うことになる。パリを捉えた快楽の熱狂は、大戦前の楽曲を再演するどころか、きっぱりと現在へと開かれていた。「パリは、大戦が終わるとすぐに、狂気にとらわれた。粗暴なシニシズム、なんとしても享楽を得ようとする意志こそが、ダンス熱、女性の裸体、働くことなく金をかせごうとする性向とともに、この時代を特徴づけている。人々は凄まじいほど熱狂して快楽に没頭したのである」。[*8] このようにアンドレ・ヴァルノーは説明している。

この時代は、実際、過度に生が躍動した時代だった。あらゆる人の目にその象徴として映ったのがダンスへの熱狂である。ダンスは、大戦がそれを禁じただけにいっそう流行した。ダンスホールは、厳格主義者にとっては堕落の場と映ったが、あちこちに開かれた。パリでは約一〇〇のダンスホールを数え、その半数はモンマルトルの丘の上下に集中し、残りはモンパルナスおよびシャンゼリゼの周りにあった。チャールストン、フォックストロット、ワン・ステップ、ブラック・ボトム、タンゴ、「黒人《ニグロ》」のダンスなどの当時大流行したダンスは、世紀初頭に特に好まれたダンスから大股で遠ざかっていった。[*9] これらのよそから来たダンスはさらに、「ダンシング〔ダンスホール〕」という言葉とまったく同様に、有無を言わさぬようなリズムで相次いで生じ、それぞれ「狂気」を引き起こしたのだ。

ダンスはさらに、別の新奇なものをもたらした。カクテル、丈の短いドレス、クロシュ帽〔釣鐘型の婦人帽〕などである。ダンスをしない人は、メアリー・ピックフォード、ダグラス・フェアバンクス、ルドルフ・ヴァレンティノといった当時の新スターを輩出した映画に夢中になった。フランス映画界が大戦のせいで惨憺たる状況に置かれたために、外国映画が市場をほぼ牛耳った。一九二四年から二九年まで、フランスで配給された映画の七〇%以上がアメリカ製であり、一二%がドイツ製であった。[*10] 経済の回復と全般的な富裕化は文化的消費の発展を刺激し、大衆の娯楽が継続的に普及していった。当時、映画館は四二〇〇を、劇場は五八〇を数え、主要なミュージック・ホールとカフェ・コンセール〔ショーを見せる飲食店〕とまったく同様に、ほぼいつも満員御礼を掲示した。[*11] ラジオは多くの場合、まだアマチュア無線技師の占有物だったが、蓄音機の所有が広がり、一九二九年には一〇〇〇万枚以上のレコードが売られた。[12] スポーツ観戦は多様化し、増大する観客を魅了した。人々は、ラグビー、サッカーの試合、さらには一九二四年にパリで開催されたオリンピック競技会に殺到した。ボクサーのジョルジュ・カルパンティエや女性テニスプレーヤーのスザンヌ・ランランがまさしくアイコンとなる。大戦後のこれらの年代をパリで過ごしたイギリスの記者シスレー・ハドルストンが記したように、要するに「幸福な時期」である。[13] 外交官が力を尽くして永続的なものにしようとした平和の回復、さまざまな新記録——一九一九年から二四年まで年率七％、続く一〇年間の後半は三％——を達成する経済成長は、生への意欲と、大戦前の年代にひけを取らない軽快さを生み出した。「生活を気に病んではいけない、私は気に病んでなどいやしない！」。一九二一年にブッフ・パリジャン劇場で、アルベール・ヴィルメッツとアンリ・クリスティーネの大当たりした有名なオペレッタ『デデ』のなかで、皮肉屋のシュヴァリエ〔・モーリス〕がこう歌った。

大戦前の生活や興行の中心的な象徴であったムーラン・ルージュは、一九一五年に火災に遭ったが、一九二〇年代初頭、まず地下でダンスホールとして、続いて一九二四年にミュージック・ホールとして再開する。しかし、新しいレヴューはどれもいささかのノスタルジーも示さず、感傷にひたることなく現在を見つめていた。一九二四年一二月の再開に伴うレヴューは、堂々と「ニューヨーク・モンマルトル」というタイトルを掲げ、観客に発見するよう勧めたのは、ニューヨークのせわしない生活、そこでの若い娘たち、「黒人地区」、ウォール・ストリート、チャイナ・タウンであった。[14] もちろんそこに難癖をつける人もいた。「ムーラン・ルージュから無垢な写実主義的カドリーユ〔四人一組で踊る舞踊〕にいたる時代を惜しまずにはいられない」と一九二五年に有名な劇作家で大衆小説家のマルセル・ド・バールは嘆いている。[15] 一八九〇年にイギリス人の乳母役として出演したイヴェット・ギルベールは一九二七年に刊行した回想録のなかで、ムーラン・ルージュの初期の日々を思い起こしたが、ノスタルジックなトーンを押し出すことはなかった。[16] もっとも、ミュージック・ホールの新たな経営者は、古いものと新しいものを結合させることに尽力した。一九二五年の「ミスタンゲット〔シャンソン歌手〕・レヴュー」は、トゥールーズ＝ロートレックおよび初期のムーラン・ルージュを想起させるプロローグで始まる。ラ・グリュ、グリーユ・デグー、骨なしヴァランタン、ジャンヌ・アヴリル〔いずれも当時のムーラン・ルージュを代表するダンサー〕が少し登場した後で、音楽がただちにオーケストラから激しいジャズ・バンドの演奏に移る。新たな芸術監督のジャン・シャルルが制作・演出をしたミスタンゲットの時代は、まさしく「モダン」であった。一九二七年から二八年の時期のカバーを飾る「これぞパリ」、その後を一九二九年まで引き継ぐ「もしもしパリ」では、ジャズ・バンド、タンゴ、多色の照明、奇抜なアクロバットが古めかしいカンカンにとって代わった。[17] カドリーユを「毎日踊る」ことが一九二二年のプログラムで明記されているように、[18] その伝統はムーラン・ルージュのダンスホールで保存されはしたが、多くの人はしかしそこに「メランコリックなショー」や「死んだ伝統」しか見出さなかった。レオン・ヴェルトが述べるように、カドリーユのダンサーたちは「本のページにはさまれた押し花に似ていた」[19] のだった。

大戦が引き起こしたとされる「世界の終わり」[20] という常套句とは逆に、フランスの特権階級は自らの地位、資産、価値観をしっかりと保持した。彼らがリードし続ける社交生活は活気を失いはしない。劇場、オペラ座、サロンでは、上流社会の美しい時代《ベル・エポック》が続いていたのである。空の「勇士たち」〔第一次世界大戦で敵機を五～一〇機以上撃墜した〕が大戦前のスポーツマンを引き継ぐが、彼らは同じオーラを享受した。人々は、新しい自動車が達成する速度にうっとりし、その生産台数は大きく伸びた（一九二〇年には一五万六〇〇〇台、一九三〇年には一一〇万九〇〇〇台）。[*21] 寝台車や大西洋横断定期船を使う旅行も計画された。大戦前と同様に、あるいはそれ以上に、パリは奢侈、優雅、社交界の娯楽の分野でリーダーシップを保持する。一九二〇年、パリでアメリカの雑誌『ヴォーグ』のフランス版の刊行が始まり、新世代のデザイナー、ジャンヌ・ランヴァン、ジャン・パトゥ、ココ・シャネルが、パリとモードと女性らしさを結びつけるほぼ有機的な関係を具現化し続けるようになる。[*22] モーリス・ド・ヴァレッフとアンドレ・ド・フキエールという一九〇〇年の社交界における主要な二人の人物が、フランス的な「美」と良き趣味のための闘いを大戦後も継続する。[*23] 彼らは、男性的なエレガンスの喧伝者として、一〇年間にわたり賞を狙い、コンクールに参加する。最も美しい婦人用乗馬服賞への挑戦、フランスの美人№1やパリの最もおしゃれな五〇人の女優の選抜などである。社交界の快楽は足踏みしているようにはほとんど見えず、その熱気からは、特権階級のもつ先祖伝来の価値観とパリ生活の魅力とが混じり合った、一種の特異な煌めきが発散され続ける。

同様のことは文化的・芸術的生活のあらゆる側面でも見られた。コクトー、ダダ、シュルレアリストの周りを気取って歩く前衛たちは、もちろん大戦前の前衛たちの継承者ではあったが、先輩たちを羨むことはまったくなかった。もっとも、先輩たちはつねに存在していた。たとえば一九一〇年代の詩人や画家たちは、一定の大衆的な成功を享受するようになった。しかし彼らに、小説家、画家、彫刻家、写真家など新参者の一群、さらに亡命者、移住者、あるいは単に創作活動に適した場所を探し求めた者たちが加わった。つまり、世紀初頭と同じように、パリは世界各地の芸術家を惹きつけ続けていたのだ。

この現象はこの一〇年間にさらに顕著となる。ロシア人、ポーランド人、ハンガリー人、ドイツ人は、自国の混乱や不安定な状況を逃れ、大戦でフランスと親しくなったアメリカからはますます多くの者がやってきた[24]。「大変有益な興奮状態」（アンドレ・ヴァルノーの表現）のおかげでパリに多種多様な創作家たちが集まり、こうして、さして断絶をもたらすことなく、大戦前に行き渡っていた興奮状態を継続したのである。ここにあてはまる多様な芸術家たちは、必ずしも同じ美的な着想を共有してはいなかったが、彼らがもたらした刷新は絵画を一変させた。アンドレ・ヴァルノーは、一九二五年一月に『コメディア』の記事で彼らを「エコール・ド・パリ」と命名した[25]。そのグループは、多彩であった。シャガール、シャイム・スーティン、モイズ・キスリング、ジュール・パスカン、アメデオ・モディリアーニ、レオナール・フジタ、オシップ・ザッキンなどの画家、さらには画商（ダニエル＝ヘンリー・カーンヴァイラー、レオポルド・ズボロフスキー）、そして収集家（ヴィルヘルム・ウーデ、ペギー・グッゲンハイム、レオとガートルードのスタイン兄妹）である。「これら異国の芸術家の集団は、当時われわれのもとにあった自由の空気を吸うために世界各地からやってきた。彼らは、われわれの芸術家と接することで、非常に重要な絵画運動をもたらした[26]」。実際、ヴァルノーにとってきわめて重要なことは、この恒常的で並外れた競争心にあった。彼がこの時代を、先行する時代と切り離せないものとしていたのはそれゆえだ。実際、これらの芸術家の多くが戦前にパリに来ていた。彼の回想記がこれを証明している。ヴァルノーは、一九〇二年のモンマルトルの丘への到着から一九二〇年代の終わりまで回想を巡らせているが、これらの年代を結びつけているのは絵画だと考えていたのである[27]。

しかし「エコール・ド・パリ」の画家たちだけが首都の自由を享受したわけではない。付け加えなければならないのは、世界各地からやってきた多数のシュルレアリストたちや、ボフスラフ・マルティヌー、マルセル・ミハロヴィッチ、コンラート・ベックといった作曲家たち、それにスコット・フィッツジェラルド、ジョン・ドス・パソス、カミングス、アーネスト・ヘミングウェイ、その他大勢の「失われた世代」のアメリカ人作家たちである。一九二九年以降、この熱狂状態の代弁者の役割を果たすのが、アンリ・ブロカが編集した雑誌『パリ・モンパルナス』である。したがって、パリはかつてないほど、生きた芸術の国際的な都市となる。『フランス芸術に敵対するよそ者』の著者カミーユ・モークレールのように、「よそ者」を告発する者たちはこれら外来の芸術家に向かって大声で吠えたてた。[*28] 芸術家の生活は、それ以降はモンパルナスに移動し、そこから創造的な自由、独立、性的な放埒が絶えず沸き立った。一九〇四年からパリに住み、当時の文化的エリートの多くに取り巻かれていたガートルード・スタインにとって、この都市は芸術と文学の祖国であった。「だからパリは、二〇世紀のナショナルなバックグラウンドだったのだ[*29]」。

パリは、芸術家や知識人を魅了しただけでなく、多数の観光客や学生であふれ、その多くが定住を選んだ。アメリカ人がとりわけ多く、一九二〇年代の末に四万人を数えた。そのなかにはもちろん、変わり者、周辺人、金利で生活する富裕者、この都市の文化的威光に魅了されたボヘミアンたちがおり、さらに実業家や、さまざまなアメリカ企業の従業員、官公庁の職員もいた。[*30] 中央ヨーロッパ諸国との交流も同様に盛んだった。[*31] 一九二八年当時、フランスにいた一万六七五〇人の学生のうち、二四％が外国籍で、一九二五年には彼らのために、城壁を破壊してできた空き地に国際大学都市が建設された。それは一種のファランステール〔フーリエの構想した理想的な生活協同体〕であり、そこで期待通り、若者たちが生まれ変わる。知的交流も増大した。一九二二年以来、国際知的協力委員会が存在し、その議長をベルクソンが務めていたが、四年後の一九二六年一月には国際知的協力機関が創設された。現代産業装飾芸術〔アール・デコ〕国際博覧会は当初、一九一五年に予定されていたが、ついに一九二五年四月から一〇月まで開催された。二一カ国の計一五〇のパヴィリオンが設けられた。確かに一九〇〇年とは違う。しかし、「新しい精神」を称揚したこの催しは、アンヴァリッド広場とグラン・パレのあいだに一六〇〇万人近くの見物人を引き寄せた。この異常な熱狂は、〔二〇年代の〕一〇年間の終わりになると弱まっていく。アンドレ・ヴァルノーが一九三〇年にこう述べる。「パリは、いっそう穏やかに、いっそう安定していき、興奮や過剰さは弱まっていった。大戦後の喧騒は消え、それぞれの事物が然るべき場所に戻ったのである」[*32]。

こうした状況のなかで理解できるのは、この忙しない一九二〇年代はつねに、回復された平和や繁栄に満足しており、レオン・ドーデが一九二〇年に「戦間期」[*33]と名づけたあの時期に対してノスタルジックな視線を向けることはほとんどなかったということである。小説家と映画監督は概してすぐに回顧的な視線を投げかけるものだが、ほとんどそれを行うことはなかった。この一〇年間に制作された膨大な数の映画のなかに、失われた世界を再構築してみせることに捧げられたものを探そうとしても無駄である。もちろんこの時期には、一九世紀末の小説や演劇を基にしたシナリオが数多く映画化された。ルネ・クレールが一九〇〇年代を舞台に移し替えたウジェーヌ・ラビッシュの喜劇『イタリアの麦わら帽子』のように、いくつかは大ヒットした。しかし、哀惜と憂愁を帯びた眼差しを映画によって大戦前の年代に注がせようとする基本的な傾向はまったくないし、わずかな願望すら見られない。それは文学ジャンルとしての小説においても同様であった。[*34] 一九〇〇年を無視したというわけではなく、その反対である。大戦後に刊行された多数の小説は、舞台を明白に世紀初頭のフランスに設定している。ジャン・ジロドゥの『悲壮なシモン』（一九一八年）、一九一九年から刊行されたマルセル・プルーストの『失われた時を求めて』シリーズ――そのうち『花咲く乙女たちのかげに』は一九一九年にゴンクール賞を受賞した――、そしてコレットの『シェリ』（一九二〇年）がそうだ。一九二二年から刊行を開始したロジェ・マルタン・デュ・ガールの大河小説『チボー家の人々』の最初の数巻、一九二二年にフェミナ賞を獲得したジャック・ド・ラクルテルの『シルベルマン』、アンドレ・ジッドの一九二九年の『女の学校』があるし、他にも多数ある。憂さ晴らしや娯楽のための文学も遅れを取っていない。モーリス・ルブランによるアルセーヌ・ルパンの冒険は戦中もさらには戦後も続いている。そのなかでも主人公の青年期に舞い戻る『カリオストロ伯爵夫人』が一九二三年一二月に『ル・ジュルナル』に連載小説として掲載され、『八点鐘』も同年に、そして『バーネット探偵社』が一九二四年に刊行された。

　これらの小説はすべて、形式の点、意図の点でまったく異なるが、舞台を「大戦前の時代」[*35]に設定していることは共通している。すべてが一九〇〇年のフランスに根付いた社会的な世界を描き、万国博覧会、初期の自動車、ドレフュス事件といった政治的事件、ガストン・カルメットの暗殺、一九一三年法〔兵役を二年から三年に増加させた法律〕などの時代の目印となるものをストーリーのなかに挿んでいる。シャルル・モリスのように、大戦が引き起こした絶対的な断絶を指摘する作家もいる。「今日、世界の歴史のなかで、新しい時代が始まったのだ」[*36]。他にもフェリシアン・シャンソールのように、身体と風貌の変化を強調し、「一九一〇〜一九一四年の大戦前の女性のタイプ」[*37]を懐かしむ者もいる。しかしこのような描写は、歴史のなかに物語を組み入れるには、つまり、失われたかもしくはしかるべく特定された「過去」を想起させるには十分でない。もっとも、プルーストだけが例外である。一九一九年夏に刊行された『花咲く乙女たちのかげに』は描かれる場面の歴史性をはっきりと指摘する論評を引き起こした。「闇が消え、ひとつの時代の輪郭が現れる。それは一九世紀末であり、事情に通じた者は、疑いなく、言及された多くの人物を特定するだろう」とカミーユ・マルボは記した。そもそも、この小説の筋は一八九五年と一八九七年のあいだで展開し、さまざまな具体的な出来事が触れられている。ドレフュス事件や一八九六年一〇月のニコライ二世（テオドーズと呼ばれている）のパリ訪問といった出来事である。批評家の大部分は、それを批判的な目で見た。失われた時、過ぎ去った時代、という具合である。「ほこりっぽく、流行遅れ」とフェルナン・ヴァンデレムは『パリ評論』で嘆いた。ビネ＝ヴァルメールは、次のように皮肉を言っている。「大戦前、パリでは感性の豊かな文明が存在した。それは病人の形で具現化される。友人の家でお茶を飲み、大通りを散歩し、花咲くの乙女たちを愛そうと試みながら、軽率な言動をおかす」。*38

一九二六年にグラッセから刊行されたブレーズ・サンドラールの『モラヴァジーヌの冒険』もまた別格とすべきだろう。熱に浮かされ、引きつったようなこの小説は、「人面獣心の人物」の行状記である。魅了された精神科医が収容先の精神病院から脱走させる、ひどく暴力的な精神分裂病患者の話である。脱走の後には、残忍な犯罪、狂気、革命で区切られた混沌とした世界を巡る幻覚の旅が続く。一八八七年生まれのサンドラールにとっては、彼が文化的前衛たちと付き合っていた大戦前の年代の深い意味がそこにあったのだろうか。いずれにしても、第一部に「時代の精神」という題名がついているこの小説のストーリーは一九〇〇年八月に始まる。そして、再び収容されたモラヴァジーヌが、戦争、世界の終末、火星語について何千ページをも真っ黒にした後に死ぬ一九一七年初頭で終わる。失われた世界の感情を暴力や破壊によって表現したのは、サンドラールひとりではない。ロベール・デスノスのように「万国博の星のもとで」生まれた最も若い層は、失われた時代について話すのに苦労した。若い時に「愛と反逆と崇高への押さえきれない欲望」[39]にたぶらかされていた彼らには、何を語ることができたろうか。すべてが大戦で粉々に砕け散った。残ったのは、犯罪、破壊、ダダ、ファントマ、無鉄砲な企てくらいなのである。

しかし、プルーストの小説もサンドラールのそれも、他の小説とはまったく似ていない。編集者にとっても批評家の大部分にとっても、戦前を想起させる語りの大半は、昨日の世界を称揚したり惜んで嘆いたりすることを第一の機能としない習俗の描写か冒険談といった「現代小説」であるにすぎない。一九二九年に、すでに最初の六巻が刊行されていたロジェ・マルタン・デュ・ガールの『チボー家の人々』の人生行路を論じる際、ジャン・プレヴォーはこれらの巻が「現代大全になろうとしている」[40]と指摘した。一九二九年に、モーリス・ルブランは『アルセーヌ・ルパン』の新作『謎の家』を出版したが、そのストーリーは明らかに大戦後の年代に置かれていた。[41]しかしながら、スカートの長さや自動車の速度を除けば、前の巻と異なるものは何もない。このシリーズの想像物を変えるものはそこには何もなく、「時代」を本当に画するものは何もない。

しかしながら、かつての良き時代を想って涙する声が当時まったく上がらなかったと主張するのは極端だろう。いくつかのジャンルが、たいていは伝統に従って嘆き節に追随した。シャンソンは、のちに見るように「ベル・エポック」という想像物の最も生き生きした表現形態のひとつだが、昨日の世界へのノスタルジーをいち早く育んだ。大衆向けのシャンソンには遠い昔から、二つの顔がある。一方は、軽やか、感傷的、たわいないリトルネッロ〔楽曲中で反復演奏される器楽部分〕と、ちょっぴり際どいリフレイン〔繰り返し句〕。もう一方は、暗い顔、「現実主義的な」シャンソンのそれで、喜びを欠いた若い娘や肉体労働者の運命を語る哀歌、悲劇的な繰り言である。これらの二つのスタイルは早期に定着し、世紀の初めから録音が可能となることで、一九〇〇年代の雰囲気を維持し、育むことに十二分に寄与した。しかし、前者の賑やかで陽気な和音が大衆の長い祝祭の幻想を持続させたのに対し、レアリストの歌手たちの低く響く調子は、立ちはだかる障壁にこびりつく泥のことを繰り返し歌った。ところで、このジャンルのシャンソンはますます広く認められ、一九二〇年代には勝利する。一九一八年からすでに、オランピアなどのホールは演し物をこのジャンルに事実上限定し、リサイタルが多くの劇場で続々と開かれた。大戦前の大物歌手は相変わらず現役で大成功を収めていた。アリスティッド・ブリュアンはその第一人者であるが、帝国劇場〔一八八六年にパリで開設された劇場〕の支配人の要請を受けて一九二四年に最後のコンサートを開いた。彼の歌手人生の華麗な幕引であり、響き続けるアンコールの声を「彼は大芸術家らしく少しも長引かせようとはしなかった」[*42]。一九一四年以前の他の大スターの多くも、これらの年代に舞台でまたはカメラの前で歌い続けた。イヴェット・ギルベールやウジェニー・ビュッフェは、年齢にもかかわらずそうしたし（彼女らは一八六五年生まれである）、より若かったが、酒と「コカイン」で衰えたフレエルもそうだった。彼女らの後を引き継いだのは、たとえば「シャンソンの悲劇女優」のダミア、マリー・デュバス、リュシエンヌ・ボワイエ、リス・ゴーティ、レオ・マルジャンヌ、さらにシュルレアリストたちの影の女王のイヴォンヌ・ジョルジュなどだった。なかには声自体がもてはやされるケースもあったが、彼女たちの声はどれもこれも、社会的なドラマであれ感傷的なドラマであれそのなかに錨を下ろした世界の中心に浸っていた。彼女らの活動を規制していた「レアリストの取り決め」は、呻きや悲嘆のジャンルを特別扱いした。[*43] そこから悲劇的なインスピレーションが湧いてきて、諦観とノスタルジックな逃避のなかにほぼ機械的に投影される。大戦前の時代が、そこで黄金時代として、「正真正銘の」、あるいは「かつての美しいシャンソン」の黄金時代として構築される。こうして、多くの点において、伝説が形をなすのだ。フレエルが、ここではとりわけ重要な役割を果たした。一〇年間のブランクと身体的な衰えがあったにもかかわらず、彼女は一九二五年にオランピアの舞台に復帰する。[*44] 彼女の身体と顔は、ほとんど見分けがつかなくなり、時代の残酷な特徴を物語っていた。他方で彼女の声は、苦痛のなかでも、大戦前の失われた地平を精一杯蘇らせようとしていた。「深き淵より！《デ・プロフンディス》」一九二六年にアンドレ・ドカイエとリュシアン・カロルが彼女のために作曲した〈一体、どこに？〔モンマルトル挽歌〕〉のなかで彼女が惜しんで嘆くのは、モンマルトル、パリ、そして愛した人々であった。[*45]

もうひとつのタイプのノスタルジー的な視線も、パリのイメージおよび表象の周りに注がれる傾向があった。このジャンルは新しいものではなく、長い伝統をもつものである。実際、オスマンによるパリの都市改造に続く一九世紀の最後の三分の一にあたる時期は、画趣のある書籍の増加をその特徴としている。それらの書籍はコラムニスト、リポーター、学芸欄担当者らの署名入りで、『消え去ったパリ』、『消えゆくパリ』、『変化するパリ』を延々と嘆き悲しむものである。[*46] 同時代のマルヴィル〔写真家のシャルル・マルヴィル」の写真と同様に、何千もの頁が、首都パリの実際のか、または幻想の名残りを固定しようと努めていた。喪失をめぐる瞑想が画趣あるものへの配慮と哀悼の傾向とに結びついたひとつのジャンルが、一つのスタイルと幾人かの作家とともに現れる。エリ・リシャールによる『死にゆくパリ』の一九二三年の刊行は、同じ流れに位置づけられる。[*47] しかし一九二〇年代に変化したのは、泣いて惜しまれるパリのアイデンティティそのものなのだ。それはもはやオスマン以前の時代遅れの都市ではなく、一九〇〇年代の都市である。この都市改造は、続く一〇年間できわめて重要になるが、まだほんの始まりにすぎない。それが透けて見えるのは、大戦以前のパリの中心地が情感を込めて語られるイヴェット・ギルベール、フェリックス・マイヨール、アンリ・フュルシのような幾人かの大スターの回想録においてである。それが本格化するには「モンマルトルの住民たち」の最初の回想録の刊行を待たなければならない。一九二六年に四〇歳回想録の第一巻を刊行したフランシス・カルコの例を取り上げよう。[*48] モーリス・ユトリロ、マック・オルラン、ロラン・ドルジュレス、マックス・ジャコブとともに過ごしたモンマルトルの丘での幸せな日々。フレデ爺さんのラパン・アジル〔モンパルナスの画家や詩人が集ったシャンソニエ〕における活気に満ちた夕べ。これらを思い起こしながら、彼は「過去からやってくるこのほろ苦い陶酔」[*49]を悼むのである。しかし、カルコがパリにやってきたのは一九一〇年にすぎず、彼は都市がほとんど変化していないことも認めなくてはならなかった。「場所も景観も、何も変化していない。われわれの二〇歳、われわれの恋を除いて何も。死んだ恋は、よみがえるやいなや、すぐさま消え去るのだ」。[*50] 彼がこのように賛歌を送っているのは、街に対してというよりも、ボヘミアン的な青年期の失われた陶酔と自らの二〇歳に対してなのだ。

とはいえ、この種のまなざしは、増殖する傾向にあった。一九二九年にフュルシは回想録のなかで、「ピガール広場が庭だった」[*51]幸せな時代を興奮気味に思い起こしている。『ヒキガエル』というジャン・ガルティエ＝ボワシエールの雑誌は同年、パリに関する長大な特集を掲載しているが、そこでは哀惜やノスタルジックなまなざしが支配的である。モーリス・ヴァン・モッペをはじめ、幾人かの作者が「景観はほとんど変化していない」、何も起きていないと確かに認めているものの、各巻の配本はどれも、往時のパリ、かつてのパリ、生きるのが楽しかった大戦前のパリの消失を嘆き悲しむのである。〔ウジェーヌ・〕アジェの写真も相俟って、その調子は決定的にノスタルジックなものとなった。今日の都市にはあまりに多くの自動車、バス、アスファルトがある。都市の景観を損なう地下鉄の建設現場については言うまでもない。ポール・フックスは、一八九〇年頃のカルティエ・ラタンの様子を、マック・オルランはモンマルトルを、アンドレ・サルモンはモンパルナスを思い浮かべる。「ベルヴィル、オートゥイユ、モンマルトル、モンルージュ、障壁〔パリの旧市街を囲っていた〕の外の村々よ！」とジャン・リュカス＝ルブルトンは叫んでいる。田舎風のパリ、車のないパリ、小庭、あずま屋、村のキャバレー、「かつての田舎風の郊外」の街に思いを馳せると、ひどく憂鬱になる。ブドウがなり、糞と堆肥で匂うパリである。この種の表象は、〔二〇年代の〕一〇年間の末に発展し、大戦前についての想像物を豊かにするのに明らかに寄与していた。しかし注記しておく必要があるのは、シャンソン・レアリストとまったく同様に、昨日の、あるいは一昨日の失われた世界を想って嘆くことが、これらの作品の本質そのもののうちにある、ということである。万国博の会場内に中世の都市のミニチュアが復元され、古きパリの市委員会が設けられた一九〇〇年の時点ですでにそうであった。[*52]一九六〇年でもなおそうであろう。

つまり、これらのいくつかの例外を除けば、一九二〇年代に「ベル・エポック」はほとんど存在しなかった。大いなるノスタルジーの時代は、まだ告げられていなかった。その反対にフランスは、一四年から一八年の大きな試練を超えてなお、前の時代の多くの特徴を取り戻していたのである。そのような特徴として、平和運動が当時神聖視しようとしていた平和、取り戻された権勢――これによりフランスは諸国家の協調のなかでの自らの重みを回復する――、繁栄、威光、豊かな文化生活、生きて現在を享受したいという願望、さらに「沸きあがるリビドー」[*53]と時に描写されるような増大する性的自由が挙げられよう。実に多くの人が今日「ベル・エポック」と「狂乱の時代」を同一視あるいは混同する理由がここにある。二〇一五年一二月にソルボンヌの学生たちにインタビューを受けた通りすがりの人々のなかに、ベル・エポックを一九一八年一一月一一日の休戦協定から一九二九年の株の大暴落までの時代に位置づける人が多くいた。ひとりの女性は、他のすべての可能性を自信たっぷりに拒絶した。それほど彼女にとっては、この時代の熱狂と「レトロ」な側面が「ベル・エポック」の全精神を体現していたのである。レオ・マレが記しているように、そもそも一九二〇年代は「第二の美しい時代《ベル・エポック》」[*54]ではないだろうか。

「一九〇〇年」の発明

しかしながら、一九〇〇年という想像物が、フランスの文化と生活における主要なモチーフとして認められるには、さらに数年待たなくてはならない。一九三〇年に始まる一〇年が決定的である。地平線が暗くなる一方で、哀惜が蓄積され、調子が少しずつ変わっていく。著名な作家たちは、この世紀の初頭の本質が、愚かだったのか、それとも建設的だったのかと熟考し始める。回想録、小説、シャンソンが多く生まれると同時に、一九〇〇年のベストセラーが劇場用に、映画用にと脚色される。いまやこぞって「一九〇〇年の時代」と呼ぶわれわれの歴史のなかの一シーンに対する真の熱狂が表に現れるのである。

先駆者――アンドレ・ヴァルノー

一九〇〇年に一五歳であったアンドレ・ヴァルノーは、一九三〇年に『パリのさまざまな顔』を刊行する。これは実のところ、回想録でも手記でもない。当時、芸術と文学の世界の著名人（『コメディア』の常連作家のひとり）であった彼はパリをよくぶらつき、自由に散歩した。そんな彼が著した本書は対話、小話、挿絵、版画、特に写真など六〇〇近いイラストを掲載している。これはまた歴史的なものである。というのもヴァルノーは、都市を見分けられなくなったという想定のもと、首都を具現化すると思われるすべての場所を掘り起こそうとするからだ。古いパリについて長い節をあてがいつつ、作品の中心は「大戦前」を登場させて、それに非常に感動的な賛歌を寄せることにある。「大戦前！　われわれのもっとも大事で、親密で、深い喜びのひとつ、それは、大戦前を経験したこと、しかも、そのあらゆる魅力を味わうことができた年齢で経験したことだ。もしかすると、そんな年齢だったからこそ、この時代をかくも美しいものだと思ったのかもしれない」[*1]。劇場、ダンスホール、キャバレー、街頭の歓楽、この一九〇〇年のパリの一切が彼に微笑みかけた。芸術界への言及がもちろん際立っている。舞台は絵画のテリトリーのど真ん中、すなわちモンマルトルで、すでにヴァルノーがいくつもの作品で扱った場所である。しかし本書に登場するのは、モンマルトルの丘と、そこにいる詩人や芸術家たちだけではない。新聞の世界、劇場やカフェ・コンセールの世界、ブローニュの森のエレガントな女たち、ハム市やクズ鉄市、一キロ五〇サンチームの糖菓などにもまったく同様に狂喜する。というのも、ヴァルノーが演出するのは、他に類を見ない時代の生きる安らぎであるからだ。彼の文章は根本的なイメージを喚起させるものなので、もう少し彼に語らせよう。「戦前には、確かにこれといった特質がないが魅惑的な美しさがパリにはあった。ほとんど金がなくても、何もしなくてもパリでは生きられた、確かに貧しい生活だが、生きられたということである。国が繁栄していたということだ。黄金の時代？　まさか！　そうではなく、特異で並外れた時代、多数の絆で伝統に結びつけられ、並外れた新しい活力を潜在的にもっていた時代である。戦前のパリ？　過去が生き生きと残りつつ、新しい時代を快く受け入れ、徐々に進展していた都市である」[*2]。都市に新しい明るさを与える電気、都市を彩る広告、ムーラン・ルージュと「そのガス灯」、場末と屑拾い、とりわけ永遠の幸せをもたらすように思われたあの繁栄と平和の雰囲気、すべてが彼を魅了する。「われわれは、戦争について、もう何年も前と同じように語った。

遠いそして現実離れした神話であるかのように語った。われわれは結局のところ、すべては解決するだろうと確信していた」。[*3]

その後パリは多くの魅力を失った、とヴァルノーは続けている。たとえ彼がシャンゼリゼを好きで、そこで明日の街の核心を予感していたとしてもである。いずれにせよ、彼の話のすべては青年期を過ごしたパリを特別扱いすることを狙っていた。もっとも、これに矛盾がないわけではなかった。というのも作品に挿入された多くの写真は、一九二五年になってパリに到着した彼の女友達、ジェルメーヌ・クルルの署名が付されたものだからだ。「実際それはたいしたことではない。というのも、パリ、本当のパリ、通りや街区のパリ、観光客や外国人が見ることのないパリは、流行をほとんど気にかけず、われわれが思うほど変化してはいないからだ」。[*4] こうした曖昧さにもかかわらず、ヴァルノーの本に対する反響は限られていたとはいえ好意的なもので、彼のペンによる戦前の描写を強調するのだった。「「年配パリジャン」の心は、これらの頁を読むことで大きな感謝の念で満たされるのだ」と、彼とまったく意見を同じくする『パリ・ソワール』誌のコラムニストは書いている。「それは、いささか気取っていて、いささか伝統的だが魅力的な時代、輝いているが進歩の不可逆的な圧力を意識していない時代だった」。[*5] 多くの批評家たちを捉えたのは、この自明な点である。すなわち、「アンドレ・ヴァルノー氏は、著書のなかでこうした幸せな年代……、戦争に先立つ年代のパリに多くのページを割いた」。[*6]

隠居したばかりの有名デザイナーであるポール・ポワレが同年、回想録を出版した。彼の話は、驚くまでもないが、エレガンスと豪奢のパリを代表する大スターの一人となるまでのサクセス・ストーリーである。しかしポワレは、自らの栄光の時代に他ならぬ一時代を描写しないではいられない。「何て美しい時代《ベル・エポック》だろう！」と、一八八九年〔パリ〕万国博への訪問時に叫んでいる。ただし、その次の〔一九〇〇年パリ〕万国博の記憶を混じえて語っているのだが。[*7] 彼の文章のうちに、魅惑的な世界が具象化してくる。それは「女性が美しく、邸宅が壮麗で、才能には報酬が支払われる［…］」世界である。「それは祝福された時代である。生活上の心配や困難、収税吏の嫌がらせと社会主義の脅威が、まだ思想や生きる喜びを押しつぶしていない時代である。女性は、土木作業員の悪態の的になることなく、街路でエレガントでいることができた。庶民と権勢家のあいだに保たれていた親しい関係は魅力的で、上品であった。ラ・ペ通りに通う紳士は、売子の微笑みに答えていた。感じのよい仲間意識が街中に花開いていた」[*8]。

「ポール・モラン効果」

一九〇〇年代がある程度の人気を取り戻しだしたこの状況のなかで、一冊の本が突然に爆弾のごとき効果を生み出した。ポール・モランという流行作家が書いたこの本は、一九三一年五月に『一九〇〇年』という明瞭なタイトルで刊行された。四三歳のモランは、この当時著名で好評を博し、一九二四年の『夜ひらく』の大成功で光り輝いていた。教養ある大ブルジョワ家庭の出身で（父親は装飾芸術学校の学長を務め、パリの詩人、芸術家、彫刻家と長期にわたって交際した）、パリの社交界の著名人でもあった。さらには外交官で、ガリマール社の叢書を監修し、数年前にルーマニアの大金持ちの令嬢と結婚していた。言うまでもなく『一九〇〇年』は待望の書物であり、刊行と同時に論評された。

ところで、この作品は誹謗文書であって、愚かしく滑稽で厄介な時代に対するきわめてきつい諷刺であった。この肖像画は譲歩することなく、「見た目は休戦の年」であっても、そのあいだに体制が継続的にナショナリズム、反ユダヤ主義、社会運動に対応しなくてはならなかった年を描写する。万国博はどうか？「顔を覆い隠した」[*9]見せかけの世界の幻想だ。文化生活はどうか？どこにでもある硬膏薬だ。劇場は「息苦しい空間」であり、「青白さ、虚弱、悪徳、神経症」[*10]くらいにしか処方できない。思想の動向はどうか。ニヒリズム、北方主義、享楽主義、国際主義、「下着、編み上げブーツ、毛皮のフェティシズム」といった具合で、「世紀末のばかでかい病院」の永続的なリサイクルにほかならない。[*11]文学界はさらに危うい。モランが怒号をあげるのは、劣悪なスタイル（「このように勿体ぶって下手くそに書くなんてことは決してなかった」）、すべての登場人物が神経衰弱で、小辞〔貴族の家系であることを示す〕の付いた姓とヤニス、アインハルトやイゾルデといったおかしな名前を持つ「芸術家」気取りのインスピレーションに対してであったり、スノビスム、気取り、しゃれ、耐え難い言葉遊びに対してだ。これほど痛ましい時代の助けになりうるものなど何も、本当に何もない。「一九〇〇年。この黄金時代は、厚かましくも自らを欺いている。その片眼鏡が目をくらませる。この時代は何も信じることなく、すべてを丸呑みする。そこでは、〔ロベール・ド・〕フレール〔劇作家〕がアリストファネスに、〔アンリ・〕ロシュフォール〔ジャーナリスト・劇作家・政治家〕がシャンフォールに、氷の宮殿〔当時パリにあったスケート場を指すと思われる〕が北極と間違われる」[*12]。

攻撃は辛辣で、多くの点で度を越している。作家が意趣返しをしようとしているのは疑いない。相手は自分の青年期を形成した時代、大戦があまりに早く打ち砕いた時代である。とりわけ先行する世代、父母の世代である。本の最後の文章のひとつのなかで突然、彼はこう告白している。「なぜ、ある晩レヴューから戻ってきては、われわれをこの世に産んだのか」[*13]。これすなわち、野心的で、反論を受け付けず、とりわけ自分が話題になることを狙った若い伊達男の本である。しばらく後、一九七〇年八月にテレビで放送されたインタビューにおいて彼はこう告白している。

それは父親に対する子供の反応でした。おそらく私は、レオン・ドーデによる『愚かな一九世紀』からかなり影響を受けていたのでしょう。だから私は、一九〇〇年の人々は足を洗わない等々と書き始めたのです。〔…〕いずれにしても、純粋に外面的な肖像画を描いたことは、大変滑稽なことでした。この本は絶版となりましたが、かといって再版はしていません。この本を否定しません。むしろ私は、ある種の若者の反応として面白がりました。〔…〕人は、一〇歳あるいは二〇歳年上の人々をつねに嫌うものです。[*14]

しかし重要な点は、こうした個人的な考察にはなく、この小さな本が生み出した決定的な効果による。その過激さにかかわらず、この作品はまずその特異な性格、形態、特徴を備えた「一九〇〇年という時」を明白に同定し、「一九〇〇年」と明示的に名づけられた時代を粗描した最初のものなのである。モランが同書の途中でそのことを次のように指摘している。「一九〇〇年はもはや話題にならず、いまだ書かれてもいない」[*15]。この時代は過ぎ去り、もはや現代の一部ではないが、まだ歴史の一部ではない。人はそこを「まるでグレヴァン博物館で蠟人形のあいだに迷いこむように」散策するのである。とはいえ彼の文章は、まさしく「髭をたくわえ、馬車で行き来した往時の人々」[*16]を生き返らせるのに貢献した。それは、一九〇〇年の死後の生を可能にし、かつ創始する空間を開いたのである。

二つ目の主要な効果は、『一九〇〇年』が引き起こした受容および反応に起因する。即時の、そして多大な反響は、それほど興味深いものではない。それらは、とりわけモランという注目すべき著者が当時の狭い文壇でどのような地位を占めていたかを物語っている。ちなみに、編集者は、同書の刊行を注意深く準備していた。二月一四日、『ル・ジュルナル』が、『政治文芸年報』で作品が前もって連載されることを告知した。五月一日に、同紙は「このシルクハットと張鋼付《リング》コルセットの国への驚くべき旅、話題沸騰」として、単行本での刊行を知らせた。モランがニューヨークに向けて旅立った直後、他にもいくつかの差込広告が大半の日刊紙に掲示された。大変好評で、しばしばおべっかもあった。アンリ・ド・レニエは、モランの文体および彼が時代を生き生きと再現するその仕方を称えた。[*17] ジェルメーヌ・ボーモンは、「快い作品」「いくつかの機知に富んだ章」について語っている。[*18] 多くのコラムニストは、まるでかくも著名な作家に議論をふっかけるリスクはとれないというかのように、内容をきわめて詳細に紹介するだけで満足している。幾人かは、はぐらかすことで難局を切り抜けている。セムは「放蕩息子、若きポール・モラン」とからかう一方で、アベル・エルマンは、モランの息子が『一九三一年』を一九六二年に刊行するのを想像している。[*19]『コメディア』では、ウジェーヌ・マルサンが、「輝かしくてテンポがよく、省略的で感じのよい絵画」と述べつつ、モランがこの低俗な時代を誹謗するという点ではあまり踏み込んでいないと評価し、「快いが、厳しさが足りない」とする。[*20] 他の論者は控えめに、反対の観点から言及する。エドモン・ジャルーは作品が「楽しく風刺的」とする。ジャン・ヴィニョーは、モランに辛辣さ、独自の文体、想像力を認めるが、作者の挙げる例が極端であることに触れている。『一九〇〇年』で彼は、葉巻の時間に暖炉を独占し、作り話を語る社交家の役割をいささか演じているように見える」。[*21]『新文芸』誌はいっそう鋭い洞察力を示し、モランの著作をヴァルノーの著作やアジェの写真に結びつけ、「フルフル〔たくさんのフリルをあしらった衣装〕の時代[*22]」が戻ってきたと指摘した。『新フランス評論』掲載の長い記事のなかでバンジャマン・クレミューが、同書の引き起こす印象をおそらくは最も上手に、しかも節度をもって表現している。彼によれば、同書は個人的な本であって、歴史書ではない。『一九〇〇年』は、まずもってポール・モランの回想録の第一章、パリにおける彼の「幼少期」の章である。他方では、時代のルポルタージュである」。クレミューは、本のあまりに滑稽な側面を容赦なく指摘する。『一九〇〇年』は気さくなモランで、陽気なモランである。彼は反スノッブと自認するが、同時に反スノビスムのスノビスムを助長するリスクをおかしているのだ」。しかし結論では、作者に配慮してこう述べる。「これは善良なモランだ。動き、輝き、見事な表現があり、われわれが敬遠したくなるような風刺のなかにも快活さがある」。ひとつの時代の流行や熱狂の滑稽さを強調したことについてモランを称える必要がある一方、「持続し、歴史のなかに居座るべきもうひとつの一九〇〇年の存在を強調する必要がある[*23]」。

しかしながら、最も興味深い反応はより後年のもので、モランによって歪曲され中傷された世紀初頭を擁護しようとする者から発せられる。そのためにこそ、一九〇八年にウジェーヌ・モンフォールが創刊した文芸雑誌『レ・マルジュ』は、一九〇〇年代の「価値」に関して広範囲のアンケートにとりかかることを決めたのだった。モンフォールは「少し前に刊行されて大きな反響を呼び、そのなかで一九〇〇年の時代が表面的に批判され、茶化された書物」を明白に批判し、「発明と創造において驚くべき並外れた豊かさ」をもった時代に対する自らの感情を隠さない。そこで彼は、文学および芸術界の四〇人ほどに次の質問に答えるよう求めている。

芸術と文学において、一九〇〇年代は低俗な時代の特徴を示しているか、それとも気高い時代の特徴を示しているか。

人々の習俗や嗜好は、現在のそれよりもレベルが高かったか、あるいは低かったか。

過去の生はより満たされ、より知的なものであったか、あるいは、より空虚でより物質的なものであったか。*24

一九三二年六月、モランの文書の刊行から一年後、この雑誌は調査結果を公表した。非常に限定的な問いにもかかわらず、二七人の作家の回答を得た。そのなかには、著名な人物としてアンリ・バルビュス、アンリ・ド・ジュヴネル、レオン・エニック、アン・リネル、ポール・ヴァレリー、レオン・ヴェルトがいた。女性がただひとりラシルドしかいなかったことは、評価されるべきだと主張された文化的遺産がどのようなタイプのものかをかなりよく証言している。それでもこれらの回答は興味深いものだ。趣旨に沿わずに別のことを語る者（バルビュスは共産主義について、ルイ・ディミエはフランスの衰退について、ヴェルトは技術と精神の関係について）を除くと、大部分の回答者は、同じような全体像を描いている。すなわち、一九〇〇年は、もちろん他のあらゆる時代と同様に、欠点や滑稽なところを備えていたが、並外れた文学上の創造性、美学的な革新、科学および社会の進歩の時代でもあった、というのである。評価の対象となる年代をほぼすべての回答者が体験しているという点は、もちろん非常に大きなバイアスをなしている。「それはわれわれの青年期の時代だった。どうして他の時代よりも優れていると見なさずにいられようか」とまさしくジュール・ベルトーは自問する。多くの回答は実際、単なる賛辞以上のものでありたいと骨を折る。「壮大で、ほぼ唯一の時代、知的に並外れた熱を帯びた時代であり、[…]将来に向けて目が眩むほど開かれた時代である!」、とロニー兄〔J・H・ロニー〕は叫んでいる。ギュスターヴ・ギッシュやモーリス・コルラなどのその他の回答者は、そこに近代全体の核心および母胎を見ている。このような状況のなかではモランの本、この「貧弱な、風刺的、表面的で、いい加減な本」(モーリス・ル・ブロン)の評価は当然高まらない。フェルナン・ローデのように、最も寛大な者は、「経験のない若者にのみふさわしい態度」を指摘するに留めている。さらに、「一九〇〇年を軽視する若者は、慢心あるいは無知という罪を犯している」と、ジョルジュ・ドゥローはまとめる。しかしながらこのように一九〇〇年を検討したモランこそがこの年の人気が戻った原因のひとつなのである。ポール・ヴァレリーがいくら次のように自問自答しても無駄である。「一九〇〇年……、なぜこの年なのか。私はこの年に関して、一八九九年または一九〇二年以上に異なるものを何も見出さない。それはひとつの文字がアルファベットのなかにあるのと同様、時を示すだけのひとつの語である」。だがこれ以降、一九〇〇年という時代が、固有の特徴や性格を備えて存在することになるのだ。モランとそれに異を唱えた人々が、この時代に生を与え、形態を与えることに貢献したのである。

数ヶ月後の一九三二年九月になると、記者で美術批評家のルイ・シェロネが『一九〇〇年頃の……パリにて』と題するきわめて美しい作品を出版し、一九〇〇年という時代の存在を説明する。もっぱら芸術、モード、スペクタクルの世界に由来する大戦前の品物、場所または人物の約六〇点の写真付きの長い序文のなかで、発生したばかりの現象を明確に記述しようと努めたのである。[*25] まさに世代紛争の必要が生じてきたところだ、とシェロネは記している。「一九〇〇年は、その原因であると同時に、争点、戦場である」。その対立は、とりわけ一九〇〇年の少し前に生まれ、戦争で運命が激しく急転した若者たちに関わるものだ。彼らはかつて生を切望し、おそらくその香りを嗅ぎ、前段階を味わった。しかしそれらすべてが、彼らが本当に享受する前にいきなり遠ざかった。彼らにとって、一九〇〇年は「失われた楽園であり、彼らがそこから動乱の惑星へと落ちてしまったことをまだ覚えている空であり、彼らが侵入する権利をもはやもつことのない約束の地であり、やがては目標に到達するはずだったのにけっして成就することのなくなった希望や夢」である。シェロネがロマン主義の近代的な形態を見てとろうとするこの哀愁、不安、過去の苛み、「世紀の惨事」はここからくる。というのも、「あらゆるロマン主義の萌芽は、夢が現実のものになれないその無力さ」にあるからだ。モランの小冊子はこの緊張を露わにしたものにほかならない。これに感謝しなくてはならないのはそれゆえである。これが証言している時代とは、現在をほとんど信じないがゆえに将来について思い描くことに苦労する不安な時代であり、いくらかの同時代人を、絶望しつつ「過去に、自分たちの過去に」向かうよう後押しする時代なのだ。

本の残りの大部分は説明付きの写真で構成され、おそらくそれほど野心的ではないものの、何が争点となっているかをまさしく告げている。それは、近い過去の再発見である。シェロネは、この時代の主要な特徴を識別するのに役立つと思われた関連資料を付け加えることで、貢献しようとする。彼は主要な特徴として、絶対的な実証主義の覇権、女性の優位ないし「崇拝」、アール・ヌーヴォーの発明の三つを取り上げる。アール・ヌーヴォーは、確かに批判されたが、その時代にふさわしい形式と美学をもたらすことができたとされる。収録された写真はそれほど独創的ではなく、予想通りの場所、著名人、出来事である。ムーラン・ルージュがグランド・ジャット島やドーヴィルの海岸と並置され、マキシムではシャンパンが大量に注がれ、サラ・ベルナール〔女優〕やリアーヌ・ド・プジーが、ドラネム〔歌手〕、フティット〔芸人〕、ラナヴァロナ女王〔ラナヴァロナ三世、マダガスカルの女王〕と並ぶ。イメージは確かに型どおりのものであったが、役割を見事に果たしている。ここでは一九〇〇年がその称号、地位、名誉を取り戻しているのである。

「一九〇〇年」の流行

実際、この一〇年間で、「一九〇〇年」の流行が始まり、さまざまな形態をとることになった。モランの本が引き起こした反響はまず、ジャーナリストや編集者をこのヒットに便乗するよう駆り立てた。「一九〇〇年」は、忘れられた作家を再び流行らせる高い付加価値をもった、ある種のラベルとなったのだ。こうして、一八九〇年と九一年にジャン・ロランが『レコー・ド・パリ』に寄稿した連載記事「今日の女性」が一九三二年、ピエール゠レオン・ゴーティエの解説付きで『一九〇〇年の女性たち』というタイトルで再刊された。映画はそれまで一九〇〇年に対して時代遅れの空想としてしか関心を示していなかったが、その眼差しを変えることになる。同じ一九三二年、アレクサンダー・コルダが一八九九年の〔ジョルジュ・〕フェドーの有名な軽喜劇《ヴォードヴィル》を脚色して『マキシムの婦人』を撮影する。この映画は、「缶詰の演劇」〔俳優・演出家ルイ・ジューヴェの言葉〕のジャンルに属し、評判は惨憺たるものだった。それもそのはず、しつこく二回も出てくるカンカン、馬に引かれた二階建てバス、円筒形の蓄音機、外灯の点灯夫、それに女優のシャルロット・リゼが「大胆」すぎるのではないかと自問したふりふりの水着が登場するなど、紋切り型を並べていたからだ。音ネガはまだ初物だったが、一九〇〇年当時よく知られていた歌曲〈フルフル（Frou-Frou）〉、〈かわいいトンキン娘（La Petite Tonkinoise）〉、〈何よりも恋が最高（Tout ça n'vaut pas l'amour）〉などを流した。とりわけ重要なのは、演出の仕方自体が一九〇〇年に対するノスタルジーを作り出していることである。映画は、〈昨日のこと（C'était hier）〉を口ずさむ女優フロレルのショットから始まる。続いて観客は、「三〇年前」に存在した世界を映画のおかげで再び生きることになると告げられる。ストーリーが始まる前にはいくつかの記録映像があるが、これは当時の映画においてはほとんど一般的ではない手法であった。コルダもまた後に、とりわけスタジオで全体が撮影されていた映画の背景が切り替わるとき、いくつかの「ニュース映画の」映像を挿入するようになる。さらに、最後のシーンは、一九〇〇年という日付を誇らしげに掲げるフェドーの作品用のポスターで終わる。

アレクサンダー・コルダと、シナリオおよび台詞を書いたアンリ・ジャンソンは確かに、世紀初頭の演劇または文学から着想を得た最初の人物なのではない。前年にはマルセル・レルビエが、ガストン・ルルーのルレタビーユ・シリーズの最初の二つ、すなわち『黄色い部屋の謎〔黄色の部屋〕』、次に『黒衣婦人の香り』を映画化していた。もう少し繊細なものだが、アンリ・ディアマン＝ベルジェもまた、一九三一年に『私を忘れてしまうのね（Tu m'oublieras）』という二つの時代をまたぐミュージカル映画を撮影した。最初の時代は一九一〇年で、ミュージック・ホールの有名なスターである美しいエステル・ド・プレッサンディが恋人についていくためにすべてを捨てることを決断し、舞台に悲痛な別れを告げるシーンである。もうひとつの時代は、二〇年後で、エステルの娘のイヴォンヌが戻ってきて、かつてのロマンスを取り戻すよう努めるが失敗するシーンである。タイトルにもなっている歌曲を歌うダミアのパフォーマンスにもかかわらず、この映画は人々に感銘を与えなかった。コルダとジャンソンの映画のほうは成功しただけでなく、とりわけ「ベル・エポック映画」を時代に先駆けて作ろうとする意欲を示している。コルダはまもなくイギリスに完全に移住し、そこでさらに英語版の『マキシムの婦人』を撮影、これが一九三四年に上映される。実際、フランスを魅了し始めたこの一九〇〇年という想像物が、イギリスに輸出されない理由はまったくなかった。

イギリス人ジャーナリストのジョゼ・シェルクリフは当時『デイリー・エクスプレス』に勤めていたが、同じ頃にジャンヌ・アヴリルにインタビューを行い、彼女に関する本を書こうと試みるものの、刊行されたのはようやく二〇年後のことである[*26]。しかし、先手を打ったのは『パリ・ミディ』の記者ピエール・オディアで、彼もまた、この有名な女性ダンサーの回想録をまとめることを思いつく。回想録は一九三三年四月七日から同日刊紙に連載される。他の人々と同様にジャンヌ・アヴリル自身もまた、当時国中に広がっていた一九〇〇年の異常な流行を認めるほかなかった。「そのとき人々は、あれほど馬鹿にしていた私たちの時代、理由は分かりませんが皆かたくなに一九〇〇年に位置づけようとした私たちの時代に、いくらかの魅力を認め始めました[*27]」。彼女にとっては最も「幸運な」時期は、それよりやや先の時期で、ムーラン・ルージュの初期にあたる。その時期が二〇世紀の最初の年代にも続いていることをもちろん彼女は認めている。それは独特の雰囲気であった。「私はそれ以来、このような集団的な陽気さの感覚、とはいえ上質の感覚を他のところでは一度も見いだしませんでした[*28]」。彼女の話は、ムーラン・ルージュの幸福な日々に期待されるあらゆる紋切り型のそれぞれに関わっており、当時の俳優たちに、〔ポール・〕モランに返答するために思い出をかき集めるよう促すものである。「思い出に訴えかけてください。あなたがたの思い出が、ある程度の魅力を欠くことはありますまい。今日、とりわけ、あまりに若くて事情に通じていないいくらかの作家が、私たちが生きた世紀末と世紀初頭の幸福な時代を批判し、けなし、茶化そうとしているのです」[*29]。劇作家のクロード＝アンドレ・ピュジェが、この時代を知らなかったにもかかわらず（彼は一九〇五年生まれだ）、彼女の呼びかけに耳を傾ける。というのもピュジェは当時、ムーラン・ルージュの起源とその始まりをたどる短編の劇『骨なしヴァランタン』に取り組んでいたからだ。初演はミシェル劇場の舞台で一九三三年一〇月二一日に行われた[*30]。

しかし、人々はまだ自身の回想録の刊行を急いでいたわけではなかった。もちろん、いくつかの回想録が一〇年前と同様に出版され、大戦前を回顧していた。しかしそれらのうちで、失われた時代を復元するという欲求を真に示すものはわずかしかなかった。それらの大部分はとりわけ「スター」（カロリーヌ・オテロ、イヴェット・ギルベール、ウジェニー・ビュッフェ[*31]）の執筆によるか、エリザベット・ド・グラモンのように、家族的で文学的な伝統に従ってか、あるいは編集者の要求に応えて上流社会のお歴々が執筆したものだ。一九二五年に刊行されたボニ・ド・カステラーヌの回想録には、「結婚の解消以来彼が携わってきた収入の多い仕事が一九一四年の大戦によって奪われた時期に、二〇万フランが支払われた」[*32]。他の人々は、一九三三年九月号の『新フランス評論』に「私は回想録を書くつもりはない」[*33]と書いたジョルジュ・デュアメルの例に従おうとしたと考えるべきだろうか。回想録を書こうという動きが出てくるのはもう少し後のことである。ロシアの裕福な収集家の娘であるマリ・シェイケヴィッチが、一九三五年に『消えた時の思い出』を出版し、彼女のサロンに通ったプルースト、レイナルド・アーン、また文学・芸術界の他の代表的人物たちについて思い起こした。[*34] ジャン・コクトーもまた、それまで回想録を執筆することを拒んでいたが、同じ年に思い出をまとめることを了承し、書いたものが『ル・フィガロ』に一九三五年一月一九日から五月一四日まで連載される。それからすぐ後に『記念写真』として一巻にまとめられたが、思い出がカバーする時代は単に「一九〇〇年」ではなく、「一九〇〇～一九一四年」となる。幼少期にあたるこの時代は――彼は一八八九年生まれだ――、とりわけ幽霊や亡霊にあふれた時代であった。「大鍋はもう存在しない〔…〕。エルク〔夫婦芸人〕は死に、ショコラ〔芸人〕とフティットも死に、ヌーヴォー・シルク〔パリのサーカス〕も廃業〔…〕。クロード・カジミール＝ペリエ、没。アラン＝フルニエ、没。ペギー、没[*35]」。ひとつの世代の人々がすべて消えた。マキシム、映画館、劇場で彼が出会うのは、ノスタルジーを育む影法師だけである。ロラン・ドルジュレスが一九三六年に刊行したモンマルトルの回想録では、哀惜の情がいっそう明白だ。[*36] 一八八五年に生まれたこの作家は、自身の二〇代に真の賛美を捧げている。彼の二〇代！　嘆き惜しまれる時代はもちろん青年期であり、友情、出会い、恋愛話の時代である。しかしアルフレッド・ソーヴィが少し後に指摘したように、「時代がそのように示されているのではなく、時代それ自体が幸福だったのである[*37]」。哀惜の情は同じく場所に対しても向かう。もちろんモンマルトルにである。「あの高所にある真の場所にであり、夜の女たちやシャンパンを出すキャバレーにではない[*38]」、すべての思い出が集まる場所にである。カルコ、あるいはそれ以前にはヴァルノーが行ったように、ドルジュレスは、ベル・エポックとなりつつあるものの主要な構成要素をなす想像物としてモンマルトルを作り上げることに辛抱強く貢献した。「良き時代だった！　あぁ、確かに。そう言ってもいいだろう。年をとるごとにそう確信するのだ[*39]」。

レオン＝ポール・ファルグが、『パリにならいて』の少し前に出した『パリの歩行者』で試みたのも、同じ「もはや存在しないパリにおける画趣に富み、かつ感傷的な旅行」である。[*40] そこでもまた、「大戦前の時代にきわめて独特な香り」[*41] を吸い込むという試みがなされた。語りは「当然のごとく」文芸また は芸術生活に焦点を合わせ、他の人々と同じように、モンマルトルがまがいものとなったことを告発する。「モンマルトルは、オペレッタの制作にしか役立たなかった大戦前の小国と同様だ」。そこでは真正な場所はすべて消え去り、「小売店、バーやグリル〔鉄板焼きのレストラン〕に取って代わられた」[*42]。「偉大な時代」についての付随テーマを提供する必要性がここから生じる。レオン＝ポール・ファルグを惹きつけたのは時代というよりも――たとえば万国博も、他の出来事も、さらに彼個人の生活における出来事に関するものさえまったく出てこない――、失われた場所の思い出と苦悩、要するにノスタルジーの特性をなすものなのである。年少者たちが小説家に会えることを期待してうろついた川岸。「ヨーロッパヤマナラシの葉のように凍てついた」ウルク運河の近く。また、待つことのポエジーが包む駅の近く。都会の喧騒から離れた薄暗い郊外。さらにはもちろん、多くの思い出が眠っているモンパルナスやモンマルトルのカフェ。つまり空間が問題なのだが、最終的には時間もまた問題となる。「パリジャンは、この時代には苦悩を知らなかった」。モンマルトルについて言えば、「依然として存在した。というのもわれわれの世代の大部分にとってそれは青春そのものだったから」[*43]。一九〇〇年は、計り知れないノスタルジー、喪失についての瞑想、「消え去った時代」への悲しくメランコリックでときに胸を引き裂かんばかりの旅路が表現される舞台装置にほとんど成り下がるのである。

しかしモンマルトルだけで、回想の領域が尽きるわけではない。回想録作者たちのまなざしは、別の場所、別の活動にも注がれ、多様化していく。リヨンの挿絵画家のルイ・ブルジョワ＝ボルジェが想起する「世紀末」は、彼によれば、ブリュアン〔歌手〕の個性とリュミエール兄弟の最初の映写に占拠されていた。[*44] フランスで幼少期と思春期を過ごしたイギリスの女流作家ブライヤー（本名はアニー・W・エラーマン）も『パリ一九〇〇年』を著し、それを一九三八年にシルヴィア・ビーチとアドリエンヌ・モニエが翻訳出版する。イギリスのブルジョワ家庭の非常に厳格なしきたりに従っていた少女のまなざしはもちろん異なるが、一九〇〇年という想像物を特徴づけるさまざまな主題をそこに見つけることができる。彼女が訪れた万国博の重要性、都市から惹き起こされる「地理的な興奮」、大戦前のパリの文化的・社会的な高揚のなかでヨーロッパ人になったという感情などだ。[*45]

この想像物は舞台上でも勝利する。シャンソン・レアリストの大歌手たちの人気が絶頂に達したときだ。アンリ・ヴァルナが一九三四年にアルカザール〔パリの劇場〕で「昔風」[*46]のレヴューを上演する一方で、フレエル、ダミア、リス・ゴーティ、そして彼らの多くの追随者が大戦前の年代の悲劇性を称え続けた。アンドレ・ドカイエが一九二六年に書いた〈彼らはどこに〔モンマルトル挽歌〕〉や一九三八年のジョルジュ・ヴァン・パリスの〈懐しき日々よ〉といったいくつかの歌曲は、パリのノスタルジーと「大戦前のリフレイン」に焦点を当てて大反響を得た。もちろん、ふさぎの虫の女商人たちを嘲笑したり、あるいはこのジャンルが徐々に通俗化しているのを嘆く人もいた。「われわれが歌手と認めることのできない冴えない模倣者たちがうまい汁を吸っていた」とフランシス・カルコは後に書いている。「たいていは泣きたくなるほど馬鹿馬鹿しい現実派シャンソンが幅をきかせてすべてを飲み込んでいる。不幸なのは、フレエル、ミスタンゲット、ダミアを除いて、深紅のスカーフを着けた娘たちの黒い細身のドレスの下や、一〇人に八人の男性が被っているハンチング帽や山高帽の下には紋切型しかないことだ」[*47]。実際、この熱狂のなかで、一九〇〇年代の場末の文化、やんちゃな少年やふしだらな少女たちの文化が徐々に認知されてゆく傾向が顕著になる。これには『望郷』〔映画作品〕のなかで失われた青春を嘆くフレエルが大きく貢献する。彼女の姿は、翌年の一九三九年にアルベール・ヴァランタンの『ナイトクラブのホステス（*L'Entraîneuse*）』とクロード・オルヴァルの『ジャヴァ（*Une Java*）』のなかでも見られる。映画も同様に、このヒットに便乗して最大限儲けようとした。アンドレ・ベルトミューは、『貞淑なシュザンヌ（*La Chaste Suzanne*）』を一九三七年に制作し、そのなかでムーラン・ルージュの「一九〇〇年のガラ〔公演〕」を見るよう観客を促す。別の者は、異なる時代を調和させるという策を講じようと努める。マックス・オフュルスは、一九三六年の『優しい敵（*La Tendre Ennemi*）』のなかで、過去――この場合は世紀末――からアネット・デュポンの昔の愛人たちを復活させようとする。幽霊の役割は気高いもので、好きではない男性との結婚を強制されるアネットの娘を将来の運命から救い出すことである。つまり、一九〇〇年はまったく、どんな味付けにも合わせられた。

小説的断絶

しかし、たいていの場合、この現象を最もよく表現し、その謎を解く鍵を与えてくれるのは文学である。先述したように、これまでに大戦前を描くことに専念した多くの小説があった。ただし、正確で多様で、資料に裏付けられてはいても、消失した世界の描写だけに特化したものではなかった。ところが、一九三〇年代に現れたのはまさに、この「歴史的」次元であった[*48]。『チボー家の人々』の作者ロジェ・

マルタン・デュ・ガールが、この方向転換の具体例である。一九二〇年以降、この小説家は立てたプランにきちんと従い、連作の各巻を定期的に刊行していった。こうして一九二二年から二九年のあいだに六巻が刊行されたのである。しかし続く年代では、事態が込み入ってくる。個人的な揉め事に加え、国際情勢への関心によって、彼は全体の構想と「息の長い小説」の意義を考え直すことになる。一九三一年に自動車事故に遭って動けなくなった際に、物語のサイクルを根本的に修正し、いっそう「歴史的」なものにすることを決意した。というのも登場人物たちの運命は、彼らの生きる時代の運命と一体になる必要があるというのだ。二人の兄弟の物語は、当初は一九二〇年代の末に向かって続くはずであったが、不吉な予感をもたらすと同時に主要な歴史の断絶となる『一九一四年の夏』で完結した。語りのテンポは速まり、同時に崩れる。「一九〇〇年のフランス、ドレフュス事件後のフランス」[*49]だけが、『チボー家の人々』においては唯一の参照枠となる。最後の巻は、一九三六年に刊行される(その四年後に『エピローグ』が書かれる)。マルタン・デュ・ガールがこの巻を書いていたのは、政治的脅威と国際的危機が勢いを増していた時期である。勃発寸前の戦争〔第二次世界大戦〕が明らかな背景となり、戦争への最初の歩み〔第一次大戦のこと〕を過ぎ去った時代に位置づけることになる。「おそらく、このあいだにこそ、彼は過去と未来の切断を最も強く感じたのだった」[*50]。

『チボー家』に象徴されるこの激変には、他の小説家も気づいており、同じ時期にそれを作品化している。もうひとつの「大河小説」である、ジュール・ロマンが一九三二年から刊行した『善意の人々』は、過去の時代のフレスコ画をかなり綿密に描くものである。最初の一四巻は、一九〇八年から一四年の年代に焦点を当て、きわめて多くの登場人物の運命を追う。彼らの運命は、ウルム通りのノルマリアン〔高等師範学校の学生〕であるジャレスとジェルファニオンという親しみやすく、繰り返し登場する二人の人物を介して結びつく。主題は複雑で、心理的、社会的なものだが、非常に明瞭に設定されたひとつの時代、すなわち「万国博の時代」から戦争までの時代までを描く。「戦争。幼少時代から、ジェルファニオンは、戦争の呪いのもとで生きている」[*51]。連作のすべての巻が、いやおうなく戦争に向けて進んでいく。すべてが物語と登場人物たちの自由を「大戦前」の閉ざされた歴史的時代のなかに拘留する。ジョルジュ・デュアメルが描写したレモン・パスキエと五人の子供たちの家族の叙事詩で、もうひとつの連作小説である『パスキエ家の記録』にも同じ雰囲気が漂う。ストーリーは、一八八九年に始まる。一九三九年、戦争が勃発したときはデュアメルが第八巻の『影との闘い』を出版した直後で、この巻はパスキエの息子の一人ローランが一九一四年八月に前線に出発するところで終わっていた。

しかし、おそらく、歴史への書き込みが最も模範的なのは、アラゴンの連作小説『現実世界』だろう。少なくとも厄介な関係の終わりに、アンドレ・ブルトン、ポール・エリュアール、ルネ・クレヴェルをはじめとするシュルレアリストの大半が、一九三三年に共産党から除名されたことは周知のとおりである。アラゴンだけが党内に留まって第三インターナショナルに忠誠を示し、自らが袂を分かった運動を「偏向」だとハリコフ〔第二回国際革命作家会議〕で告発した。彼の現実主義的小説への転向はここに由来する。政治的・社会的な闘争への貢献として、「外国戦争の間近な喧騒」に対する反撃として小説が生まれたのである。それに、彼が当時手がけたのは一編の小説というより連作小説であった。「これらの本にひとつの総題を与えねばならない。それは、私が経てきた長い論争と、私が背後に残す『現実世界』というこの雲のような作品との思い出となるであろう」と、一九三六年刊行の第二巻『お屋敷町』の序文に記している。この連作は二年前、『バーゼルの鐘』によって始まっていた。アラゴンはそこで、三人の登場人物のもつれた人生行路をたどっているが、彼らの運命は最終的に大戦の前夜に結ばれる。『『バーゼルの鐘』を通じて、ルイ・アラゴンは大戦前の巨大なフレスコ画を示した」と、あるコラムニストがいみじくも記している。[*52] 実際、発端となるフィクションにアラゴンは多くの現実の出来事（オルドゥネール通りの襲撃事件、一九一一年から一二年のタクシーのストライキ、バーゼル会議、一九一三年法）と、〔アルベール・〕リベルタ、ジャン・ジョレス、クララ・ツェトキン、ラウール・ヴィランなど、同じ数の歴史上の人物とを混ぜ合わせた。そのために、彼は自分の記憶だけでなく、『ユマニテ』と『労働組合の闘い』のコレクションを中心とする膨大な参考資料を漁った。[*53] ウジェーヌ・ダビのように、アラゴンのこの先入観を非難する者もいた。確かに文章には「この時代を蘇らせ、照らし、時代のなか、歴史のなかに位置づける」とある。しかし登場人物たちは、生を欠いた操り人形でしかない。「生身の人間」が必要だったのに、「登場人物たちは、ひとつの時代の生気を得た例証でしかない」。[*54] しかしこのような批判がアラゴンの決意をぐらつかせることはほとんどなかった。一九三六年に刊行された『お屋敷町』、さらに『屋上席の客たち』（一九三九年八月に完成したが、刊行されたのは一九四二年であった）は、歴史への組み入れをさらに強化する。これらの作品のなかで小説家は、個人の運命、すなわち自分自身の歴史の一部分（あるいは父親のそれ）を移入した登場人物たちの運命と集団の運命を混ぜ合わせている。二つの運命は一八八九年から戦争にいたるこの短い二〇世紀にあって、一緒に深淵へと向かっていく。

小説による大戦前の表象は、一九三〇年代の半ばに、後退不可能な地点に達するように思われる。それ以降、大戦前という時代は歴史のなかに流れ込み、批判も受けるが哀惜とノスタルジーの対象としても限定された過去のうちに組み入れられるのである。この過去に対する評価は、複雑になっていった。幾人かは、そこに快楽と祝祭の世界――「一九一二年のパリ。舞踏会、舞踏会、舞踏会」とコクトーは書いた[55]――、芸術家、社交界のお歴々、ミュージック・ホールのスターがひしめく有名人のアエロパグス〔神々の集まるギリシアのアレスの丘〕を見続けた。『なしくずしの死』の作者セリーヌのように、こうした無頓着で牧歌的な戦前のパリのイメージに異議を唱える者もいた。セリーヌが描く一九〇〇年のパリは、汚れ、卑しく、劣悪で、落ちこぼれであふれ、「飢えた人々の巨大な群れ」[56]が往来する場であった。しかし最も明らかな動きは、ほんの少し前の昨日なる時を過去のなかに追いやるという、この歴史化に存する。このような急激な転換に、ジャン・コクトー以上に見事に気づいたものはいない。「一九三四年から一九三五年。幕が下り、幕が上がる。生が死ぬ。生に万歳！　私が先頭に立って不承不承、力のかぎり生きてきたひとつの時代が死に、新しい時代が始まるのである」[57]。

これらの変化については、さまざまな理由がある。まずは作家たちの年齢で、ほとんど皆、前世紀末に生まれていることである。年をとるとは、自らの幼少期や青年期に対する眼差しがほぼ自動的に変わることだ。「われわれがさらばと告げたのは、われわれの青年期に対してであることを理解していた」[58]とドルジェレスは明晰に記している。年齢に加えて、国を当時苛んでいた多様な形の危機感も理由である。もちろんこれまで語られてきた以上にフランスに影響を及ぼしていた経済的危機もあるが、精神的・政治的危機も含まれている。これらの主題は、とりわけ右翼と極右、すなわち、シャルル・モーラス、〔ピエール・ウジェーヌ・〕ドリュ〔・ラ・ロシェル〕にもてはやされた。アクション・フランセーズの影響下で育った世代も同じで、フランスの精神の瓦解と魂の喪失を嘆き続けた。[*59] しかし、危機感はヴァレリーからも表明され、彼が一九三九年、「精神の自由」の喪失に対して警戒を呼びかけると、「非順応主義者たち」や、左翼の多くの陣営に強い反響を呼び起こした。政治的不安定、汚職、〔ドレフュス〕「事件」を通じて強化されたこの感情は、一九三〇年代の半ばに強く高まったのである。幾人かは、世紀初頭との相関関係を見出しもしている。一九三〇年代の半ばに『一九〇〇年のパリ』の総覧を描いたイギリスのブライアーは、「この時代は、政治的難局の深い潮流によって、一九三五年の時代に容易に結びつく」。[*60] しかし現時点の前例のない精神的危機の時代、さらに集団的自殺の時代として生きられているこの時代の惨憺たるイメージは、対比でもって、理想化された過去、「かつての世界のノスタルジーの表象」を指示するとりわけ激しい歴史的な悲観主義を増長することになる。このような反応は、そもそもフランスに限定されたものではなかった。ロベルト・ムージルは、当時滞在したベルリンで世界の最期を目の当たりにし、一九三〇年および三二年に『特性のない男』の最初の二巻を出版した。そこでムージルは、一九世紀と二〇世紀の転換期にヨーロッパ全体に広がったこの「熱気」の激しさを描いている。「何が起きているかを正確に知っていた人は誰もおらず、それが新たな芸術、新たな人間、新たな精神である、もしかして社会の大混乱であると言い得た人は誰もいなかった」。[*61] 一九三一年一〇月、イギリス人の劇作家ノエル・カワードは、ロンドンの王立ドゥルーリィ・レイン劇場で『カヴァルケード』を初演した。この作品は、一九〇一年のヴィクトリア女王の死以後の二〇世紀に次々と生じた変動に直面した、ある上層のブルジョワ家族の運命をたどったものである。劇は大当たりして、公演は一九三二年九月まで延長された。翌年、フランク・ロイドが、この作品をハリウッドで映画化する。一九三七年、作家のオズバート・シットウェルがマクミラン社から刊行した小説『あの頃』は、エドワード朝時代のブルジョワのノスタルジーにあふれたパノラマを提供している。アメリカ合衆国では、むしろ「ゲイ・ナインティーズ」〔陽気な九〇年代〕のほうが人気が高かった。挿絵画家リチャード・カルターのデッサンや版画、さらには「薄紫の一〇年間」という考えを作り上げたトマス・ビアーの小説に見られるとおりである。

しかし、最も肝心な点は、とりわけ迫りくる戦争勃発の脅威である。一九三二年からすでに、アンリ・バルビュスは、「盲人たちにしか見落とされることのない事態、次の新たな戦争」[*62]を強調している。一九三一年以降の満洲で、次に一九三五年のアビシニア、つまりエチオピアで、一九三六年のスペインで、さらにとりわけ再軍備し侵攻の機会をうかがうドイツを前にして、一九一八年以来、徹底した平和主義に特徴づけられる国〔フランス〕で、戦争の太鼓が鳴り止むことがなくなる。「大戦前」が、突然、同時に過去、現在、未来になったように思われたのだ。一九三〇年代のフランス人の許に、一九〇〇年のフランス人が非常に遠いと同時に非常に近い歴史を語りにやってくるかもしれない。とりわけ人々が望んだのは、自分たちをかつて慰めてくれたのと同じ幻想の犠牲者にはならないということだった。これがまた〔ジャン・〕ジョレス〔フランスの政治家・社会主義者〕のような人物が一九三〇年代の小説に出てくる理由でもある。アラゴン、ジュール・ロマン、ロジェ・マルタン・デュ・ガールの物語を横断するこのジョレス、人々が預言者のように引き合いに出すこのジョレスは、平和主義的フランスの絶望した良心なのだ。「人間が経験しているこの例外的に深刻な現在において、一九一四年の夏に関する私の著書が読まれ、議論されることを不安に苛まれつつ心から願います。そして過去の悲壮な教訓を、万人に、それを忘れた年配者たちに、またそれを知らないか無視する若者たちに、私の著書が思い出させますことを」とマルタン・デュ・ガールは一九三七年にノーベル文学賞の受賞スピーチで宣言している。[*63] この小説家はもちろん、ジョレスが一九一四年七月三一日に暗殺されたことを知っていたのである。

＊＊＊

一九〇〇年という想像物の胚胎は、こうして一九三五年から三六年に現れ、「美しい時代《ベル・エポック》」という表現がほぼ出現可能な状態になった。すでに一九三〇年には、ポール・ポワレの回想録で「時代に衣服を着せる」ことが語られていた。批評家ジャン・ヴァルドワは一九三三年、『シネマガジン』のなかでモーリス・トゥールヌールの『陽気な中隊』とアレクサンダー・コルダの『マキシムの婦人』など、一九〇〇年代の軽喜劇を映画化した連作を解説した際、辻馬車、万国博、ムーラン・ルージュ、「サガン公とエミリエンヌ・ダランソンの通うマキシム」の「良き時代」、「美しい時代《ベル・エポック》……」に言及する。これはいっそうはっきりした言い回しだが、それはまだ過去の良き時代の同義語でしかなかった。「あぁ！そう、それはわれわれが生きる安らぎを知っていた良き時代でした」。[*64] これもまた、すでに冒頭で見たようにデュヴィヴィエが一九三六年に撮影した（映画は一九三七年一月に上映される）『望郷』におけるフレエルの哀惜の言葉であった。しかし、最も明白な痕跡は、一九三六年一月から四月にかけてヌーヴォーテ劇場で上演されたオペレッタ『雌鶏』に見出される。[*65] 脚本は一九三一年に出版されたアンリ・デュヴェルノワの小説に基づいており、すでにルネ・ギッサールによって映画化されていた。[*66] 楽しく愉快な「魅力的な喜劇[*67]」であり、登場するのは、引退した芸術家アドルフ・シルヴェストリーとその五人の娘、ひとりは細密画家、他は学生、モデル、講師、タイピストである。アルゼンチンのある大金持ちが、この感じのいい家族の優美で謙虚な姿に感銘を受け、全員をコート・ダジュールの別荘へ招く。当然のごとく、五人の娘はそこで五人の青年と出会う。用心を怠らないためには、長女ギュメットと「雌鶏〔過保護な〕」父親とが臨機応変に振る舞うことが必要だった。幸いにも、またいくつもの意外な展開があるものの、最終的には皆、結婚する。「これぞフランスの、最も純粋で、最も愉快なエスプリ」と、アンリ・レーマンは一九三六年一月一四日付の『ル・プティ・ジュルナル』に書いている。デュヴェルノワの小説を脚色したのは、一九〇〇年代のミュージカル・コメディの大物の一人、アンドレ・バルドであった。音楽は、もうひとりの世紀初頭のシャンソンの世界の代表人物で、〈かわいいトンキン娘〉や〈戻ってきて〉を作曲したアンリ・クリスティーネが担当した。ところで聴衆や批評家を感動させたリフレインのなかに〈あぁ! 美しい時代《ベル・エポック》〉と題する「古めかしいスタイルの素敵なシャンソン」があった。この曲は、大変見事に歌われ、求婚の儀礼を想起させるとともに、今日、その魅力と礼儀正しさを失ったことを嘆いている。とはいえ、この曲が称える「美しい時代《ベル・エポック》」は世紀初頭にさほど明白には結びつけられておらず、単に「白い手袋をはめて娘にプロポーズした」良き時代、かつての良き時代、「古めかしい時代」である。[*68] とはいえ、「美しい時代《ベル・エポック》」が一九〇〇年代を明確に指してはいないとしても、世紀初頭の音楽劇に明らかに関係した二人、すなわちアンドレ・バルド(一八七四年生まれ)とアンリ・クリスティーネ(一八六七年生まれ)の経歴および作品を介してであるにすぎないにせよ、「美しい時代《ベル・エポック》」なる表現は一九〇〇年代に結びついている。そして『雌鶏』は、彼らの最後の音楽作品であった。

このように、「ベル・エポック」が現れる準備がすべてであるいはほぼ整ったのは、大戦の直前である。

一九〇〇年代が一九一四年の夏まで続いたことはよく理解されていたものの、いまやそれが、独自の特徴を明白に備え、はっきり区切られる一続きの期間を成すものとなったのだ。一九〇〇年代は、ポール・モランのペンで描かれた低俗で愚かな時代から、一九三九年の男性と女性に語りかける悲劇的な戦前へと少しずつ変わっていった。一部の人々はここに目下迫りくる危難への対応策を探し求めたが、大部分の人々は、この年代にノスタルジックな視線を投げかけたり、あるいは彼らが切望する陽気さや軽快さを多少なりともここに汲み取ることで満足した。この複雑な表象の意味を、アベル・ガンスがまさに一九三九年に撮影した注目すべき映画『失われた楽園（*Paradis Perdu*）』のなかで捉えている。このシナリオは、少し紹介する価値がある。画家ピエールと若い婦人服飾店主ジャニーヌは、一九一四年の春に出会う。両者のあいだに確かな激しい情熱が生まれる。しかし彼らの結婚生活は、数日しか続かなかった。戦争がピエールから幸せを奪い取り、娘ジャネットを産んだときにジャニーヌが死んだことを彼が知ったのは、まさに塹壕のなかであった。ピエールは、打ちひしがれ、自分の愛する人を殺した子供について知りたくないと思うほどひどい抑鬱状態に陥る。彼は、しばらく後に富裕なデザイナーになり、最終的に苦悩を乗り越える。ピエールは亡妻のジャニーヌの美貌をジャネットのうちに見出すが（ミシュリーヌ・プレールが二役を演じた）、たいへん若い女性と再婚することを決意する。この女性はジャネットの恋人の妹で、兄がピエールに再婚を諦めるように迫ったのだ。ピエールは不承不承身を引き、娘の結婚式に参列して死ぬ。

ガンスはこの映画を好まず、金儲けのための作品として捉えていたが、大ヒットした。この作品は、「美しい時代《ベル・エポック》」の非の打ち所のない寓話を生み出したのである。映画のストーリーがファッション界やオートクチュールの社交界の周囲で繰り広げられていることに加えて、きわめて明白な隠喩を取り入れている。ピエールは大戦後の現在を拒み、ノスタルジックな抑鬱状態に陥る。娘が亡妻ジャニーヌと二重写しとなり、彼自身がある「若い娘」と結婚しようとしたときに彼は生を取り戻す。しかし、これは彼を殺すイリュージョンである。失われた楽園が再び見つかることはないのだ。一九四〇年一二月にマリヴォー座のスクリーンで上映され、並外れた成功を収めたことは、この映画をさらに興味深いものとした。[*69] 何となれば、この日付をもって「ベル・エポック」が現実となったからである。

二〇一五年一〇月一四日水曜日。私がこの研究の大筋を紹介した講演を終えたとき、ノスタルジーがこの歴史の主題ですね、と指摘された。もちろん、この感情自体にも歴史がある。その形態、レトリック、効果は、幾世紀ものあいだに変化する。ノスタルジーで死ぬこともあるという時代があった。ノスタルジーが単なる隠喩にすぎないか、あるいは他の人々と一緒に行う内面分析を通じて飼い慣らせると思われる、いささか漠然とした不満にすぎないという時代もある。二〇年以上前、専任の研究職に就いたひとりの若い博士号取得者に、このような歴史に取りかかることを私が勧めた。彼は、それを真面目に受け止め、最初の論文を発表したが、このテーマがきわめて困難であることから研究を中断した。他の研究者も後に続いたが、この感情の長期にわたる歴史はどれも真に日の目を見ることはなかった。この仕事は、おそらく不可能なのだろう。というのも、以下のような事情があるからだ。ノスタルジーをシルヴァン・ヴェネールは「時間によって作られた空間の夢」と書き、ウラディミール・ジャンケレヴィッチは「不可逆的なものに対する反応」と記している。このようにわれわれがノスタルジーとは何かを知っているとしても、どうだろう。ことはそれだけで済まない。その表現形態、したがって部分的にはその本性は驚くほど変わりやすいからである。

私が追跡するこのベル・エポックは、もちろんノスタルジーの娘である。しかし、すべてのノスタルジーが似通っているわけではない。戦争、大戦およびその結果は、ベル・エポックの相貌をおそらく根本的に変化させただろう。生活の加速について言及する作家や批評家が多数いるし、日常の枠組み、村、国家、大陸を超えて増長し、拡張する世界について言及する者もいる。これらの年代における速さや運動の熱狂は、消失へのラメント〔哀悼の音楽〕には好都合であった。写真や映画のイメージがノスタルジックな感性を高進させることについては、語ることがさらに多くあるだろう。「イメージの数、執拗さは、われわれの夢の質を変化させ、われわれの判断をたじろがせる」とルイ・シェロネは当時記している。イメージは、われわれに「メメント・モリ〔死を忘れるなかれ〕」と語りかけて現在を縮み上がらせる。われわれは、そこでは永遠に若いものの、すでに死んでいるのだ。また記録手段の増加がもたらした苦悩の深刻さについても言及すべきであろう。ノスタルジーは、臨床的な暗示的意味を失った。ノスタルジーは、一八三〇年代にアルジェリアへ送られた若い兵士たちを殺したあの祖国に対する本能的な欲求ではもはやないが、一九八〇年代に築かれることとなるルーツ、レトロ、ヴィンテージの「文化」でもまだない。それは、ひとつの苦悩であり、とりわけ若さと、失われた一体性の追求である。われわれにはノスタルジーの歴史が必要である、と私はかつてないほど考えている。

第二部　「あぁ、ベル・エポック！」

冒頭で簡潔に指摘したように、「ベル・エポック」という表現が、ここ一〇年来「一九〇〇年の時代」と呼ばれてきたものを指すようになったのは、実際、一九四〇年のことである。また同時に、この想像物の勝利を異論の余地なく示す二〇年にわたる月日が始まる。劇場、ミュージック・ホール、映画館、歴史書、回想録や手記がこの時代をこぞって称えるようになった。フランスの威光、フランスの文化、フランス流の「生活様式」の絶頂期とみなされ、世界中がわれわれを羨むようになる時代だ。この想像物には、確かにノスタルジーが含まれるが、おそらくそう思われているほどではない。たぶん、それに先立つ一〇年間に増加した一九〇〇年についての言及におけるほどでもないであろう。「ベル・エポック」という表現には他の理由や意図が混ぜ合わさっている。すなわち、いっそう軽快で価値の高い過去への逃避の欲求、逃げ場を探す必要、困難な状況に立ち向かうために過去を動員し、国家の活力を回復しようとする意志である。「ベル・エポック」は、占領期のパリに生まれ、ドイツ軍に奉仕したが、〈解放〉のコンテクストにも易々と順応した。〈解放〉が「ベル・エポック」のうちに別の利点を認めたからだ。「ベル・エポック」が隆盛を迎え、そのアイデンティティの持続的な特徴を作り上げるのは、まさに第四共和政期のフランスにおいてなのである。

占領されたパリ、「ベル・エポック」のパリ？

一九四〇年六月一四日、ポール・レノー政府が「無防備都市宣言」を発したばかりのパリにドイツ軍が入市する。すべての公共の建造物に、占領軍は鉤十字の旗を掲げた。その日の午後、フォン・ボック将軍の軍隊がシャンゼリゼ大通りを行進する。夜には、夜間外出禁止令がパリ市に発令されるが、三〇〇万人の人口の三分の二は姿を消していた。翌日から、それ以降はドイツ時間に合わせて生活するために市のすべての時計の針が六〇分早められた。六月一八日、ヒトラーがパリに初めて入り、ドイツ国防軍の分遣隊を閲兵する。二三日に、撮影のために二回目の訪問をする。その前日には、アンツィジェール将軍の率いるフランス代表団が、コンピエーニュの森にあるルトンドにおいて、フランスを敵の占領下に置く休戦協定に署名していた。この休戦協定が公示したパリの占領は、一九四四年七月二五日まで続く。

パリ市は、首都としての威信を失ったが、ドイツ軍の駐仏軍政部の本部の座を勝ち取り、徐々に生活を取り戻していった。六月一七日から新聞を刊行した『ル・マタン』社の例に倣って、大部分の新聞社が再び姿を現し、その多くは七月からパリで活動を再開した。これは、日常生活を早く取り戻すことを求めるドイツ当局から歓迎された。戦闘を怖れて疎開していた多くのパリ市民が、少しずつこの都市に戻ってきた。「パリ風の生活」がその権利を取り戻すのに時間は長くかからなかった。特権的な顧客かつ観客となる占領軍の兵士たちからの強い要請があっただけになおさらである。〔パリのミュージック・ホールの」アルカザールは、〔トレドのアルカサルで一九三六年九月に死んだフランコ主義のファランヘ党員と少年兵に配慮して〕パラスと名前を変え、一九四〇年七月六日に営業を再開し、これにカジノ・ド・パリやフォリー・ベルジェールが即刻続いた。八月には、パリのすべてのミュージック・ホールが活動を再開した。[*1] ちなみに、七月一五日以降、キオスクでは、ショーやレストランのガイドブック『ドイツ語版パリガイド（*Der Deutsche Wegleiter für Paris*）』が売り出され、占領軍の兵士たちに向けて数千部刷られた。[*2] それ以降は、このパリを舞台とする「気晴らしの熱狂」を制限するものは何もなかった。[*3]「陽気なパリ」を象徴する場であるカフェ・コンセールやミュージック・ホールには、ドイツ軍の士官や兵士たちがひしめき、彼らの来場数は著しく増加した。[*4] 一九四〇年の末には、一〇〇以上の映画館、二五の劇場、一四のミュージック・ホール、二一のパリ式キャバレーが大繁盛だった。[*5] ドイツ人がとりわけ好んだ「レヴュー〔大衆娯楽演芸〕」は、ほぼすべての施設で蘇った。ムーラン・ルージュは映画館に衣替えしたが、ショーとダンスは、ロバンソン・ムーラン・ルージュで続けられ、そこではとりわけアマチュアの「ストリップショー」の国際コンクールが企画された。他の劇場もすべてレヴューを上演したが、主たる困難は演し物をどのように一新するかにあった。というのも、有名スターは少なかったのですぐには使えず、それまで大人気だったイギリス人のガールズも突然不足したからだ。[*6] その結果、皆似たり寄ったりのショーばかりで、一部の観客は既視感を覚えるようになる。ポスターにもほぼ毎回同じ顔ぶれが並んでいた。モーリス・シュヴァリエとミスタンゲットの特別デュオに、当代の主要なスターが続いた。ジョルジュス、シュジー・ソリドール、ティノ・ロッシ、リュシエンヌ・ボワイエ、さらに当時の若手で頭角を現していたシャルル・トレネ、ジャンゴ・ラインハルト、エディット・ピアフやそのライバルのレオ・マルジャンヌらである。演目を少し刷新するために、ジル・マルガリティスの「チェスターフォリー」のように、レヴューの監督のなかにはバーレスク〔一七世紀に流行した風刺的喜歌劇。寸劇として大衆化〕と突飛な劇に賭ける者もいた。しかし、監督は最終的には確実な手〔受けること必至の舞台〕で我慢するが、そのなかでつねに顔を出すのはパリであった。〈パリの愛〉、〈いつもパリ〉、〈ブラボー、パリ〉、〈花のパリ〉、〈パリの春〉、〈パリを口ずさめ!〉、さらにアルベール・ヴィルメッツがヌーヴォーテ劇場で演出した〈パリジャンであろう!〉などである。*7 この種のショーには、あらゆる利点があった。それは、容易かつ平穏無事なレパートリーを取り入れることができ、またあまりお金をかけずに、三色旗へのある種の祖国愛を見せつつも、占領軍を難なく満足させることができたのだ。したがって、完全に時代遅れであったとしても、「一九〇〇年代」のレパートリーが「まさにフランスの」やり方で首都の劇場やカフェ・コンセールに安価で供給するのに動員されたことは驚くに値しない。

この種の気晴らしは、放送される番組が著しく減り、中身のスケールも相当小さくなっていたラジオにも幸運をもたらした。一九三九年七月、戦争が近づくと、ダラディエ政府はフランス国営ラジオ放送局を政令によって設立し、この分野における国家の独占を決めた。占領軍はもちろん、この情況を変えた。*8 敏感なメディアであるラジオは、七月半ばにパリに設置された「フランス宣伝部(Propaganda-Abteilung Frankreich)」のきわめて厳しい監視の対象となる。この宣伝部は、シャンゼリゼ大通り一一六番地に堂々と居を構えるパリ放送局の設備および強力な送信機を接収し、そこに新しい放送局を設置して、その運営をシュトゥットガルト・ラジオに勤めていたことのあるアルフレート・ベフィンガー博士の管轄下に置いた。その目的は、フランス語で発信するドイツのラジオ放送を作ることにあり、その任務は純粋にプロガンダであった。ベフィンガーは、聴取者の頭を混乱させるために、その放送局を「ラジオ・パリ」と命名することに決定した。これは実際、一九二二年に創設され、その一一年後に国営放送局という名前で国営化されたフランスにおける最初の民間放送局の名称である。この放送局は大変人気があったので、当然ながらその評判と聴取者を取り込もうとしたわけだ。新しいラジオ・パリは多額の運営資金を交付され、一九四〇年七月五日に放送を開始し、一九四三年からはフランスで認可を受けた唯一のラジオ放送局となった。フランスにおける対独協力ないし対独協力主義の主要な機関であったが、しかし、派手過ぎるプロパガンダは避けるべきだと早くも察知し、聴取者を惹きつける別の方策を探した。主要な番組――編成の三分の二――が音楽、歌曲、娯楽に充てられたのはそのためだ。こうして、名高いジャン・フルネが指揮する九〇人の音楽家による「大オーケストラ」や、さらにより「軽めの」アンサンブルとしてミスタンゲットやジョセフィン・ベーカーの伴奏を担当したジョー・ブイヨンのバンドや、レモン・ルグランとリシャール・ブラローのバンドなどを編成するために多くの努力が払われた。ラジオ・パリは公開コンサートを定期的に行ったのに加え、多くの「大衆向けの」番組を提供し、ヒトラーの新しい治世を賛美する時事放送や政治放送のあいだに、ミュージック・ホールや愉快な話題が中心の長時間のバラエティー番組を挿入するよう心がけた。[*9]

まさに、ラジオ・パリの放送のなかで、若いディレクターのアンドレ・アレオー（一九一〇年生まれ）が一九四〇年一一月、「あぁ、ベル・エポック！　一九〇〇年の時代の音楽スケッチ」と題する新しい番組を開始した。四五分間の番組で、二つのパートで構成されていた。夜の時間帯の初め、最初は一九時一五分、後に二〇時から放送され、司会者は最初に、劇場の夜会、大通りやマルヌ川の河岸での散歩、屋上席に座って行う東部鉄道会社の路線巡りといった、一九〇〇年代の生き生きとして楽しげな様子に触れる。続いてヴィクトール・パスカルの指揮の下、オーケストラが〈黒いストッキング〉、〈魅惑〉、〈おいで、可愛子ちゃん〉、または〈カロリーヌ〉といった当時の大ヒット曲を流した。[*10] 番組はすぐさま成功したと、とラジオ雑誌は断言している。アレオーは、この分野で未経験者ではなかった。一九三〇年から三一年に演劇界にデビューし、次いで、とりわけ一九三三年のジャック・ド・カザンブロの歴史映画『ローレットまたは赤い封印（*Laurette ou le cachet rouge*）』に出演するなど、しばし映画に転向した。しかし、この最初の経歴はおそらく彼自身の部分的な難聴により、長くは続かなかった。[*11] そこで彼はラジオに転身し、これが名声をもたらすことになる。実際、一九三七年からラジオ放送の演出を手がけ、「パリ放送局の劇場番組局長」として、あらゆるジャンルの音楽番組を担当した。一九三八年に「フォリー・ベルジェール」〔パリのミュージック・ホール〕の最新のショーを、[*12] また他にもラジオ放送のコンサートや「キャピタル・シンフォニー」といった「トーキー」〔有声映画〕を紹介した。したがって、「フランスの戦い」の翌日に動員を解除された彼が、一九四〇年の秋にラジオ・パリに職を求めにいったのはかなり自然なことだった。ラジオ・パリのほうは、彼がかつてパリ放送局で行っていた職務に近い仕事を彼に委ねた。それから一年後の一九四一年一〇月、司会者アレオーは『オンド』誌に、自らがどのように番組を構想し編成しているのかを以下のように紹介した。

あぁ！　ベル・エポック！　これは心の叫びのようではないでしょうか。ベル・エポックを乳母の腕に抱かれてしか見たことのないわれわれにとって、これは、まるで詩人の夢のような、御伽噺の時となりました。

［…］私は、多少は趣味として、多少はその時を体験するために、ベル・エポックを再現することを楽しみました。この幸福な一九〇〇年を想起させるもの、さらにこれを拡張して、この世紀初頭に先んじた時代およびこれに続く時代を想起させるすべてについて文字通り猛勉強に取りかかりました。私が想像力で働いていると思ってはなりません。ひとつひとつの思い出は、同時代の資料を丹念に調べ、そこから練り上げたものです。たとえば、劇場、カフェ・コンセール、高級レストランでの上品な人々の装いを描く。あるいは大通りで綺麗な娘を目で追うとしましょう。そのとき、そのシーンに相当するのと同じ年代のファッションを描いた図版を目の前に置いています。［…］われわれに不足しているのはスタイルだけ、すなわち時代を立証し、その魂を表し、その本質を忠実に復元する、私の知らない何かです。私は、ブールジェ、マルセル・プレヴォー、トゥーリエの作品すべてなど、当時の小説を再読することに取りかかります。それらを私自身が吸収し、私があなた方をお連れする空中楼閣を自分自身のために、そしてもちろんあなた方のために再構成するのが目的です。万国博の時代の祝祭、大祭典へあなた方を案内しなくてはならないとしましょう。すると私は、すべての古新聞を開き、社交界欄、演劇欄、さらには文芸欄に目を通します。私は楽しみながら調べます。というのも、実のところ私はこのささやかな遊びに熱中してしまうのですから。*13

この番組は大評判となり、放送地域を広げ、一九二〇年、一九二二年といった後の年代も夜の部に取り入れていった。番組は「われわれの時代のシャンソン」、次に「良き時代」、ついには「シャンソンの四〇年」と名称を変えた。とはいえ、「アンドレ・アレオーによる紹介」に流行歌が続くといった具合に、つねに同じ原則で放送された。*14 一九四二年の番組「一〇〇回目」の機会に、『オンド』誌は長い賞賛記事を掲載している。

これがベル・エポックだ！

われわれの青春時代の陽気なリフレイン、われわれにおおらかな微笑をもたらし、あるいは心臓を少し早く打たせた、あの魅力的な雰囲気のすべてが、魔法の箱から出て来て、往時の鮮やかさをそのままに取り戻し、寝室、通り、大通りを埋め尽くすのだ。

これがベル・エポックだ！

アンドレ・アレオーは巧みにそして良いセンスでわれわれに夢を見させてくれる。マルヌ川の河岸へ、ノジャンへと次々にわれわれを連れて行く。地方での授賞式、エルドラド〔黄金郷〕、田舎、ミサへと……。思いがけない発見はいつも喜ばしく、その題材は決して野暮ではない。そして、彼の想像力によって、われわれはまったく自然に一九〇一年のスカラ座、あるいは一九〇五年の大通りに身を置くのである。続いて、ヴィクトール・パスカルの才能にあふれた指揮の下、オーケストラが鳴り響く〈黒いストッキング〉、〈魅惑〉や快い〈戻ってきて〉が再演され、〈おいで、可愛子ちゃん〉や〈カロリーヌ〉が続く[*15]……。

番組の成功に後押しされて、司会者は一連の夜会や公開コンサートも企画することになる。こうして彼は、一九四二年一一月九日のラジオ・パリのオーケストラの最初の特別公演において、バラエティ・ショー「ベル・エポック」を開催し、つねに大人気を誇るモーリス・シェヴァリエの登場で締めくくった[*16]。このようなイベントは、音楽と大衆的な雰囲気でプロパガンダを覆う良い方法として放送局から推奨され、一九四三年そして四四年の七月まで繰り返された。[*17] この選択は当時、キャバレーやミュージック・ホールの大部分が世紀初頭のショーを増やしていただけに、いっそう自然なものに見える。一九四〇年九月以降、ミシェル・フランシーニはエトワール劇場で「一九〇〇年のレヴュー」を上演し、手本を示した。[*18] 模倣者が続いたと言うだけでは十分ではない。たとえば一九四一年一一月には、皆が示し合わせたように見える。リュール喫茶劇場が一一月一〇日以降、昼の部で「ベル・エポック　一九〇〇年における舞踏会の夜」[*19] を上演する一方、二六日には類似の新作のショーとして「パリ――一九〇〇年のシャンソン　青春時代の思い出」が最新の演目に現れる。[*20] 同月一五日以降、とりわけジョルジュスが、「現代のミュージック・ホール」と仰々しく紹介されたワグラム大通りの自らの劇場で「パリ一九〇〇年（辻馬車の時代）」と題する新しいショーを盛大に開演した。幾枚かの招待券を提供した『ル・プティ・パリジャン』紙上でこのアーティストは、自らの意図を以下のように説明している。

また一九〇〇年だ！　何と言われようが、構わない。これは、しぶとく生きながらえる年なのだ。一九〇〇年を対象とした本、記事、シャンソン、ショー、映画の数は、実に驚異的である。それにもかかわらず、四桁の数字から成るこの名を発する人びとにこの年が引き起こす好奇心とノスタルジーは、いつも同じだ。[…] 今日、四二歳になった一九〇〇年は、灰色の外套をまとい、花をボタンホールに通し、片眼鏡をかけ、シルクハットを被り、立ち上がって、上半身を反らし、つねに陽気で、まるで青春期の最も美しい時のように自分のことを語らせ続ける。彼は年を取ったが、つねに魅力的である。彼ほど、女性の耳に心地よい言葉をささやくことができる者はいない。彼はゆったりとしたワルツの王様であり、彼ほどの技と魅力で丹念にロマンスを事細かに語る者はいない。一九〇〇年は祝福された年だとひとが言うなら、あなた方はそう信じてよかろう。これは黄金の時代だった。[*21]

ジョルジュスのレヴューは、大成功だった。エトワール劇場で一二月末まで上演され、アントワーヌ劇場では一九四二年一月まで再演された。[*22] その内容は、「センスがあり良きユーモアで演出された往時の歌曲の愉快な回顧特集」[*23]、すなわち、ミミ・パンソン、ポーリュス、ドラネム、ラ・ベル・オテロ、アリスティッド・ブリュアンの登場する〈カフェ・コンセールのパーティ〉を含んだ〈一九〇〇年の歌のポプリ〉、〈マイヨールの思い出〉、それと〈一九〇〇年の城壁跡〉にちなんだ一曲から成り、カドリーユで幕が下りる。[*24] このレヴューは「観覧車の夕べ」と名前を変え、三月末まで延長された。このように、舞台の上に移し替えられてはいたが、原則はアレオーの番組と同じである。新聞に掲載される批評は、ほとんどべた褒めばかりだった。『パリ・ソワール』のマルセル・ド・リヴェは、熱狂的な観衆を次のように代弁している。「この辻馬車の時代を再び目にして、当然の感動に身を委ねないことができようか。それを想起することで、われわれを含む四〇代以上の人びとの頬はほてり、夏のアルカザール座の花電球、〔一九〇〇年のパリ万国博に展示された〕パリジェンヌ像や〔画家ジュール＝アレクサンドル・〕グリューンのポスターを思い出してしまうのだ。他の者たちにとっては、エトワール劇場の新しいショーは、温厚な陽気さに満ちた時代、ちょっとした物でも人びとがそれなりに優雅に楽しんでいた時代の喜びをもたらすだろう」[*25]。「一九〇〇年のパリよ、これまでずいぶんからかわれてきたが、汝を識らずにいたことをわれわれはどれほど悔やんでいることか！」とロジェ・サルドゥは『パリの一週間』のなかで大袈裟に付け加えた。[*26]『作品』誌の記者モンボロンのように、こうした熱狂ぶりに対して懐疑的な愚痴っぽい論者も少数ながらいた。「この時代を体験したすべての人は、再構成されたものを見ていくらかの落胆をつねに覚えてしまいます。誤りはわれわれの不正確な、あるいは鮮明すぎる記憶力のせいか、それともわれわれが現実よりも美しい思い出を単に想像していただけなのかと思ってしまいます[*27]」。

このような成功を見て、アレオー自身もラジオ・パリの番組を続ける一方、この番組を舞台化しようと試みる。一九四三年三月、「あぁ！　ベル・エポック」は正真正銘の真のレヴューになり、二つの幕と二〇もの景がジャン・ヴァルミによってボビノ〔パリのミュージック・ホール〕で上演された。ヴァルミは、オーケストラの指揮も担当した。このショーは、「ラジオ・パリの有名な番組」から着想を得た、音楽と喜劇の一連のアトラクションである。「爆笑の渦を巻き起こすこと必至」と、ある折り込み広告では宣伝されてくる。[*28]シャンソンに加え、このレヴューには冗談や陽気であけすけな気風に満ちた一連の「演し物」や「おどけ話」も含まれていた。たとえばガルシュの駅長、ガス灯の点灯夫、あるいはお決まりの笑いを誘う兵士の話などである。「きわめて一九〇〇年らしいこの愉快なショー」は次いでモンパルナスから右岸に移り、一九四三年六月一八日からパラスで上演される。[*29]「これは、スター不在のレヴューであるが、各人が大いに自覚して役をこなし、陽気で楽しんでいる観客の好評に値するよくまとまったショーに仕上げている。人々は、このショーの多くの演者に拍手喝采し、腹をかかえて笑う」。批評家たちは、とりわけ「モーリス・シュヴァリエとミスタンゲットのものまね」を高く評価した。このレヴューは、さらにユーロペアン劇場、ブッフ・デュ・ノール劇場で一九四四年三月末まで、[*30]次にゲテ・リリック劇場で一九四四年四月まで上演された。これら「いつまでも若々しい懐かしのリフレイン」は、笑い、愛、婚礼、賑やかなあの良き時代を生々と想起させ続けた。パリのミュージック・ホールを専門とするイラストレーターのガストン・ジルバルが担当したショーのポスターは、強烈なピンク色の背景に適度なエロチシズム（デコルテ、編み上げブーツ、S字のポーズ）を伴って描かれた、感じの良い笑みを浮かべた若く快活な女性のポートレートと、「あぁ！　何と美しい夕べをこれから過ごすことだろう！」（表紙のなかのイラストに表記）の言葉で演し物の色調を予告した。

これらの賛辞の大合唱のなかだと目立たないが、唯一、『ル・プティ・パリジャン』が一九四三年八月、ジョルジュ・ダランのペンになる、より辛口の批評を掲載している。「一九〇〇年を軸にしての周囲を揺れ動いていたこの時代は、歌で称えたいほど美しい時代なのだろうか。物質的な側面をみれば、確かにそうである。この時代は生活が安楽で、銀が金ほどの値打ちをもっていた。われわれの父たちは、いわば平穏に暮らしていた。彼らはショーガールや彼女たちのふりふりの衣装に拍手を送っていた。［…］しかし、どれほど機会が失われ、どれほど富が浪費され、安っぽすぎる感傷主義がどれほどあったことか！　ラジオ・パリでの活動が知られているアンドレ・アレオーが付与した繊細な粉飾にもかかわらず、これこそがわれわれにもたらされた「ベル・エポック」の教訓である」[*31]。書き方はニュアンスに富んだものであったが、経験豊かな読者はその政治的な意味を見逃すことがなかった。われわれを奈落に陥らせることになった「享楽の精神」を、しかもドイツ企業のサラリーマンの指揮下でこのように称えることを容認していいものか、と疑問を抱いてしまうのだ。しかしアンドレ・アレオーはこうした微妙な問題をほとんど気にかけなかった。というのも、勢いに乗じて『ラ・ベル・エポック』と題するシャンソンを制作したところだったからだ。これは、マックス・ディレーヌの作曲による自らの二〇代の失恋体験を嘆く流行り歌で、マルセル・ラベのレコード会社から一九四四年に売り出された。彼だけではない。すでにその前年、フォルタン出版も『美しい時代《ベル・エポック》と今日の八〇曲』を刊行していた。

成功している以上、「ベル・エポック」がムーラン・ルージュのプログラムに登場しないわけにはいかない。一九四三年一一月二六日からのショーでは実際、以下のような名の付いた一連の演目が上演された。「一九〇〇年、美しい時代《ベル・エポック》、アヴィラ・バレエとレザドラーブル。いつも陽気で上機嫌。ここにベル・エポックとパリの生活が当時のダンスとフレンチ・カンカンとともに蘇る」である。この表現はドイツ語の翻訳「Die schöne Epoche〔美しい時代〕」とともにプログラムに掲示された。四年もたたないうちに、ベル・エポックを想起することは、首都のミュージック・ホールの最も人気のあるテーマになったのである。[*32]

賑やか、軽快、無頓着で、恋やあけすけな笑いからなる想像物を運ぶ「ベル・エポック」という表現が、占領期の只中で出現し、このように迅速に広まったことに驚くべきだろうか。暗黒の年代の歴史記述は、「パリ風の生活」の迅速な回復がショーを本職とする者たちにとって必要であり、ドイツ人から推奨され、パリに留まったお歴々によって請われたと長いあいだ強調してきた。実際、社交界の人間で、モーリス・ド・ヴァレッフのように劇場やレストランから離れる決意をした者は稀だった。そんな一人、モーリス・ド・ヴァレッフは「アントニウスがクレオパトラを愛したように、私が愛したこの都市は、一九四〇年六月に死んだのだ」[*33]と回想録に記している。マキシムと、ル・ブフ・シュル・トワはいつもいっぱいで、ファッションショーは一九四〇年一〇月に復活し、劇場は繁栄の時期を画した。占領期にパリでは四〇〇近くの演目が上演されたのである。[*34]ミュージック・ホールとレヴューは、常連あるいは定期的に入れ替わる観衆であった占領軍の部隊のおかげで、この熱狂的な状況下でさらに利益を上げた。モーリス・シュヴァリエ、トレネ、ティノ・ロッシは、劇場を満席にした。「シャンソンがパリのいたるところで生き返った」と、一九四三年九月の「アルハンブラの素敵な夕べ」のプログラムが知らせている。[*35]「モンマルトルからレピュブリックとエトワールを経てモンパルナスへ。ベルヴィルもお忘れなく。それについては後日お話ししましょう。ミュージック・ホールやキャバレーは大盛況です。これを愚痴るのはわれわれではありません……」。パリのカジノでは、ミスタンゲットが大成功を収める。ムーラン・ルージュでは一九四三年、来場者数が驚異的なピークを迎えた。一九三〇年代末にかろうじて四〇万人であった観衆が、七四万四〇〇〇人を数えたのだ。[*36]この事態は、占領軍をついに驚かせることになる。「フランスでは、いくらかの娯楽が存続していることが確認される。大戦とは無関係の、ある生活様式がまだ残っている」と一九四三年二月に宣伝部の局員が記している。[*37]しかしながらそれは、とりわけラジオ放送の分野で慎重に検討された戦略であった。ラジオ・パリはプロパガンダを目的として設置されたわけだから、その指令も最初から綿密だった。すなわち、政治的メッセージを他のプログラムから切り離すこと、聴取者を惹きつけるために娯楽番組を充実させることである。その結果、他の多くの番組とともに「あぁ、ベル・エポック!」はあのような放送枠を占めることになる。一九四〇年一二月の宣伝部の報告はこうして「いかにもフランス的だと思わせるためのラジオ・パリの健闘」を喜んでいた。[*38]

これらシャンソンのなかでおそらく最も高く評価されたのは、世紀初頭のリトルネッロだった。往時の旋律に合わせてフルフル、ガヤガヤと歌うあのリフレインは「いかにもフランス的」で、しかもあまり煩わしくなかったのではないか。問題の「ベル・エポック」はかなり幅が広く、フォリー・ベルジェールで一九四二年一二月三日に始まった「三〇〇万のレヴュー」は、たとえば二つの演目で構成される「あぁ、ベル・エポック！」シリーズをプログラムに載せている。まずは「ドガのアトリエ」で、ウジェニー皇后、ラ・グリシ、リゴルボッシュ、トルティヤールが浮かれ楽しむ「コンピエーニュのガーデン・パーティ」が後に続く。[*39] しかし、大部分は「一九〇〇年」のレパートリーを参照していた。「一九〇〇年」のレパートリーは、使い古しだが、スターが希少になった時期の劇場とカフェ・コンセールを維持する安上がりな方法だった。その陽気さはまた、多くの人びとの目に、周囲の全般的に悲観的な雰囲気の解毒薬と映った。「生きるのが難しい時期にあっては、ミュージック・ホールのショーは、一日あくせく働いた後に飲むトニックウォーターのように必要なものである」。すでに一九四〇年一一月一日、『新時代』の記者がパラスのプログラムに触れてこう述べている。この期間の全体にわたって、このような弁明が広まっていた。「これは気晴らしだ！　だからしばしのあいだ、地獄のような現在から逃げよう」[*40]と劇評家ジョルジュ・プルイーが声を上げる。『イリュストラシオン』の記者が明言するように、解毒薬と気晴らしは社会的伝統および階層秩序を保つものであるだけにいっそう必要とされた。「伝統が保持されるのは幸いである。ある人びとの奢侈と快楽がなければ、他の人びとの貧困と悲しみが増大するだろうから」[*41]。一部の人びとは、ひどい扱いを受けたフランス的なものが元気を取り戻し、国の象徴的資本を引き上げる避難所としての価値をそこに再び見出すことができた。〔解放後の〕粛清のあいだ、シャルル・トレネは〈優しきフランス〉を、レオ・マルジャンヌは〈待ちましょう〉をレジスタンスの歌として押し通そうと試みる。結局のところ、ラーフェンスブリュック強制収容所に拘留されたジェルメーヌ・ティヨンが書いたのも、ベル・エポック風のオペレッタではなかったろうか。[*42]

パリ自体も世紀初頭の古めかしい雰囲気に立ち戻ったという感情を与えたかもしれない。自動車やバスが急に少なくなり、代わりに自転車が増えていた。ウプランド風〔一四〜一五世紀に流行したガウン形式の衣服〕の外套を着た御者が手綱を握る辻馬車が復活し、古老たちが好んでいた馬糞の匂いをパリのいくつかの通りにふりまいていた。夜間外出禁止令と頻繁な停電があちこちの街区全体を暗くした。そこで人びとは、灯りがより暖かく、より包み込むような古い灯油ランプをひっぱり出した。構造に関して言えば、この都市は、いくらかの改修を除いてほとんど変わることなく、世紀初頭の様相を保持していた。確かに先立つ一〇年間で、いくつかの大通りは延長され、一部の城壁は取り壊され、場末のいくつかの区画が解体された。悲しくも悪名高き区画として挙げられるボーブールの区画一番のような非衛生的な区画を平地にする工事もあった。しかし、これらが都市の性質に影響を与えることはなく、都市の枠組みの唯一の大改造は、戦争中に急遽行われた。一九二〇年以来、非衛生地区に指定されたマレ地区南部の解体である（区画一六番）。ここは、住居提供や補償金といった厄介な問題のためにほとんど手つかずのままだったのだ。大部分の住民をマレ地区から追い払った反ユダヤ主義による迫害を利用し、ヴィシー政権とセーヌ県は、オスマンの都市改造以来見られなかった大規模な行政的な介入でもって、一九四一年に改造計画を再び取り上げた。[*43] これを除けば、占領期のパリは一九〇〇年のパリとほとんど変わらなかった。

「ベル・エポック」を持ち出すことはまた、ドイツの兵士や士官に対し、彼らが首都に期待していたショーを提供することを可能にした。一九〇〇年のミュージック・ホールは、外国に伝わった紋切り型のフランスのイメージに完璧に合致し、占領軍の兵士や、パリが特権的な訪問地であった休暇兵士の覗き趣味を満足させることができた。[*44] ミュージック・ホールでは、フランス語を理解することも不要だった。レヴューそれ自体が語っていたからだ。とりわけ「ABC」をはじめ、いくつかのホールはもっぱらドイツ人だけを観客とし、フォリー・ベルジェールのレヴューはドイツ語で上演された。実際、この興業は、ナチスがフランスに対して抱いていたイメージにも完全に合致していた。ヒトラー主義のイデオローグたちが立てた欧州「新秩序」計画で、フランスに割り当てられたのは農業生産、観光、奢侈品、ショー、娯楽、恋といった、まさにベル・エポックが表していたものだったのだ。[*45] ゲッベルスはこうして、軽薄で空疎、できれば馬鹿らしい映画だけをフランスが制作することを望んでいた。[*46] 一九〇〇年代のフランスは、敗北したフランス、つまり大戦争に勝利せず、アルザスとモーゼルを取り戻していないフランスであったことも付け加えておこう。一九〇〇年代のフランスは、したがって、あたかも〔一九一八年から四〇年までの〕二二年間の歴史をよりよく消去するためであるかのように、ルトンドの車両のなかで休戦協定を締結することを望んだ〔ナチス〕第三帝国の期待にとりわけ応えるものだったのだ。

解放されたパリ、「ベル・エポック」のパリ

このような状況下にあって人は、占領期のへつらいを露骨に思い出させる厄介なものを解放されたフランスがすぐさま清算するだろうと予想したかもしれない。「パリの蜂起の翌日、パリのショーは、古

めかしく、すでに遠い過去のなかに沈んでいたように見えた」[*1]と一九四四年一二月に『コンバ』の記者が記している。実際、別のスタイルが現れていた。ジャズの流行が部分的に準備し、レオ・フェレ、ジュリエット・グレコ、ジャック兄弟、カトリーヌ・ソヴァージュといった明らかに異なるアーティストたちが体現しだしたスタイルである。「左岸」の特徴をもつこのスタイルは、サン・ジェルマン・デ・プレと切り離せず、戦後のパリ文化を大いに特徴づけるものであった。新しい「夜行族」がクラブやキャバレーに詰めかけた。そこには哲学者、詩人、ジャズのミュージシャンたちが集った。ジャン＝ポール・サルトル、レーモン・クノー、アルベール・カミュ、ジャック・プレヴェール、シモーヌ・ド・ボーヴォワール、マルセル・ムルージ、ボリス・ヴィアンたちである。彼らは、戦時中に繁栄したベル・エポック風の「パリの精神」から千里も離れているように見えた。

それに「パリの精神」は、一九四四年の夏の終わりから開かれたさまざまな粛清委員会に直面しなくてはならなかった。「演劇、オペラ、音楽のアーティストの職業」を担当した委員会は、占領期に「パリを称え」続けた九一五人の芸術家の事例を検討した。シャルル・トレネ、スージー・ソリドール、ティノ・ロッシ、アルレッティといった幾人もの代表的人物が、ときには懲役刑に処され、多くの場合は活動を禁止された。ラジオ・パリがドイツの放送局であったことを忘れた者はなく、そこでの協力者全員も尋問を受けた。委員会は、あまりに多くのアーティストがラジオ・パリに関わったことを遺憾としたが、マイクで放送中に政治的または宣伝的な発言をした者しか訴追しないことに同意した。[*2]したがって、モーリス・シュヴァリエはラジオ・パリで大金を稼いだが、共産党の支持を受けていたので訴追を免れた。アンドレ・アレオーはこの幸運に恵まれなかった。「占領期の全期間」にラジオ・パリで放送局の演出家および脚本家として働き、一二六〇の番組の司会を務め、「レヴューの収入とは別に、およそ一〇〇万フランに相当する五万ライヒスマルクを得た」罪で、アレオーには、一九四五年八月一〇日から一年間、あらゆる職業活動を禁止する判決が下った。この刑罰はかなり厳しいものだった。放送局の他の協力者たちの多くは実際、叱責や短期の活動禁止処分しか受けなかったからである。アレオーは懲罰処分に異議を唱えたが、国務院によって一一月末に刑が確定した。*3

とはいえ、この司会者の抗弁は詳しく検討するに値する。というのも、一部の人々が「ベル・エポック」の精神および想像物にどのような意味を与えていたかを十分に明らかにしてくれるからだ。他の多数の者と同様に、職を見つけようと躍起になっていた一九四〇年夏の動員解除者の苦悩は省略しよう。「職を見つける必要性に迫られ、不承不承、私はかつての上司の提案に従い、戦前に働いていたパリ放送局を事実上継承したラジオ・パリの番組制作への参加を受け入れようと決意しました」。アレオーは、ひとたび放送局に雇われてからは、政治あるいはプロパガンダの番組に参加することをつねにきっぱりと拒絶したと主張する。

> 私の主たる番組「あぁ！　ベル・エポック！」が私の傾向を示すのに十分でしょう。「対独協力者」にとって「美しい時代《ベル・エポック》」とは占領期のことだとしても、もしそうだったとしても、他の者たちにとって「ベル・エポック」は過去および未来のなかにしかありえませんでした。私が展開することを決してやめなかったのはこのテーマです（ここに添付する、とりわけ私の制作した歌曲「ベル・エポック」の第三節を参照ください）[巻末（46）―（47）頁に再録]。フランスの聴衆に、彼らがかつて過ごした幸福な日々を思い出させ、

これらの美しい日々が戻るだろうと思わせることで、私は、彼らが慰めを必要としたあの暗い時期に、彼らの気力を支えることに確実に貢献したと思います。[*4]

喚問されたミュージック・ホールのプロの全員が用いたのは、このような抗弁の仕方である。生活していかなくてはならなかった、そして「純粋にフランス的な精神をもった番組を聴いて」苦悩を忘れるよう国民を助けることは、レジスタンスのひとつの形であった、というのである。[*5] この論法は認められず、委員会は、たとえ司会者が政治番組に関わらなかったとしても「ドイツの放送局との長きにわたる重大な協力を罰してしかるべきである」と判断した。一九四七年三月のラジオ放送の通達でも、彼は引き続きフランスのラジオにとって好ましくない者と見なされている。とはいえ、一九五一年と五二年にはパリ・アンテル〔現在のラジオ放送局フランス・アンテルの前身〕で、次に一九五〇年代半ばには「ラジオ・アルジェ団」で、人々はアレオーに再び出会うことができた。[*6]

だがアレオーは、フランスのレジスタンス精神と大衆歌曲を結びつけた唯一の人物なのではない。「一輪のパリの花、微笑む古きパリ、なぜなら復帰の花、美しき日々の復帰の花だから」とモーリス・シュヴァリエが解放の直後から歌っていた。一九四四年にモーリス・ヴァンデールとアンリ・ブルテールの作曲したこのシャンソンは、取り戻された自由への一種の賛歌のような印象を与えた。このシャンソンが表現する歓喜と陽気さは、占領期のパリのキャバレーで数ヶ月前に鳴り響いていたシャンソンと見まがうほど似ている。実際、「ベル・エポック」の精神はすぐに、解放の文脈に再び順応した。そして、美しい日々が再来するのは多くの場合、シャンソンにおいてだった。共産党が示す「人民」への愛着も、共産党と並ぶ解放の多数の政治的立役者もまた、世紀初頭にしっかりと根づいた文化的想像物なしに済ませることはできなかった。[*7] 確かに、戦後、ミュージック・ホールは一時的な不評で苦しんだ。ただしそれは、占領期の思い出や時代遅れのレパートリーのせいではなく、カフェ・コンセールの古いホールに設けられた映画館がアメリカ映画の到来で活気づき、競争相手として現れたからである。しかし、ミュージック・ホールの後退は、一般的でも絶対的でもなかった。いくつかの施設は持ちこたえ、ムーラン・ルージュは一九五一年に華々しく再開されることになる。シャンソンは以降、ラジオと急成長中のレコード産業とによって維持される。やがてふりふりスカートも再来した。一九四六年、カタルーニャの作家および詩人で、フランスに移住してきた共和主義者のフェラン・カニャメールが、フランス場外馬券販売公社、ムーラン・ルージュ、オランピアの創設者である同郷のジョゼフ・オレーに一著を捧げた。[*8] カニャメールは「そこに満ちていた健全な喜びがいまなお詰まった欲望とともにつねに思い起こす時代」の、「いささかだらしない時代の陽気な善良さ」を称えた。他の多くの人々にとってと同様に、彼にとってもムーラン・ルージュは「パリの普遍的な魅力のひとつ」[*9] を体現するものであり続けた。ファッションと奢侈のパリはもはや、過去の栄華の時代を忘れることはなかった。一九四六年、フランスのオートクチュールが戦争によって奪われた国際的な地位を取り戻そうと模索する一方で、観光委員会は「前世紀末の幸福な日々、ベル・エポックのファッション」を公式に推進することにし、その「魅力的なディテールは、安楽な日々へのわれわれの哀惜を表している」として誉めそやしたのだった。[*10]

スクリーンの再来

しかしベル・エポックなる想像物が場所を移し、花を咲かせたのは、あたかも劇場や舞台が狭小になったかのように、とりわけ映画館においてだった。格別で長大な「一九〇〇年」シリーズを創始したフィクションや「過去の復元映画」をはじめ、全映画ジャンルに見られた現象である。「コスチューム」映画の流行は戦時中の一九四三年にクロード・オータン＝ララの『ドゥース』（一九世紀末の上流社会の主人、管理人、女性家庭教師のあいだにおける恋の、そして社会的な駆け引き）でひっそりと始まったが、一九四五年以降にまさしく急成長を遂げ、一九五〇年代の中葉に絶頂期を迎える。この半ばジャンル化した映画の性質や特徴についてはは後にも触れるが、これは過去の幻想に満ちた思い出のなかで苦悩を忘却しようとするものであり、生《なま》のショーが伸び悩んだのは部分的には、このような映画の大成功のせいである。こうした映画の大半は、戦時中にレヴューやキャバレーで取り上げられたグラン・ブールヴァールとナショナリズムの伝統を活気づけるものだった。ちなみに、マルク・アレグレの一九四五年に封切られた『呪われた抱擁』のような映画は、一九〇〇年のミュージック・ホールと演劇の世界における一人の女優の運命を描くものだった。一九四二年に撮影されたが、監督の「自由フランス」への賛同を理由に検閲で差し止められていた。

しかし、ベル・エポックという想像物を担うのに最も貢献したのはもうひとつのジャンル、戦後に表現法がかなり変わったドキュメンタリー映画である。一九四六年のモーリス・テリーとピエール・バウエルによる短編映画『一八九〇年近辺』で観衆が観ることができるのは、「一九世紀末という大きな創造的な活力に満ちた時代、しかしまた今日のわれわれの目には安楽で幸福な生活として映る時代」であった。この映画は、当時の政治・文化上の重要な出来事をひとつひとつ取り上げ、次に原子力時代の危険を予告するマリー・キュリーの研究を想起させながら終わる。ジャン・グルゲが一九四七年、これまた短編映画の『往時の歌に合わせて／ベル・エポック』を撮影し、配給するが、この作品は悲観的なところが薄れ、いつもの表象といっそうしっくり合っており、「今世紀の最初の二五年間に歌われていた流行歌の映像化」を目指していた。占領軍によってどう利用されたかを皆が忘れてしまったように見える世紀初頭のシャンソンの、快く生き生きとした伝統のうちに、この作品はピッタリと収まっている。監督はこの作品を「しばしば歌詞に良識と真実が詰まった愛らしく素直なガイド」だと説明する。この作品は、人気のあったシャンソンをこのように称えて、それに結びつけて「最初の一歩を進み始めたばかりの」映画を称える。「［…］当時新しかったこの発明のおかげで、われわれに近いとはいえ、すでにいささか伝説化された時代に、われわれはその真の顔を取り戻してあげることができる」というのである。問題となる美しい時代《ベル・エポック》は、戦争〔第一次世界大戦〕を軽快に乗り越え、一九二五年頃に終わっている。このことは、前の戦争〔第二次世界大戦〕に先立つ幸福な時代のなかで定着し始めた混同を物語る。「人生は美しく、未来は希望であふれ、人々は和解し、もう戦争などは信じない。すでに過去のものとなった歌に合わせ、こうして回想するのはこの辺で終えるのがよかろう」。

一九四七年二月二五日に封切られたニコル・ヴェドレスの映画『パリ一九〇〇年』は、まったく別のスケールを持っていた。副題は「一九〇〇年から一九一四年のベル・エポックについての正真正銘でセンセーショナルなドキュメンタリー」であり、まずは三つの競合的な呼称「パリ一九〇〇年」、「ベル・エポック」、「一九〇〇年～一九一四年」を明白に結びつけ、「ベル・エポック」についての豊かで一貫性のある肖像を提供した最初の映画である。モンタージュの編集の仕方は、この時代にしてはとりわけ斬新で前代未聞であった。パテ社とゴーモン社〔いずれも映画会社〕のニュース映像、ドキュメンタリー撮影（その多くはアルベール・カーンのコレクションに由来する）、さらにフィクション映画も含め、性質の異なる七〇〇の断片をひとつのストーリーとして寄せ集め、途切れることのないナレーションを付けているからだ。一九〇〇年の映画はすべて「互いに非常によく似ている。それらを合体させることができるほどだ」[*11]とニコル・ヴェドレスは釈明している。本作品はとりわけチーム作業の成果であった。女性監督のニコル・ヴェドレスは、戦時中にジャーナリストとしてキャリアを始め、女性誌や『メルキュール・ド・フランス』にいくつか記事を載せ、さらに一点はエレガンスを、もう一点は映画を論じた計二点の著書を出版した。[*12]これらの仕事のうちにすでに彼女の独創的なモンタージュの才能が発揮されており、プロデューサーのピエール・ブロンベルジェの注意をひいていた。アシスタントとして、当時二三歳でまだ高等映画学院（ＩＤＨＥＣ）の学生であったアラン・レネが、また編集担当としてヤニック・ベロンが加わり、彼女とともに小グループを形成した。映画は、ドキュメンタリーとしては七九分と長編であり、ベル・エポックなる時代の、一見した際に受ける印象よりも複雑な肖像を描いている。作品の最初の一時間は、クロード・ドーファンが軽快で時に「感じの良い」調子でナレーションを務め、失われたパリの呑気さを期待通りに称える。アクセントは当時のショー、娯楽、名所旧跡に置かれ、上流社会の豪奢さと優雅さ、ほろ酔い加減の名士たちの満足し、癒された様子、庶民層の上機嫌を強調した幸せな時代の年代記となっている。演劇界の大スターや有名な高級娼婦など当時の名士とすれ違う。雰囲気は生き生きとして、ふざけた調子が交じり、陽気でときに際どい音楽が流れる。政治生活に関しては、逸話や、派手な、しばしば滑稽なものに限定されているが、ナレーションが最後の二〇分で突然変わる。リズムが速まり、言葉がいっそうきつく粗暴な様相さえ呈し、長く続く貧困、ストライキや社会紛争、国際的緊張、戦争への歩みに触れる。ここでは一九四七年の影が一九一四年の上に漂っている。

この作品は驚くべきものであり、いくつかの面で逆説的である。まず映像によって、きわめて独創的な歴史の表現法を作り上げている。映画の技法の革新が一目瞭然だ。ニコル・ヴェドレスは映像をアーカイブのように扱い、それをひとつのストーリーのなかで交差させたり、カットしたり、突き合わせたり、近づけたりする。モンタージュがその文法の代わりをする。「こうやって一九〇〇年を探したのです」と、彼女は一九六四年のテレビ用のインタビューで回想している。「フィルムは、ときにはウサギ小屋の下や、リラの花壇に埋められていました……。それは考古学の調査に少し似ています。つまり傍を通りながら、見落としてしまうこともあったのです……」[*13]。しかし、ヴェドレスもしくは収集を担当したレネがいくつかの資料を集め損ねたとしても大して問題はない。というのも、最も重要な点はそれらの数ではなく、組み合わせにあるからだ。これこそ、この作品がほとんど最初から映画の神話となった理由である。公開されるや否や、当時『フランス・スクリーン』の若い批評家であったアンドレ・バザンが震えんばかりの称賛を送っている。「これぞ純粋な映画だ！ 涙が出んばかりの胸を引き裂くような純粋さだ。映画が私に与えた最も激しい感情のいくつかは、ニコル・ヴェドレスの作品に由来する」[*14]。バザンを仰天させたものは、この作品が保っていたアーカイブとの関係、つまり映画が対象とした時代との関係であった。「途方もなく美しい何かであり、それが出現し、マルセル・プルーストの作品が小説を一変させたのと同じくらい徹底的に映画の美学的ルールを覆した」。しかし、プルーストの作品が個人的な記憶の紆余曲折のなかに浸り潜み込むのとは反対に、ヴェドレスは集団的なイメージ、目に見える記憶、「われわれの意識の外部にある記憶」に働きかけている。彼女は、忘れられ、失われたこれらの映像を公開することで、「これらの亡霊を飼いならす」ように努めたのだ。これこそが、バザンにとってこの作品の非凡な力であった。「映画は、かの時代をよりよく失うために取り戻す機械なのだ。『パリ一九〇〇年』は、特殊映画的な〈悲劇〉の誕生、すなわち〈時代〉の誕生を画すものである」。ちなみに、フィルムのアーカイブという点で映画監督者たちを魅了するのに中心的な役割を果たしたこの作品を称えたのは、彼だけではない。クリス・マルケルの監督作の一部は、『パリ一九〇〇年』をもとにしており、一九九六年に彼が撮影した『レベル・ファイブ』にも『パリ一九〇〇年』からの抜粋がいくつか現れる。「私はニコル・ヴェドレスにすべてを負っている」と一九九八年、フランスのシネマテーク〔一九三六年、映画フィルムの保存・修復・普及を目的に設立〕のプログラムに書いている。[*15]

すべての歴史話と同様に、『パリ一九〇〇年』は「二重底」の資料である。肝心なのは「複数の時代を対比すること」[*16]であった。この作品は、構成要素をなす映像によって制約を受けているが、映画化のコンテクストからも同じくらい制約されている。すなわち、二度目の戦後というコンテクストであり、その見方を押しつけられたのである。一九〇〇年の生きる喜びは、作品の最後で社会的動揺とドイツの行動を解説する際に見られる荒々しさと同様に、一九四五年から四六年をくすませていた陰気さと不安を抜きにして理解することはできない。「運命のなかで死にすでに硬直した一つの時代をわれわれの見方に従って再構成することのほかに、われわれは結局、何ができただろうか」とニコル・ヴェドレスは明晰にも表明している。しかしこの時代はそれほど硬直していたのだろうか。もちろん、カメラマンのフィルムは、「良き時代」、生きる喜び、無頓着、縁日の芝居や娯楽など、この作品が提示する一連の表象のすべてを捉え、ほとんど固定した。しかし、この作品がわれわれに伝えているのは、若い映画産業が「好奇心」や「娯楽」に熱中し、滑稽なディテールや風変わりな出来事を「ありのまま」に捉えることをしばしば好んでいた、ということだろうか。まるで映像の「真実」に魅せられたかのように、とはいえその「真実」の性質は何か、それがどのように形成されたかを問うことなく、さまざまな映像をつないでいるこの作品の限界のひとつがおそらくここにあるだろう。ここから絵画のような効果が現れ、ところどころで作品をひとつひとつにぴったり合った解説付きの紋切り型が延々と並んでいるギャラリーに変えてしまう。ニコル・ヴェドレスの作品は大成功を収める。一九四七年カンヌ国際映画祭で公式選抜され、同年、栄えあるルイ・デリュック賞を獲得。翌年、第二回エディンバラ国際映画祭に参加し、一九四八年ジョルジュ・メリエス賞を受ける。一九〇〇年代の思い出と想像物は、占領期の直後に厄介払いされたどころか、同時代の関心の真ん中に留まり続けたのだ。

前衛《アヴァンギャルド》の巻き返し

しかしながら、〈解放《リベラシオン》〉と大戦直後の数年間に称えられるのは、まったく別の「ベル・エポック」であった。それは、一九三〇年代にほとんど知られず、ヴィシー政権が意図的に存在を消した世紀初頭の画家たち、アーティストたち、あるいは詩人たちの「ベル・エポック」にほかならない。これらの前衛たちは解放後のパリにおいて、全面的かつ完全に認知される。その象徴は、間違いなくピカソである。彼は、〈国民革命〉〔ヴィシー政権のモットー〕によって貶されたが、一九四四年以降、新生フランスの代表的人物のひとりとなる。全国抵抗評議会（Conseil national de la Résistance, CNR）は、ピカソを国立芸術評議会のトップに据えることで、過去との完全な断絶を示そうと望んだ。ピカソは、エリュアールとアラゴンの推薦を受け、一九四四年一〇月四日に共産党に入党し、占領軍に協力した芸術家を処分する任を負った粛清委員会の議長も務める。グラン・パレで催され、「〈解放〉のサロン」と呼ばれた一九四四年秋の「サロン・ドートンヌ」で他の「退廃的な」作品に混じって、七四点の絵画に最新の彫刻五点を加えたピカソの作品の大規模な回顧展が催された。これは「サロン・ドートンヌ」の観衆がピカソの絵画に出会った最初の機会であり、強い反応や論議を引き起こさずにはいなかった。しかし、この時代は断固として「近代的」であろうとする。解放後のパリにおいて一九四四年一〇月に開かれた最初の大規模な展覧会も、そのすぐ後に死去する画家ヴァシリー・カンディンスキーを取り上げた。[*17]ピカソの作品も、カンディンスキーの作品も「ベル・エポック」の典型的な作品として見なされることはなく、むしろ多くの点で「ベル・エポック」を凌駕していた。しかし、これらの展覧会が示す動きは決定的だった。実際、この時から、つまり第二次世界大戦という重大な激動を脱した時から、一九〇五〜一三年に革新的な作品を制作した「歴史的」前衛が公的かつ制度的に認知され出したのである。カール・アインシュタインのおかげで一九二〇年代末から世に出始めたキュビスム〔の画家たち〕がその例だが、世紀初頭の芸術家たちの大半も同様で、一九四五年以降、彼ら全体の美学的な「重要性」が人々から理解され始める。[*18]一九四七年六月には国立近代美術館も開館し、ジャン・カスー〔作家・美術評論家〕が館長に就任している。輝かしく、占領期を忘れさせる任を負った過去の回帰を、そもそも皆がこぞって受け入れたわけではない。世紀初頭を称え、かつまた二〇年以上も前に誕生し、そのスタイルが「老化」して外国でますます批判されるようになった「エコール・ド・パリ」を称えること。こうしたことは、ある人びとにとっては、先を行くニューヨークからフランスをますます引き離す「後ろ向きの跳躍」と映ったのである。*19

この現象は絵画だけではなく、長期にわたり束縛され、大戦直後に忘却と不評から抜け出したシュルレアリスムの支配圏全域にも見られる。一九四五年世代、とりわけモーリス・ナドー、ジャン＝ジャック・ポヴェール、エリック・ロスフェルドといった若い編集者たちのおかげで、ブルトン、スーポー、エリュアール、さらにクノー、アルトー、プレヴェールらの作品が自由に普及し、より広範囲に認知されるにいたった。*20 こうした動向に伴って、文学界や芸術界の第一線の人物たちの回想録が出版されるようになる。〈洗濯船〉〔モンマルトルの集合アトリエ兼住宅〕の下宿人のひとりで、ピカソ、ジャコブ、アポリネールと親交があり、『レ・ソワレ・ドゥ・パリ』の協力者でもあったアンドレ・サルモンが一九四五年から『終わりなき回想』の刊行を開始する。同年、ブレーズ・サンドラールの『大砲に撃たれた男』も刊行され、一九四六年には『切られた手』が続く。*21 プルーストやアレヴィとともに雑誌『宴』を創刊したフェルナン・グレッグは一九四八年、『黄金時代』と題した回想録の第一巻を公刊した。*22

これまでは読むにも聴くにも耐えなかった新しい試みが突如建設的なものとなり、「ベル・エポック」がその母型とされる歴史の書き替えの口実を与える。一九四五年以降、とりわけピエール・ブーレーズの影響の下で、シェーンベルクが進めた音階法からの脱却、ドビュッシーとストラヴィンスキーがもたらした型式的な旋律線や律動の書法の改変といった、一九一二～一三年の音楽上の革新の全容が知られるようになる。*23 『フランス音楽雑誌』の批評家は一九一三年にストラヴィンスキーの『春の祭典』を論評した際、この年譜を奇妙にも先取していた。「この作曲家は途中の段階を飛び越して、一九四〇年頃に聴くことになるはずの音楽を今年のうちにわれわれに提供したのだ」[*24]。近代バレエの誕生を画する大革新を行った人物としてセルゲイ・ディアギレフが決定的に認められるのもまた、同じ時期である。数年後の一九五四年にエディンバラ・フェスティバルでリチャード・バックルが企画した『ディアギレフ展』は、その際に建築されたフォーブス・ハウス館に一四万人の観衆を集めた[*25]。

　このようなギャップは、もちろん受容史においては非常に頻繁に見られるものだが、終戦時には、それ以前の、主としてヴィシー政権の文化的選択と決別するという明白な政治的意志を伴っていた。しかし第二次世界大戦直後の時代は、世紀初頭の年代、さらには一九一三年なる年を懐胎期として、すなわち二〇世紀のすべての創造的なモダニスムが生まれる一種のるつぼと見なすよう促すことにより、「ベル・エポック」の解釈を複雑にし、著しく刷新する。ベル・エポックは、愉快で逸話的な時代のロマンス、リフレイン、フルフルから遠く離れて、美学上の革新の鍵のひとつ、さらにはその起算日となるのだ。このような見方が当時広まり、後のほぼすべての前衛が、すなわちアール・ブリュット〔生《き》の芸術〕からコブラ〔一九四八年に結成されたヨーロッパ現代美術のグループ〕まで、フルクサス〔建築家ジョージ・マチューナスが提唱した一九六〇年代の前衛芸術運動〕からシチュアシオニスト・インターナショナル〔一九五七年に結成され、芸術・文化などの統一的批判・実践を試みた前衛集団〕までが、この考えを標榜する。これはまた、美学の領域を超えて、起源や歴史的なアイデンティティを探し求める多くの政治的・社会的な異議申し立て運動をも魅了する。フェミニスト、無政府主義者、同性愛者のなかには、本書で後に見るように、自らの根源を世紀初頭の並外れた腐植土のなかに探し求める者もいた。だからこそ、この時期は決定的なのである。「ベル・エポック」は、経路依存効果を受けているかのように回顧的な幻覚となり、しばしば予測不能の現在を、正当な過去のなかに書き込み、この現在を必然的なものとして掲げるようになるのである。ブルトンを筆頭としたシュルレアリストたちは、おそらくこうした正当化の戦略の最も活発な推進者であった。そこで〔まさに〕、彼らは解放されたパリで戦争の直前の時代が起源の役割を演じる過去を案出し、アポリネール、デュシャン、ピカビアの作品のうちに自分たちの出現を育んだすべてのものがあると指摘することに努めた。「一九一三年が徐々に、房べりの末端を、すなわち築かれ始めた二〇世紀のピラミッドの上に、一九世紀のピラミッドが落とす影の末端を画すようになる」と少し後にアンドレ・ブルトンがアンドレ・パリノーに明言している。[*26]

〈解放〉はつまり、占領期に疑わしい友好関係を保っていた「ベル・エポック」を、それにもかかわらず追い払わず、むしろ「ベル・エポック」の歴史を複雑にし、その威信を一段と高めたのである。実際、その必要性はほぼ明白であった。というのも、戦争から傷を負って抜け出たのはフランスだけではなく、「フランス国」〔ヴィシー政権の正式名称〕が拒絶し、ヴィシー政権、フランス極右および対独協力《コラボラシオン》によって、自らの価値観を踏みにじられた〈フランス共和政〉もそうだったからである。臨時政府が宣言した「共和政の法制」の回復も、象徴的な諸現実のなかに刻み込まれねばならなかった。急進的でドレフュス派の、議会主義的で、反教権主義的で植民地主義の共和政であるフランス共和国のひとつの絶頂期という過去の偉大さの想像物。このようなものとして受け止められていた「ベル・エポック」なる想像物を動員することは、本源への回帰をめざす時代においてはとりわけ戦略的な選択であった。経済的困難のせいで弱体化し、共産党および植民地の被支配者たちの権利要求に揺さぶられた一九四五〜

四八年の重苦しいコンテクストのなかで、一九〇〇年に大勝利を収めた共和政が主要な参照項として現れたのである。「ベル・エポック」の平和と繁栄は、配給制が長引き、戦争の脅威にさらされ続けている時期に安心感を与えるものであった。復興がここで回顧と調和することができた。[*27] このことは、フランスの国際的威信の誇示にもいっそう必要なものと考えられた。ド・ゴールの尽力および「国家的復興」についての得意満々な発言にもかかわらず、フランスはかつてないほど「衰退の強迫観念」[*28] にさいなまれ、二流国となっていた。自らを中心にして周辺の諸国の協調を再組織していた一九〇〇年の強国フランスは、「懐疑の時代」[*29] から脱出するために、あらゆる善意の人々を結集できる道を示しているように見えた。ド・ゴールが喚起した「フランスについてのある種の観念」は世紀初頭に負うところが大きい。その形成の糧となったのは、モーリス・バレス、シャルル・ペギー、さらに一九〇〇年に開花した国威発揚の諸々の哲学である。ド・ゴールのフランスは、単にフランスであることを理由に、列強国のひとつとして認められることを権利として要求した。[*30] 一八九〇年に生まれたド・ゴールの政治的教養はすべて、世紀転換期の大混乱のなかで作り上げられ、彼の感情のすべてはそこから発生していたのである。

ロシア皇帝が通過した際の人々の熱狂、ロンシャンの閲兵式、万国博の驚異、飛行士による最初のフライト……こうした国をあげての快挙ほど私に影響を与えたものはなかった。ファショダ〔南スーダンの都市コドクの旧称〕の放棄、ドレフュス事件、社会的対立、宗教的不和……人びとの顔つきや話題によって私の少年時代に明らかとなったわれわれの弱点や過ちほど、私を深く悲しませるものはなかった。[*31]

ベル・エポックという想像物を活用することは、フランスがアメリカ合衆国に長期にわたって引けをとっていた時期に、国の役割と文化的威光を再びアピールするためにも不可欠であることが明らかになった。フランスを第二の祖国とし、かつての「美しい時代《ベル・エポック》」の威光に貢献した無数の芸術家と知識人をヴィシー政権は突然、「好ましからざる外国人」、さらに「国家の防衛にとっての危険人物」とみなして逮捕し、収容所に集め、あるいはナチスに引き渡し、パリの国際的な文化的使命を突如終わらせた。一九三九年当時、パリには中央ヨーロッパから来た五〇〇〇人以上のユダヤ人の芸術家、二〇〇〇人以上のドイツ人の知識人がいた。[*32] 彼らは政治的・宗教的自由と、指導も誘導もされない芸術を創造・制作する自由をパリに求め、見出した。「私はフランスに、モンパルナスに真の楽園を見出した。日々は素晴らしく、自由で金もかからず、それに私たちは若かった」とウクライナのスタロコンスタンチノフ生まれの彫刻家シャナ・オルロフが回想する。[*33] これらの芸術家の多くは、ギュルス、ル・ヴェルネ、レ・ミル、あるいは戦時中にフランス政府が設置した二〇〇の強制収容所のどこかひとつで再会した。[*34] 一九三〇年代の芸術都市パリの代表的な人物の多くが、ル・ヴェルネ収容所に拘留されたアーサー・ケストラーの表現によれば、「地のどん底」に沈んだのである。[*35] 逃亡に成功したすべての人びとにとってはそれ以降、ニューヨークがパリに決定的に取って替わった。[*36] ニューヨークには一九四一年、画廊は四〇店しかなかったが、一九四六年には一五〇を数え、この都市を芸術市場の新たな中心地にした。[*37] 幾人かのアメリカ人芸術家はなおも戦後のパリにやってくるものの、新たな時代の到来を忘れさせなかった。[*38] パリの前衛たちが世界の美意識を呼び覚ましていたあの時代が賛美されたのは、それゆえである。こうしたあらゆる点において、「ベル・エポック」を喚起することは、光輝の時代、純真無垢の時代、フランスの時代への回帰を意味しえたのだ。

精彩を放つ「半世紀[*1]」

『パリ一九〇〇年』の成功を象徴として始まる、第二次世界大戦の直後から一九六〇年代初頭までの時期は、ベル・エポックの栄光の時期である。この点には異論の余地がない。確かに、この間にベル・エポックはより複雑になるが、その「独特の」あるいは精彩に富む特徴をいささかも失わなかった。ますます多数で多様な証言が貢献して描くその肖像画が、きわめて長期的に定着するのは、この時期においてでさえある。

「ムーラン・ルージュが蘇った[*2]」

「一九〇〇年の精神」の永続性を示す最良の例は、伝統的な場所が人気を取り戻したことである。マキシムは、占領期にナチスの士官や高官のお気に入りレストランだったというイメージにいささか苦しんだが、教養人で美食家のルイ・ヴォーダブルのもとで評判を取り戻す。彼は一九四六年から店舗の経営に携わり、徐々にフランスのお歴々を再び引き寄せる。「マキシムは、ベル・エポックを取り戻した」と、一九四九年八月三〇日の『モード官報』誌は記している。マキシムにとって、ここに一九〇〇年の栄華を取り戻す幸運な時期が始まる。世界中の王侯貴族、ハリウッドのスター、億万長者がひしめく名士の食卓に返り咲いたのである。一八九九年から一九一八年までレストランの専属給仕長だったユゴーが回想録を出版することにしたのもこの時期であった。この回想録は、王、王妃、王子、共和国大統領、女優、高級娼婦、ボニ〔・ド・カステラーヌ〕、ディオン侯爵、ルボーディ弟、リアーヌ〔・ド・プジー〕等々、稀に見る肖像画のコレクションと、ほぼ無尽蔵の逸話を収めている。そこにユゴーは、夕食をとった多数の女性に関するしばしば秘められた情報とこまごました話を含む「個人的なメモ」さえも挿入した。ユゴーがこの回想録の最初の頁に書き記したように、間違いなく「ベル・エポックは流行している」のであった。*3

いっそう意義深く思われるのは、一九五一年のムーラン・ルージュの再開である。まずこの施設は、ジョルジュ・フランスに買収され、当初の名称である「ムーラン・ルージュのダンスホール」に戻った。店はこの機会に、世紀初頭のパリと結びついていた著名な作家――フランシス・カルコ、ピエール・マック・オルラン、イヴ・ミランド、アンドレ・ヴァルノー等――に寄稿を依頼し、豪華なパンフレットを出版する。*4 全員が、「ベル・エポック」におけるムーラン・ルージュの幸福な日々を長々と回想する。イヴ・ミランドが「それは良き時代だった」と記せば、カルコが「その時代を生きながら感じた甘美さと恍惚」を想起する。寄稿文の大半が、この場所のエロティックで官能的な側面を強調する。そこはルノワールによれば「快楽の工場」であり、老いぼれも、騒々しい若者も、当代《エポック》の美女《ベル》たちに出会うためにやって来た。「私は、父やその友人たちがムーラン・ルージュについて低い声で、妻たちから離れたところで話していたのがなぜなのかすぐに理解しました」とイヴ・ミランドが回想する。人々がそこにやってきて見ようとしたのは、とりわけ裸の女性たちである。「無名であれ、著名であれ、人々は皆、裸体を観るためにやってきた」と、自作の曲を歌うシャンソン歌手でレヴュー作者のポール・コリーヌが皮肉る。他の作者たちはマック・オルランのように、その場を埋め尽くしていた人々の姿をよりいっそう強調している。トゥールーズ＝ロートレックをはじめとする画家たちばかりでない。目立たないが絶対不可欠の踊り子や娼婦、「穏やかでも柔和でもなかったが、社会的自由において最も望ましい極限に達することができた時代」に興趣を添えていたあの女性たちにも言及する。

しかしながら、ムーラン・ルージュの再開の意義は、この店で過去についてノスタルジーをもって論じることにはない。「今日では消え去った時代。昨日のことだ。古き良き時代のことだ！　ムーラン・ルージュの再開のおかげで、あの時代が戻ってこないことがどうしてあろうか」。要はまさしく、世紀転換期のパリの精神を蘇らせることである。「昨日から今日にいたるまで、ムーラン・ルージュのダンスホールでは、何も変化していない」と、一九五五年六月一二日〜二五日のプログラムは称賛している。人々はそこに、トゥールーズ＝ロートレックやジュール・シェレの油絵やリトグラフィーをはじめとする古いイメージをつねに重ねている、というわけだ。しかし、最も重要な点は、昨日の表象と今日の表象を、歓喜とエロティシズムの詰まった同じ環境のなかで対比させることにある。アンリ・マエによる大ホールの新しい装飾は、世紀末のパリに敬意を表するものであった。ガスの街灯、ギマール（フランスの建築家（一八六七―一九四二））設計の地下鉄駅の出入口、一九〇〇年のポスターの貼り付けられたモリスのデザインによる広告塔、いたるところにあるトゥールーズ＝ロートレックの壁画、ブリュアン、ラ・グリュ、ジャンヌ・アヴリル、骨なしヴァランタン、イヴェット・ギルベールなどムーラン・ルージュの著名人の初演時の肖像が見られるあのパリに、である。提供されるショーは、歌曲、舞踊劇、多様な娯楽など、明らかな「連続性」のうちに組み込まれており、フレンチ・カンカンのフィナーレ、ラ・グリュのカドリーユで必ず終わる。一九五〇年代の全プログラムは、いかにフレンチ・カンカンがこの施設と一体となっているかを想起させるのである。「フレンチ・カンカンが生まれたのは、ムーラン・ルージュにおいてだ。[…]その場で、毎晩、それが踊られるのだ」と、一九五四年一月一〇日〜二四日のプログラムは写真とともに語っている。[*5]「ムーラン・ルージュのダンスホールでは、昨日から今日にいたるまで、何も変わっていない」と一九五五年六月一二日のプログラムはさらに誇張する。「フレンチ・カンカンは、ベル・エポックの微笑みであり、ムーラン・ルージュの魂である」と。この不朽で恍惚のバレエは舞台の上で一九〇〇年の精神との結びつきを確固たるものにさせるというのだ。

この復活が成功だったと言うだけでは到底不十分である。「ムーラン・ルージュ」は一九五〇年代に真の熱狂を招き、回復された国家の誇りの主要な象徴のひとつとなった。新聞は異口同音にこう唱える。「ベル・エポックの時代のように、生きる喜びがムーラン・ルージュ〔赤い風車〕の羽根の下で開花した」。[*6]多くのジャーナリストが力技だとして評価するのは、トゥールーズ＝ロートレックがラ・グリュの小屋のために描いたパネル、色とりどりの石膏のレリーフ、シャ・ノワール〔黒猫（パリのキャバレー）〕の時代のポスターなど、往時の装飾や豪華さを、要するに「あらゆるものがベル・エポックを想起させる」[*7]あの雰囲気を保持しえた点である。「もし明日ロートレックが来ても、新しい店内で違和感を感じることはまったくないだろう」とある記者は書く。[*8]芝居の場やバレエは、とりわけ当時のスターであったベルギーの女性ダンサー、アニー・コルディの演技を通じて「伝統」と「ベル・エポックの並外れた雰囲気」に忠実でありながら、いくらかの「モダニズム」を取り入れようと努めている。[*9]
成功は、ミュージック・ホールの小さな世界を超える。一九四九年以降、旧モンマルトル歴史・考古学協会は、美術省の「天然伝説記念物」のリストにムーラン・ルージュの景観を登録した。同年、プロデューサーのジル・マルガリティスが、隔週水曜日の夜にフランス国営放送（RTF）の2チャンネルで「ミュージック・ホールのパレード」というテレビ番組の放送を開始する。キャバレーの世界を再発見し、詳細な人物描写とともにモンマルトルの主要なシャンソニエを紹介する著作も刊行される。[*10]ミュージック・ホールについての最初の歴史書もこの流れのなかで現れる。記者、コラムニストばかりか、芸人やプロデューサー、業界のかつての著名人などが、挿絵入りの作品――一九五〇年代にフランス語で約二〇冊――を出版する。これらは半ばノスタルジックで、半ば歴史的な作品であったが、とりわけフランスの文化遺産のなかに自分たちの活動を加えようと努めている。[*11]当時飛躍的発展を遂げつつあったLPレコード産業もこの動きに付き添う。エディット・ピアフの大成功が確実になり、彼女のインスピレーションは「レアリスト」の伝統を部分的に刷新したが、数えきれないほど出された歌曲集は〈戻ってきて〉、〈魅惑のワルツ〉、〈褐色のワルツ〉、〈フルフル〉といった一九〇〇年代の名曲を再録するだけで満足する。一九五四年にアルバム『ティノ・ロッシがベル・エポックを歌う』が出ると、それに続いて一九五七年にマテ・アルテリが『ベル・エポックの一三のメロディー』を発売する。フィリップ＝ジェラール、ジャック・メトアン、フランク・オスマンらのオーケストラのような約一〇の有名なオーケストラが録音したメドレーには、「ベル・エポック」という表現がもれなくついていた。
この大波に映画とテレビも襲われ、正統性の付与という点において、おそらく最も効果的な媒体となる。早くも一九五二年、映画監督のジョン・ヒューストンが、ピエール・ラミュールによって前年に出版された小説風の伝記を脚色し[*12]、トゥールーズ＝ロートレックの人物像と生涯をほぼ中心にして描いた『ムーラン・ルージュ』を撮影する。その一年後にはジル・マルガリティスが、店の新しいインテリアのなかで撮影されたシーンをふんだんに取り入れて画家の生涯を復元した長編『ムーラン・ルージュにおけるトゥールーズ＝ロートレック』をテレビで放映する。ジャン・ルノワールの『フレンチ・カンカン』は一九五四年に上映されたが、この作品には他にもいくつかの思惑があり、そのひとつはアメリカ合衆国での長期の滞在の後に生じた、フランスとの関係を取り戻したいという監督の願望にあった。『『フレンチ・カンカン』は私にとって、きわめてフランスらしい精神をもった映画を作りたいという大きな欲求に呼応するものでした。私自身とフランス人の観客のあいだの良好な懸け橋、容易かつ便利な接点となりうるような作品を作ることです」と、その少し後に彼は説明している[*13]。さらにいくつもの映画が続く。一九五七年のジャン＝クロード・ロワの『ムーラン・ルージュの夜』は、フランシス・ロペスの音楽を取り入れたかなり軽やかなミュージカル・コメディーである。さらに一九六〇年のウォルター・ラングの『カン・カン』は、フランク・シナトラ、シャーリー・マクレーン、モーリス・シュヴァリエが、コール・ポーターの音楽に乗って「バル・デュ・パラディ」の歴史をたどる、モンマルトルをアメリカナイズして自由奔放に描いた作品である。そこではムーラン・ルージュもパリも美化されており、それはまた、両者の魅力が増した印でもあった。

記憶の砕け波

一九〇〇年の証人や当事者たちも各々の運命を振り返って語るが、それは新しいことではなかった。すでに見たように、いくつかの回想録は第一次世界大戦直後にも出されていたし、ノスタルジーの最初の波が現れたのは一九三〇年代であった。しかし一九四五年の後に現れた現象はスケールがまったく異なる。この年から一九六〇年までに、「一九〇〇年を生きた」大作家や著名人による二五点以上の回想録が刊行された。これらのノスタルジックな数千ページのなかでまさに、想像物としてのベル・エポックの大部分が構築され、多くの表象が固定化したのである。このように多数の作品が出たことは、作者たちの年齢（この時代を知っているということは一八九〇年代の一〇年間に生まれたと推定される）によって説明がつく。しかし、人気の上昇傾向から利益を引き出そうとする多くの編集者の戦略や原稿依頼も考慮に入れなくてはならない。

これらの作者たちは、概して、文化的・社会的に大きな名声を得ていた著名人であった（無名の人々の回想録刊行の時代はまだ到来していない）。彼らのなかには、アンドレ・ド・フキエール、クレオ・ド・メロド、アンドレ・ヴァルノー、モーリス・シュヴァリエ、モーリス・ドネ、ロラン・ドルジュレス、アンドレ・ビリー、フランシス・カルコといった、ベル・エポックの主たる「聖像《イコン》」さえも見出せる。彼らの全員、あるいはほとんど全員が芸術家、作家、ジャーナリスト、大社交家、貴族または上流社会《ハイ・ライフ》の著名人といった、「パリ風の生活」の重要人物であった。このようなパリ、サロン、文化的な界隈といった過剰な表象は、その時代についての想像物を長期的に特徴づけ、安楽な生活、ショー、芸術がみなぎる時代という印象を強めることになった。政治的・社会的な出来事を想起させるようなテクストは稀で、出来事のエコーが微かに届くだけである。これらの数千ページにわたる文書を読むと、あたかもすべてが、次の二つの社会領域に分裂しているように見える。一方は、モンマルトルとカルティエ・ラタンの自由奔放な生活をするボヘミアン、文学青年、芸術青年で、他方はショーと社交生活を享受する上流社会の人々であり、これら二つの社会領域を時として高級娼婦が結びつけている。これらの全体から浮かび上がってくるのは、この世紀初頭を、いくつかの独特の特徴を備えた文化的生活の模範的時期とする、信じられないような光景である。

第一の特徴は、とりわけ文学および芸術の領域にあったかつての青年たちから出てくるもので、パリの変容によって生まれたきわめて苦々しいノスタルジーである。そのモチーフは、一九三〇年以来くすぶっていたが、大戦後に激化する。人々はとりわけモンマルトルの喪失を嘆いた。「亡きモンマルトル！」と、レオン＝ポール・ファルグは一九三九年にすでに記していた。それ以降、喪失感が一般化し、「村のようで田舎臭いあのパリ、庭園と果樹園のあいだ、空き地と瓦礫のあいだを歩き回ったあの場所」がすっかり失われたと記された。[*14] それとともに、これらの回想録がこぞってかつての栄光を称えていた象徴的な場が消え去ったのである。まず、ラヴィニャン通りの芸術家や作家の集合住宅であったバトー・ラヴォワール〔洗濯船〕には、アポリネール、ピカソ、ヴァン・ドンゲン、マックス・ジャコブらが暮らし、一九〇八年にはルソーの夜会〔税関吏ルソーと呼ばれた画家アンリ・ルソーの天才を祝ってピカソが開いたパーティ〕が催された。それが今日では、「もはや残骸、幽霊船でしかない……」とヴァルノーは悔やむ。[*15] さらに、アンドレ・サルモンが「村の宿屋」と呼ぶル・ラパン・アジールは、フレデリック・ジェラールと彼のロバのロロが最盛期を切り盛りし、ごろつきや娼婦たちと「交わることなく」[*16]すれ違っていた場所であった。さまざまな通り、袋小路、商店、デュフィやシュザンヌ・ヴァラドンの息子ユトリロが居住したコルト通り一二番地のミミ・パンソンの家もまたそうである。この地区はもはや存在しない、とすべての作者が嘆く。この地区は、立地条件のおかげで古い景観が保たれていたが（辻馬車は馬を「疲労させる」ことを嫌ってこの地区に昇っていくことを渋った）[*17]、それがいまや毎日大量の観光客を放出する「自動タクシー」に損なわれ、代わりにナイトクラブのモンマルトル、万国博のアトラクション、都会を訪れる地方出身者にとっての一種のモン・サン＝ミシェルのようなものになった。[*18] 街頭、建物、「アベイ、ゼリス、ラジュニ、ヴェイリュックの壁画のあるル・キャピトール、ル・ロワイヤル、ル・ピガール、ル・ラ・モール、ル・モニコ、エル・ガロンなど、老舗のナイトクラブは相変わらず同じ場所にあり、変化したのは客のほうなのだ」[*19]。愛した場所が遠ざかったり、なくなったことを諦めることすらできない激しいノスタルジーはそれでも、時間の不可逆性に立ち向かわねばならない。

モンマルトルほど評価されることはなかったが、カルティエ・ラタンも、文学的な社交性《ソシアビリテ》、つまり作家たちの小さな集まりや夜会の場を提供していたカフェがあったがゆえに輝いていた。ジャン・モレアスが君臨していたカフェ・ヴァシェット、タベルヌ・ローレーヌ、それからジャリやメルキュール社の編集者たちが陣取っていたラ・クロズリー・デ・リラ〔モンパルナスのカフェ・レストラン〕である。人々は、ちょっと立ち寄った有名人に出会うため、友人たちと再会するため、伝言やデッサンを置くためにそこにやってきた。アポリネールとサルモンが創刊した『ル・フェスタン・デゾップ〔イソップの饗宴〕』誌のグループは、クリスティーヌ通りのブラッスリーで会合を開き、次にサン＝ジャック通り二四四番地のサルモンの家に移った。芸術・文学雑誌『ラ・プリュム』のグループは、ソレイユ・ドールの地下酒場で週一回の夜会を開いていた。「この地下酒場? サン＝ミシェル通りの、そして同名の河岸沿いの道路の角にあるビストロの、改造さえされていない地下蔵だ」[20]。ヴァルノーの説明によれば、左岸には詩人たちがおり、モンマルトルが好きではなかったアンドレ・ビリーが好んだのもそこだった。しかし、これら二つの空間は結びついていた。フランシス・カルコが見てとっていたように、この都市は実際モンマルトルからカルティエ・ラタンまで広がっており、したがって、パリの横断が容易にできた。「私がパリで過ごした最初の冬からの習慣で、カルティエ・ラタンやモンパルナスとモンマルトルの丘とのあいだをいつも定期的に往来していた」とアンドレ・サルモンは回想する。「地下鉄の南北線が利用者に供される前、私は南北間の往来を徒歩で行っていた」[21]。人々は、ラパン〔・アジール〕からラ・クロズリーへ、時折バスティーユからベルヴィルへと、街を横断した。これらの回想録作者は皆、とりわけ夜の散歩を好んでいたレオン＝ポール・ファルグに倣って『パリの歩行者』だった。一九一八年のアポリネールの没年に刊行された本のタイトルをもじれば、全員が「両岸の散歩者」だったと言ってよい。途中、人々は大通りで立ち止まる。大通りは、「あの時代には、確かに過去の栄華をすでに失っていたが、それでも大通りであった。今のような外国人の溜まり場ではなかった」[22]。そこには、カチュール・マンデス、ジャン・モレアス、アンドレ・サルモン、アンドレ・ビリーらが頻繁に通ったカプシーヌ大通りのル・ナポリタンなど、いくつかの良い店もまだあった。また新聞社の編集部もそこにあり、ネタを売り込みに来る者が大勢詰めかけていた。一時『ジュルナル』のコラムを担当していたドルジュレスも、『コメディア』の美術文芸通信欄に毎日投稿していたヴァルノーも、大通りを隅々まで識り尽くしていた。

しかし都市が葬られたというのは、たいていの場合口実にすぎない。人々が探し求めるのは、失われた友情や恋や、自分たちの青年期を満たしていた親しみのある人たちである。ドルジュレスが説明するように「私が『ボヘミアンのブーケ』を紐解いたのは、この本で取り上げた画家、作家、喜劇俳優、挿絵画家や何でも屋のヘボ絵描きといった八〇人の青年たちが、(大戦の人的損失を考慮に入れることなく) その後どうなったかを探るためだった」[*23]。したがって、失われた都市におけるこうしたノスタルジックな散歩は、早くも亡霊探しに変転することになる。ヴァルノーは『モンマルトルの丘の人々』で、彼が到着した時に出会ったモンマルトルの多種多様な人々を描いている。人物描写は尽きることがない。ジュアン・グリ、ヴァン・ドンゲン、ピカソ、ジャック・ヴァイヤン、アンドレ・サルモン、マックス・ジャコブ、マック=オルラン、ブラック、ドラン、ヴラマンク、マティスといった、若い頃の仲間だった芸術家、詩人、作家の人物描写である。このようなラインアップはもちろん彼らを称賛するものだが、このような交友関係を自慢する人々を大きく見せもする。また、いくつかの回想が恨みも抱かせ、実際に起きたことを否定するようにし向ける。ジャーナリズムも変化した。アンドレ・ビリーはこう不満を漏らす。「われわれは、従業員、公務員になってしまった。ジャーナリズムは、読者の考えでは堕落し、威信を失ったのだ」[*24]。失われた友人や時に対して捧げられる崇拝の背景には、時折、老いゆく者に特有の悲嘆、現在に対する無理解、苦く気難しい反応が感じられる。「文芸に関して純粋、無邪気、ほとんど処女、童貞であることは、きわめて美しい。おかげで容易に夢中、寛大になるし、とりわけそうなったし、そうなることができたのだから」とアンドレ・サルモンは記す[*25]。

というわけで、〔回想録の〕各ページににじみ出るのは、失われた青春、つまり無頓着さ、軽快さ、恋、生きる喜びである。「われわれは、この本が対象とする時代には皆、とても若かった」。戦前に『ル・プティ・パリジャン』の芸術部の編集長を務めたマックス・アギオンはこう記す。[*26] アンドレ・ヴァルノーは、一九〇二年にモンマルトルに到着した。このとき一七歳で、画家になるという確固とした目的をもっていた。[*27]「私は、失われた青年期を懐かしむ」とアンドレ・ド・フキエールは率直に告白している。[*28] 永久に消え失せたと思われるだけに、皆がいっそうの哀惜の念を込めて、恋と浮ついていた時代を思い出す。「恋と女たちについてしか考えなかった」というドルジュレスは、彼のさまざまな出会い、恋愛遊戯、既婚の女性を迎えるために借りた独身男性用のアパルトマンを思い出す。そして二〇歳の頃に楽しんだように、また楽しむのだ！ たとえば、自称イタリア人画家ジョアキム＝ラファエル・ボロナリのものとされる、ほとんど知られていない未来派の絵画《アドリア海に眠る太陽》についての何度も繰り返される話がある。この作品は、アンデパンダン展で展示されたが、実際は、フレデ爺さんのロバの尻尾を筆に結びつけて描かれた！ 彼らがものにした女たちと同様に、この子供っぽい悪戯を想起することで、これらの年老いた芸術家たちは無頓着、生きる喜び、創造的エネルギーといったあらゆる色彩で奇跡的に彩られた、青年期の失われたパリに舞い戻る。

　貴族と社交界の大物も回想録を書いて、この記憶のうねりを同じくらい膨らます。しかし、パリのほうに向けるのは、よりぼんやりした眼差しでしかない。一方、喪失を確認する場合となると、その対象はより深刻な様相を呈する。彼らからすると、救うべき記憶の対象はひとつの階級、ひとつの社会、つまり、国家から追い出され没落の途上にある「上流社会」だった。貴族たちのサークルのキーパーソンで、オルレアン公と近しく、一九〇〇年の大夜会主催の中心的存在であったアンドレ・ド・フキエール。

彼こそはおそらく、この没落感と、これに対処する緊急性を最もよく伝える人物であろう。国家から教会と貴族階級を排除した共和国は、彼から見ると主犯であり、第一次世界大戦がとどめを刺した。彼が説明するには、終戦を迎えると上流社会は「財産もろとも消え去っていた」[*29]。ロベール・ド・モンテスキューというもう一人の「一九〇〇年の君主」の表現によれば、彼らの「消された足取り」の跡のなかにこそ自らを位置づける必要があり[*30]、したがって「威信、エリート、伝統、礼儀」といった忘れられた言葉にこそ[*31]、意味と威厳を取り戻させることが必要なのだ。世紀初頭を特徴づけたサロンの隆盛は、彼からすれば、卑俗な体制のせいで格下げされた国の威信の欠乏を埋め合わせることを狙っていた。ところがどうだろう。一九〇〇年代の黄金時代の勢いを取り戻すことに努めている現在の波は、フキエールからすると、「芸術家、とりわけ女優と男優、スポーツ選手、娼婦、政治家を優遇する」ことで甘んじる。「しかし社交界は、重大な役割を果たしていたのであり、この点が無視されているように思われるので、この社交界の生活のいくつかの側面を描くことが私の目的である」[*32]。

こうして彼は、ベル・エポックにおけるサロンの華やかなりし時代の歴史編纂者として回想録を書き、出版する。そこからは、これまで見られなかったようなパリの地図が浮かび上がってくる。社交生活の舞台を探索するための地図であって、大通りや繁華街は等閑に付す。代わりに取り上げるのはド・ロワヌ夫人、ユゼス公爵夫人、トレデルン子爵夫人、フィッツ・ジェームズ伯爵夫人の各々の邸宅であり、さらに上流社会の特徴を具えた約十名の大サロンの女主人たちの邸宅が加わっている。ボヘミアンの一覧と競合するような、もうひとつの人物描写の一覧が出てくる。そこで主要な人物として挙げられるのは、サガン公爵、ポリニャック公爵、リュイヌ伯爵夫人、グレフュール伯爵夫人、カサッティ侯爵夫人、そしてもちろんボニ・ド・カステラーヌである。ド・フキエールは、「父祖からの伝統に基づく本拠地に留まることに腐心する上流社会」[*33]の逸話を数多く紹介しつつ、芸術であれ、文学であれ、自動車であれ、航空術であれ、ベル・エポックの近代性と上流社会とが密接な関係をもっていることに忘れず触れる。

だが、それほど戦闘的でない他のいくつかの回想録も、危機に瀕したひとつの世界を救うという同じ欲求を表明した。パンジュ伯爵夫人であるポーリーヌ・ド・ブロイの回想録はいささか後年に描かれたものだが、彼女もまた、最も若い人々にとって「ベル・エポック」が何であったかを伝える年代記作家となった。[*34]彼女の話はより個人的なもので、とりわけ社交界へのデビュー、結婚、家族的・社会的行事など、さまざまな儀礼に特徴づけられた生活様式を紹介している。その一方で、慣例に導かれるまま、系譜、遺産、受け継がれた価値観の重要性も強調する。[*35]しかし彼女の場合、祖先崇拝は独特な様相を呈する。実際、スタール夫人の子孫であるポーリーヌ・ド・パンジュは、その生涯の大半を、著名な高祖母の政治的・文学的業績を誉めそやすことに費やす。[*36]ただし、当時の他の回想録作者と同様、彼女の話もまた、独特な時代を称えずにはおかない。慣習と伝統に押し潰されず、新奇なものの魅力に取り憑かれていることを平然と示しているのだ。新奇なものとはすなわち、海水浴の普及、自転車の発見——自転車は体面上、城の庭園でしか乗らなかったが、それでも大きな自由をもたらした——、さらに、絵画、工芸、家具、装飾といった近代芸術の重要性のことである。おかげで彼女の回想録は、幸福と文化的革新の時代をともに称える他のすべての回想録に連なっている。

時として、名や階級の名誉を守ることが問題にもなった。クレオ・ド・メロードは一九〇〇年の高級娼婦の大物の一人としてきわめて頻繁に紹介されるが、その回想録の大部分は、ベルギーの古い貴族の家系のオーストリア系統を出自とするクレオパトラ＝ディアーヌ・ド・メロードという自分の名と、もちろん自分の貞節を弁護することを目的としていた。この八〇歳の老婦人は一九五五年に、「自分の人生のめまぐるしさ」を振り返り、ベルギー王レオポルド二世との親密な関係にまつわる「作り話」や、かつてのおそらく最も執拗な噂のひとつであった「国王のお気に入りという根拠のない資格」を拒絶することに努める。[37] ちなみに社交界や高貴な生まれの人々のあいだでは各々、恥ずかしくも当時の高級娼婦たちの世界に結びつけられていたこの美貌で聡明なクレオの名誉を守ろうとする。アンドレ・ド・フキエールが言うには、「彼女はマキシムに一度も行ったことはなく、スキャンダラスな噂の中心になったことも決してなく、また快楽の世界に属したことも決してなかった」[38] のである。彫刻家ファルギエールが彼女をモデルにして制作したスキャンダラスな「裸体像」や、彼女の恋愛関係に関する悪意のこもった噂にもかかわらず、「魅力的だが穏和なクレオ・ド・メロード」はその美しさと才能の犠牲者でしかなかったと、彼女の回想録の執筆を助けたと自称するモーリス・ド・ヴァレフは述べている。[39]

しかし一九〇〇年代の「上流社会」についての回想録は、危機に瀕した階層の擁護や例証だけにとどまらず、「フランス生活の幸せで、輝かしく、優雅な時」、さらに主に「優雅さや社交界にまつわる事柄」を伝える。[40] すべて、あるいはほとんどが、『パリ・ミディ』を監修したモーリス・ド・ヴァレフと同様、「文士と女優」としばしば付き合い、[41] この「英雄的な」時代の文化生活が彼らの回想録の主要部分を占めている。ジョルジュ・ド・ロリスの『美しい時代《ベル・エポック》の思い出』がそうした思い出たりえているのはもっぱら、プルースト、レイナルド・アーンと交際し、ロシア・バレエを称賛しているからという理由による。[42] 劇場であれ、社交界の大夜会であれ、いくつかの貴族階級の大サロンであれ、そこでポール・ブールジェ、マルセル・プレヴォー、モーリス・メーテルリンク、ジョルジェット・ルブラン、ボルディーニとカッピエッロ、フェドー、ダヌンツィオ、トリスタン・ベルナールとしばしばすれ違い、マックス・ランデー、サン＝グラニエ、アベル・フェーヴル、さらにラ・ベル・オテロとさえ出会うことがあるからだ。〔エドモン・〕ロスタン、〔サッシャ・〕ギトリ、また〔ガブリエル・〕レジャンやサラ・ベルナールといった人物が牛耳る演劇は花形の活動であり続け、時折、熱狂のあまり地位や社会的帰属が忘れられる。より多様な顔ぶれの社交界の人々が、話題の初演に駆けつけ、街で夕食をとる。「このブールヴァール〔大通り〕のパリは、いくつかの万国博が最初に開かれたにもかかわらず、顔見知りだけの閉じた世界のままであった」とヴァレフは説明する。[43]「一九〇〇年万国博の火花が全社会層に点火した、目立ちたいという情熱」。[44] この情熱に取りつかれた幸せなこの狭い上流社会は、とりわけ流行作家に関する逸話と機知、エスプリの効いた言葉を糧として生きている。ガブリエル＝ルイ・プランゲの『三〇年間の街での晩餐』に意義があるとすれば、それは、彼がそこで語っている裏話のおかげである。[45] モーリス・ドネの日記『私は一九〇〇年を体験した』[46] では、アカデミー・フランセーズのメンバー選出の仕組みが多数の才気のある言葉の合間に暴露される。日記が一九五一年に刊行されたことは、この種の社交界の行事に対する読者の嗜好を示している。最悪なほのめかしの場合でも、語調はつねにきわめて適切であり続ける。性の問題は確かにそれぞれのページで滲み出ているが、暗示やほのめかしで包まれている。情事と高級娼婦の世界に関しても同様である。先に見たクレオ・ド・メロードは、そのような世界に属したことは一度もないと言い張り、彼女が「婚約者」に一目惚れした思い出話を慎み深く語る。

リアーヌ・ド・プジーのような、正真正銘の高級娼婦の場合でも、語り口はきわめて控えめで、一九一〇年以降、上流社会の扉を彼女に開くことになるギカ公との結婚をむしろ強調する。ポワレだけが、それほど留保を付けずに、アメリカ人歌手である愛人とのホテルでの逢瀬を打ち明ける。ナタリー・クリフォード・バーネイの回想録の多くのページを埋めている女性の同性愛に関しては、クレルモン＝トネール公爵夫人との長い関係にもかかわらず、実際の上流社会の周縁に位置する、ごく例外的なケースでしかない。

しかしながら、ボヘミアンと上流社会の人びとの回想録はひとつの決定的な点で一致する。それらはともに、幸福で、匹敵するもののない、ほぼ比較を絶した時代を称えているのだ。「何てパリ生活は幸せに見えたことだろう！」とモーリス・シュヴァリエは記す。[*47] これら二つの世界ははっきり異なっているものの、一緒になって、領域として快楽と無頓着、主義として芸術と文化を土台とするひとつの時代の表象を伝えている。表象としてのこの時代において生活は、名士や有望で才能ある青年たち、またそうなることとしか望まない者たちで満たされているように見える。いたるところに劇場、カフェ、娯楽、出会いがある。稀にしか悲劇的でなかったが、決闘もある。とりわけ、味わいのある逸話や、笑いを長引かせる機知に富んだ言葉で楽しませてくれた、輝かしい才能の持ち主がいる。「あぁ、美しい、陶然とさせる時代！」とド・フキエールは叫ぶ。[*48] これほどの活力、生命感、華々しさに満ちたページを読んだ後で、パリが「楽園」であったことを、いかにして一瞬たりとも疑うことができようか。良き時代、生きる幸せと喜び、美しい時代《ベル・エポック》。「ベル・エポック（la Belle Époque）と人々は言ったのでしょうか」とクレオ・ド・メロードは自問する。そしてこう答える。「ええ、そうですとも、美しい時代《ベル・エポック》（une belle époque）でした！ 並外れた時代でした！ 一九世紀末のように、思想の発芽がこれほど力強く、創造力がこれほど高揚した時代をかつて生きたことがあったでしょうか。科学が日々何らかの発見を成し遂げただけでなく、またすべての方面において進歩が大股で促進されただけではありません。思想と芸術のなかに、寛大な意思のうねりが生じ、あらゆる流れが混ざり合い、いかなる人間も無関心のままではいられませんでした」[*49]。この芸術・文化生活の強烈さに、シュテファン・ツヴァイクが「安全性の黄金時代」と呼ぶものが付け加わった。二つの大戦の恐怖を生き抜き、一九五〇年代の世界の上に脅威が累積するのを見ているこれらの男女にとって、安全性こそはおそらく貴重な財産であった。「人々は、絶えず不確実性のなかで生きていたわけではない。すぐそこに大嵐が迫っていたわけではなかった。人々は、予測不能な危険が肩にのしかかるのを感じなかった。人々は計画を立て、明日に向かって微笑むことができた。気ままに暮らせた」[*50]。

すべての回想録が特に確言するのは、この美しい生活が、社会のエリート層に限られたものではなく、広く共有されている点である。快楽は確かに多かれ少なかれ「各人各様」だったが、平和、繁栄、上機嫌は民衆層にも行き渡っていた。「一九一四年の戦争以前の時代にパリで暮らすことは何て快適であったことか！」とアンドレ・ヴァルノーはまとめる。「楽しもうという欲求が、すべての社会階層を活気づけていた。謝肉祭や四旬節中日〔四旬第三週目の木曜日〕といった民衆の祭りの際には、ベルヴィルの全住民、メニルモンタンの全住民がブールヴァール〔パリのマドレーヌ寺院からレピュブリック広場にいたるグラン・ブールヴァール〕までやってきたものだ」[*51]。また、一部の人々にとって生活はより苦しかったとしても、「全体的な印象は、豊かさと楽しさであった」[*52]。良き時代、美しい時代——つねに明示しているわけではないが「自らの人生の美しい時代《ベル・エポック》」であったものをなぞるこれらすべての回想録から放たれるメッセージとは、まさしくこれである。

「再現」の映画

他に例を見ないこの時代、フランス風の文化と生活様式の絶頂期と見なされるこの時代のことを、同じ頃、絶大な広がりをもったもうひとつの波が取り上げる。実際、すでに長きにわたって人気のある大媒体となり、また社会的な想像物の主要な供給元であった映画がベル・エポックを横取りし、ひとつの映画ジャンルに近いものに仕立てると、広範な客層の人気を集めるようになる。その現象は、きわめて大規模で、専門家や観察者の好奇心をそそる。驚きは外国にも広がった。あるイタリア人評論家は、この「ベル・エポック」に対するノスタルジアにどのような意味を与えるべきかと問い、この問題について一文を著している。*53 その他にも、『プリンセス・シシー』の連作に代表される、当時の「ウィーン映画」の流行と関連づけることを提案する批評家も現れる。

ただし、ベル・エポック映画は、まさにフランスのジャンルである。すでに見たように、この流行は、「ウィーン映画」よりも少し早く、終戦直後、ニコル・ヴェドレスの映画の成功によって引き起こされていた。一九四五年から五〇年代の末までに「一九〇〇年」の精神を保つ六〇作品以上のフランス映画が上映された。この数は印象的だ。フランスは当時、平均して一年におよそ一〇〇数点の映画を制作していた。すなわち、フランスの作品の約五%が「ベル・エポック」を主題としていたことになる！　これらの映画の一部は、権威ある監督、または堅固に名声を築いた監督（ジャン・ルノワール、マックス・

オフュルス、ルネ・クレール、クロード・オータン＝ララ、アンリ・ディアマン＝ベルジェ、サッシャ・ギトリ）によって制作された。それ以外は、将来有望であることが明白なもう少し若い人々による作品（ジャック・ベッケル、アンドレ・カイヤット、アンリ＝ジョルジュ・クルーゾー、ジャクリーヌ・オードリー、ジョルジュ・フランジュ）、さらにより商業的だが、大衆からの評価の高かった映画監督（マルセル・アブルケル、ジル・グランジェ、カルロ・リム、アンドレ・ベルトミュー、アウグスト・ジェニーナやその他大勢）[*54]によるものもあった。フランス映画界は当時、このジャンルにこぞって専心していたように見える。

もちろん、すべての映画が似たり寄ったりというわけではなく、映画の意図もしばしば異なっていた。とはいえ、それらのすべてが大衆に示していたのは、「歴史的」時代がはっきりと分かるように描き出す「当時の衣装による」再現映画であった。大道具も一目で時代が分かるものにして、ブルジョワの室内を、独特な厚いカーテンや彩色の施された壁紙、レース、カラフ、置物、安楽椅子で満たした。念を入れて、新聞、ポスター、年鑑、劇場のプログラムといった一九〇〇年代の小道具もすべて揃えた。細心の注意を払った衣装は言うに及ばない。批評家は全員一致して、この丹念な再現作業を称賛した。「ジャクリーヌ・オードリーは入念な仕事をした。彼女はベル・エポックの雰囲気を復元しうるあらゆるディテールを選択した」と、『放縦で無邪気なミンヌ』についてあるジャーナリストが述べている。[*55]『ボナデュー館』は、コルセットを製造する作業場を舞台とした一九五一年のカルロ・リムの映画だが、この「ボナデュー館」に家具を備え付けるために、古美術商、蚤の市へ行き、さらに個人のコレクションからも借り受けた[*56]」。

これらの映画の多くは、装飾に趣向を凝らす一方で、一九〇〇年代のブールヴァール劇や軽喜劇の有名なレパートリーを、しかも軽薄に翻案することで満足していた。最も人気があったのはフェドーやクールトリーヌ（『氏は狩りをする』、『マキシムの婦人』、『恋は足手まとい』、『七面鳥』、『アメリーを頼む』、『官僚たち』、『自宅の平和』など）で、メイヤックやアレヴィ、ド・フレールやカイヤヴェ、さらに『ザザ』を制作したベルトンやシモンも取り上げられた。モーパッサン、コレット、ミルボー、マリー、ルルー、また当時流行作家であったルブラン（アルセーヌ・ルパンの冒険は継続的に再刊された）といった世紀転換期におけるコントや小説の多数の作品もまた援用された。これら多数の作品の映画化は、しばしば独創性を欠いて制作されており、作者らはしばしば酷評された。「きわどいシーンの軽喜劇」の使い古しの紋切り型とブールヴァール劇のフランスびいきの精神を培う軽薄で「安直」、ときには嘆かわしい映画だというのだ。映画ファンから厳しい非難を絶えず受けるのもこのせいである。「脚本の不在、地方周りのセールスマンの冗談、鼻持ちならない歌手や喜劇役者、駆け出し女優か無名スターの瞬間的な半脱衣シーン。これらがこのジャンルの映画における通常の材料であり（「スパイス」とは言うまい）、フランスの健気な陽気さの伝統を維持している」というのが『ポジティフ』の記者の弁である。[*57]「一九〇〇年の時代、物憂げなワルツ、辻馬車、糞のにおい、〔婦人帽の〕ベールで顔を隠して不義のポルトワインを味わう、コルセットでギュッと腰を締めつけたエレガントな女性たちは、映画の業界人らを魅了し続けた」と、それほど辛辣ではないが、一九五四年に『レクスプレス』の批評家は記している。[*58]しかし、こうした映画の増殖には擁護者もいた。彼らが評価していたのは、それらの庶民的な「性格」、「お人よしの様式」、「一九一四年のベル・エポックの雰囲気」である。[*59]

脚本と筋立ては、当然型どおりである。すべて、あるいはほとんどすべての作品がパリを舞台とする。いかにしてそれ以外の設定にできただろうか。田舎は、休暇や田園生活への回帰などいくつかのシーンを除いて出てこない。ルノワール監督による『小間使の日記』のノルマンディーの村やルネ・クレール監督による『大演習〔夜の騎士道〕』の舞台である駐屯地の町（しかしこの映画のヒロインはパリジェンヌで、離婚経験があるが、彼女の登場から物語が始まる）を除けば、地方は何かの弾みでしか現れない。また、『ミケットとその母』のように地方を舞台に始まる場合があるが、その場合でも、すぐに首都へ「上京」するのであり、首都の外で認められることは不可能だったのである。つまり、都市といえば、ほぼつねにパリだった。リシャール・ポティエの映画における『ラ・ベル・オテロ』のニューヨークの冒険は、彼女のパリでの成功の延長線上にあるだけである。ウィーンについては、マックス・オフュルスの『輪舞』やピエール・ガスパール＝ユイの『クリスティーヌ〔恋ひとすじに〕』で描かれているが、ウィーンはベル・エポックのもうひとつの首都ではないか。それに、パリにいるのではないかと人は思ってしまう、とあるジャーナリストは記している。「一九〇〇年のウィーンを舞台にしている、このくだらないと同時に深みのある永遠のストーリーは、大道具と言語を別にすれば一九〇〇年のパリが舞台であってもおかしくないだろう[*60]」。

パリは、これらの映画のすべてにおいて中心的位置を占めたが、もっとも、それは不変のように見えるパリであった。「これが世紀初頭のパリ、もちろんわれわれのパリである。ご覧の通り、その外観にかかわらず、何も変わらなかったのだ」という台詞でアンドレ・ベルトミューの『夫婦喧嘩』は始まる。モンマルトルをテーマにしたストーリーに出てくるパリとそっくりそのまま、庭園、マルヌ川の岸辺の酒場、園亭に置かれたテーブルを保存し続けることのできた人間的なサイズの都市なのである。この点で典型的なのは、ジャック・ベッケルの『黄金の兜〔肉体の冠〕』の最初の数ショットで、いかにもパリ風のこの映画はマルヌ川沿いの小型船上のパーティで始まっている。「モンマルトルはといえば、正真正銘の村である。朝、目覚めると、田舎に来ているのではと錯覚してしまう」と、マキシムの著名人であるアンリ・ヴェルヌイユは宣言する。パリ生活とは、とりわけ劇場、マキシムのように粋なレストラン、庶民的なお祭りやダンスホールであった。それは無頓着、軽快さ、娯楽で形成されていた、と『夫婦喧嘩』の冒頭の資料映像に付されたナレーションが説明している。「一九一〇年。今日われわれが好んで用いる表現ではベル・エポック。あの民衆のお祝い、あの謝肉祭の行列、あの壮麗で滑稽な山車、あの美女のなかの美女。皆すべて、共和主義者として無頓着に生きるシンボルであった」。

もちろんこの理想的な都市には、上流社会《ハイ・ライフ》の社交好きや有閑人の上手な交際やいつもの軽薄さを見出すことができる。ジャック・サドゥルは、マックス・オフュルスの『たそがれの女心』の背景と筋立てを、次のように短い言葉でまとめている。「これぞ「ベル・エポック」。サロンの時代だ。社交界の大会合では、パリの最も美しい女性たちが皆輝いている。機知と美しさがそこでは支配者だ。生活がワルツのリズムに乗っているように見えるきわめて優雅な人々だ[*61]」。「ベル・エポック」はそう呼ぶだけで、場所、時、そしてそこに宿る社会を描写するのに十分なのだ。王たち（『ザザ』）、王子たち（『フレンチ・カンカン』）、男爵たち（『ミンヌ』）、公爵夫人たち（『エレナ』）、伯爵たち（『雌鶏たちの学校』）、子爵たち（『それがパリ生活だ』）、侯爵たち（『ミケットとその母』）であふれるパリである。彼らの向かい側で民衆層はほとんど存在感がない。それに民衆層といっても、もちろん召使いを除外すれば、労働者であることは滅多にない。召使に幾人かの御者、洗濯女、兵士、役人を加えると、この社会学的描写は完成してしまう。民衆層のなかでも最も頻繁に登場するのはむしろ社会の周縁に生きる軽犯罪者（『黄金の兜』）か娼婦である。娼婦には続けざまに客を取る淫売婦、さらに真の上流社会《モンド》との界面の役を果たす「半上流社会《ドゥミ・モンド》」の高級娼婦がいる。高級娼婦が出てくるのは、酒池肉林と夜食を取る者たちの陽気な世界での、宝石と日傘とマフと長手袋とシガレットホルダーの狂乱の場面である。逆に、歴史的な著名人が、不在ゆえに輝きを見せる。スクリーンに現れるのは、ゾラ、マリー・キュリー、ジョルジュ・メリエス、アルベルト・シュヴァイツァーくらいだ。というのも、「歴史的」なプロットや展望は、国際的な緊張と陰謀を告げる漠然とした言及を除いて、きわめて稀であったからだ。ギトリのように簡潔に〔ドレフュス〕事件を喚起する者が幾人かはいる。ルノワールは、『エレナ』のなかでブーランジェ将軍の事件をざっと取り上げるが、そこに趣きを添えているのは、この事件の性格を歪めてしまうラブストーリーのほうだ。『バチカン裁判』における聖テレーズのエピソードをのぞいて、宗教も同様に描かれていない。また『アルベルト・シュヴァイツァー』や『ザザ』におけるアルジェリアへの簡潔な言及を除けば、とりわけフランス植民地も描かれていない。フランスがインドシナから一掃され、アルジェリア戦争やフランス連合という虚構の泥沼に嵌っていた時であるだけに、こうした省略は意味深長である。「英雄的な」植民地時代の過去の思い出を「ベル・エポック」のなかにあえて探そうとすることすらなかった。映画のねらいは、大衆と芸術と社交界の無頓着さを見せつけることを優先させ、政治的な解釈の対象となりうる微妙な問題を封じることであるように見える。「それはブールヴァール劇のようなものであり、魅力的で、軽快で、たわいなく、流行遅れでしかなかった」とミシェル・デュランは、一九五五年五月三日の『カナール・アンシェネ』のなかで手短に述べている。大通りの小型ランプ、ブローニュの森へと向けて出発間際の辻馬車や小型馬車、大衆歌謡からなる人工的な雰囲気である。軽音楽や映画音楽の大御所のジョルジュ＝ウジェーヌ・ヴァン・パリスは、『フレンチ・カンカン』のために「不実女の哀歌」、『ボナデュー館』のために「モンマルトルの丘」を作曲した。もっぱらうわべだけ飾り立てた処世術と古めかしいエレガンスを称え、偉そうに軍服を着た男性を見かけただけで年頃の娘がぼーっとなる想像物。再開してまもないムーラン・ルージュはこのような想像物の最良のシンボルであり続ける。軽喜劇や色好みが気の利いた言葉で回顧的な幻想を育んでいたのである。[*62] 一九五五年の恐慌と戦争〔アルジェリア戦争〕の只中にあったフランスは、復活する可能性を示すものが何もない過去の豊かな快楽に思いを馳せ、そうすることで活力を取り戻すのである。

それゆえ、政治家、知識人、映画愛好家は、「パパ好みの古めかしい映画」、安易で、金儲けだけを目的に作られる作品に辛辣な批判を浴びせる。折から「トルコ青年団〔急進的な若い映画監督・小説家たち〕」の熱狂が「ヌーヴェル・ヴァーグ」〔一九五〇年代末に始まったフランスにおける映画運動〕を予告する。ある批評家は次のように自問する。「われわれは繰り返し問う。古いものであるという取り柄すらなく、フルフルと、型にはまったシャンソンしか許さないような過去のなかに、フランス映画が間違って迷い込むのはなぜか」。[*63] ジャン＝ルイ・ボリはいっそう手厳しい。「八方塞がりだ。映画制作者たちは、消化不良によって、この軽率で腹立たしい時代を重々しいものにすることに成功するだろう。想像するのも忘れるのも早い連中が軽薄であれと望む、この世紀末を苛立たしいものとすることにも」。[*64] 共産主義の活動家たちは、より温和だったわけではない。「それは、感傷に浸ったままの古い貴族の何人かの老婦人の関心を惹くことはあるかもしれない。ビヤンクールの冶金工やルエルグの農耕民を熱狂させるかというと、それはほとんどありえない」[*65]。唯一、「パトロン[*66]」と見なされたルノワールだけが、最も辛辣な批判を免れていた。とはいえ、『フレンチ・カンカン』を批評家たちがこぞって称賛したわけではない。「商業的な映画……、それ以外には野心のない娯楽映画」と、『ポジティフ』は記している[*67]。

とはいえ、この「無味乾燥」で一面的な映画作品のただなかに、いくつかの新機軸といっそう批判的な意図が隠れている。女性の人物像や運命に焦点を当てた数多くの映画、「フェミニスト」的なモチーフが顔をのぞかせる。社会的混合を助長する、不釣り合いな結婚や恋人を頻繁に替えること、寝取られた夫や婚姻外の恋、既存のルールに違反する赦されない恋といったモチーフである[*68]。『オリヴィア〔処女オリヴィア〕』のストーリーは若い女性たちの寄宿舎を舞台にしているが、そこにはいくつかの女性同性愛のシーンが散りばめられている。また『シェリ』にも「違反的な」主題がないわけではない。女性の映画監督はジャクリーヌ・オードリーしか見当たらない。しかし、彼女は姉のコレット（『オリヴィア』の脚本家）を介してシモーヌ・ド・ボーヴォワールと親しく、この時期に六本の作品を制作した。これらの作品はどれも、一九四九年の『第二の性』の刊行に影響された一九五〇年代の女性解放運動を取り巻く情況を描いている。政治的態度をこの上なく明確に示す映画監督だったジャン・ルノワールは、一九四六年の『小間使いの日記』、一九五四年の『フレンチ・カンカン』、一九五六年の『エレナと男たち〔恋多き女〕』といった当時制作した「ベル・エポック」の三部作では闘うのをやめたとしばしば批判された。輝かしいかもしれないが、安直で政治的射程のない作品群だというのだ。とはいえ、これらの作品が演出している「ベル・エポック」は薔薇色のヴィジョン（対立が一時的なものとして表現され、唯美主義的に扱われる快楽、愛、生きる喜びの時代）と、ナショナリズム、反ユダヤ主義、社会的闘争といったいっそう黒いイメージのあいだの強い緊張関係の場である。[*69] ルノワールが『小間使の日記』で描いたのは、憎いブルジョワジーの支配や、父ラレーヌ、モジェ、フランソワという三人三様の男性たちの支配など、あらゆる支配に対するセレスティーヌの反抗である。セレスティーヌが、殺人者、ナショナリスト、反ユダヤ主義者であるフランソワからの援助を受け入れたのは、七月一四日の人民の祝祭的な雰囲気のなかで集う共和主義者の群衆に彼を好餌としてよりうまく与えるためだった。ヴィシー政権のフランスの価値観をこれ以上きっぱりと拒否することは困難だったのだ。『フレンチ・カンカン』は、ベル・エポックについて、モンマルトル、カフェ・コンセール、賑やかで陽気なパリ、文化産業など、いっそう型にはまった想像物を提供している。しかしこの映画は、文化と処世術の民衆的な形や、日常生活の官能的な快楽をも褒め称えている。当時の幾人かの批評家たちは、「ジャン・ルノワールのサイン付きの、過去へのノスタルジーと生きる喜びとのこの混合」[*70]に敏感であった。その一方で『エレナと男たち』のテーマはより曖昧である。それは、軽喜劇の観点からブーランジェ事件を見直したものであるが、恋愛がこのような役割を担う国は、独裁体制に対して免疫になることを証明しようとしているように見える。しかし政治的メッセージ以上にルノワールは、歴史的復元を超えて絵画的耽美主義と極端な軽喜劇を介して映画の青写真の一形態を得ようと努めたのである。数年後にルノワールはこう説明している。「もし、いつかわれわれが映画において、コンメディア・デッラルテ〔一六世紀にイタリアで興った仮面喜劇〕の様式のようなものにたどり着くならば、選択すべき時代、唯一の時代、外的な真実にこだわらなくても構わない時代、選ぶべき良き時代は、まさしく一九〇〇年の時代でしょう。本当に私は、一九〇〇年を舞台としているすべての映画をこのように見ています」[71]。

こうして制作された映画のなかで真に型破りの唯一の映画は、一九五二年にジャック・ベッケルによって撮影された『黄金の兜〔肉体の冠〕』である。ストーリーは、ベル・エポックの最も派手な伝説のひとつ、街娼の女王の美しい瞳をめぐるゴロつきの集団間の勇猛果敢な闘いの伝説から想を得ていた。ごろつきの一味が、街娼の王女をただ喜ばせるために行った壮大な物語である。この事件は、万人に知られていた。デュヴィヴィエが戦前、映画化しようとしたし、クルーゾーとアレグレもその直後に続いた。戦前、ルノワールの助手だったベッケルも、この三面記事的な出来事の「性的魅力」とほぼ民間伝承的な側面に惹かれた。「『黄金の兜』のなかで最終的に私を魅了したのは、ある種の絵画的な側面です。私は、この映画のうちに、私たちの幼少時代に刊行されていた『ル・プティ・ジュルナル・イリュストレ』の古い色付きの絵に相当するものを取り入れたかったのです」と、彼は一九五二年にジャック・サドゥルに説明している[72]。したがって、この映画は、型通りで、感傷的で、絵画的なベル・エポック作品の同類とも見なしうるものだった。ちなみに、何人かの批評家たちはこのことで彼を非難している。しかしながら、ベッケルは力点をずらし、予想を裏切った。ベッケルが選んだごろつきの衣装は、一九〇二年に『ル・プティ・ジュルナル』が広めたハンチングをかぶった不良少年たちのイメージというよりむしろ、一九二〇年代の暗黒街を想起させるものである。マンダをいみじくも「労働者」として描いたことから、ごろつきたちの閉鎖的で禁じられた世界を強調する通常の表象からも距離を置いていることがわかる。また、ベッケルが独自に付け加えた、マンダの脱走と『さくらんぼの実る頃』のメロディーをバックにした死刑執行のシーンは、三面記事的な出来事の意味を政治化するとともに、変容させるものである。つまり、色彩の拒否や自然主義的な美意識の選択にいたるまで、すべてが、時流に逆らう映画を提示するために、またいずれにしてもこのような物語に期待されるベル・エポックのイメージとは距離を取るためになされているように見える。映画が公開されたとき、ほとんど成功しなかったのはこのためだった。「もちろん、彼がひとつの時代を蘇らせるからと言うのではない。彼がそれを面白半分で描写しているだけだからだ」と、『カイエ・デュ・シネマ』の記者は記している。*73

あまり知られていないが、型にはまらない映画は他にもいくつかある。それらは、この一九〇〇年ブームに関し距離を置き、より批判的で、一部パロディ的な視線を送っている。アルフレッド・ロードによる一九五四年封切の『これがパリ生活だ』を構成する二つの短編は、世紀初頭の道徳と一九五〇年代の道徳のいずれもが同一の社会的タブーに貫かれているにもかかわらず、両者を対照的に描くという手筈を明かしている。その二年前の一九五二年に封切られたルネ・クレールの『夜ごとの美女』は、いっそう明瞭である。貧しく、成功を収めていないある若いミュージシャンが眠りのなかに逃避し、夢によって、成功と愛が待ち構えている世界に導かれる。そうだ、一九〇〇年だ！　彼はカフェのテラスでふんぞり返る。


「あらゆる時代のなかで最も美しい時代《ベル・エポック》に乾杯させてください！」

「若いお方、あなたはどの時代について話しているのでしょうか？」

「いや、あの時代ですよ」

「あなたは一九〇〇年を美しい時代《ベル・エポック》と呼んでいるのですか？　起きたことをすべて含めてですって！　犯罪、

新税、戦争の足音、それだけなんですよ！　何て酷い時代でしょう！」
「まったく、あなたは何もご存じない。最も美しい時代《ベル・エポック》、それは私の青年期です。一八三〇年のルイ＝フィリップの時代について話してください。金利生活者が金利の上がるのを見て喜ぶ、何と良い時代だったことでしょう！」

こうして主人公は、夢のなかで、一八三〇年、革命、一七世紀という、いっそう古い時代へと導かれ、最後にもちろん幸福なのは自分の時代であることを理解する。

以上の数例はかなり特殊である。したがって、制作された映画の大半は距離もおかず批判もせずに凱旋するベル・エポックの無頓着で軽快なイメージを念入りに作ることで満足しているのを忘れてはならない。映画史上、ベル・エポックものが長期にわたり大量に制作されたことを説明する理由は多数ある。第一に、フランス式軽喜劇の無尽蔵とも言えるストックから容易にネタが得られたこと。それに軽喜劇なるジャンル自体も流行していた。フレールとカヴァイエ、もちろんフェドーも再発見され、幾人かの演出家が、彼らの作品を現代風に作り変え、認知しようと努めた。一九四八年に、マリニー劇場でジャン＝ルイ・バローによって上演された『アメリー〔にご執心〕』は、コクトーとスーポーを熱狂させた。一九五一年三月、ジャン・メイエールが、『七面鳥』をコメディー・フランセーズで上演する。映画化も同じ方針で進められた[*74]。次に、監督たちの年齢も考慮に入れなくてはならない。というのも、彼ら自身、自分が二〇歳の頃の現実の、あるいは空想上の時代を思い起こすからである。ルノワールは一八九四年、ベッケルは一九〇六年、オフュルスは一九〇二年、ギトリは一八八五年、クレールは一八九八年、リムは一九〇五年生まれである。自分の二〇代を思い出すのが観客のほうなら話は別だ。「もしあなたがたが五〇代であれば、『気ままな生娘』を観に行きなさい。そこであなたがたは青春時代のいくらかの思い出をおそらく見つけるでしょう」とあるジャーナリストが記している。[*75] さらにまた、ベル・エポックを映画化することは映画の揺籃期を称えることでもあった。一九五五年に、映画の生誕六〇周年が祝われていたのだ。すでに二年前、フランジュは『偉大なるメリエス』の思い出に敬意を表した。大戦直前の年代にヒットしたノンストップで急テンポの冒険譚シリーズを模倣したベルナール・ロランとレモン・ルローの『理想的なカップル』のように、映画の揺籃期への目配せは稀ではない。

結局のところ、これらの映画は、世紀初頭に関する他のあらゆる表象と同様、一九五〇年代の困難な状況に負うところがある。ベル・エポックは、歴史の解毒剤という役割を自らのものとして二〇年間担い続けた。このきわめて「輝かしい」過去、幸福でかつ国が偉大であった時代とよりを戻すことは、励みをもたらさずにはいなかった。「栄光の三〇年」という表現が、第二次世界大戦に続く時代にニュアンスなしに適用されたが、それは、フランスが当時直面したさまざまな困難の広がりを覆い隠した。[*76] 社会不安、一九五四年にピエール神父が告発した恒久的な貧困、政体の不安定さ、止まらない国際的後退、冷戦がもたらす不安、そしてとりわけアルジェリアで再発した戦争などの難題が実は山積していたのである。映画制作者と観客は、共感できる軽妙な過去というカードを出していた映画に、大したリスクを負わずに賭けることができた。『輪舞』のナレーターは次のように指摘する。「一九〇〇年です。着替えましょう。私たちは過去にいるのです。私は過去が大好きです。現在よりもはるかに安らぎがあるからです。また将来よりもはるかに確実だからです」。『レクスプレス』の批評家は、ジャック・ベッケルの

『怪盗ルパンの冒険〔怪盗ルパン〕』を観た後で、同様の証言をいっそう明白に述べている。「一九一〇年代の生きる安らぎ［…］、戦争や革命から免れ、陽光に満ち、安穏で、優雅で、すべての女性が美しく、上流家庭の出身の不良たちのいる世界」[77]。サッシャ・ギトリが『パリ語りなば』において、気取りながらも、いらいらさせるような、また親しみを込めて発した次の言葉ほど、これを上手く表現したものはおそらくないだろう。「われわれはまさに喜びに満ちた二〇年間を生きた。英仏協商と仏露同盟は、フランスに大きな安らぎをもたらし、一九〇〇年の万国博は、ほぼその帰結のように思われた。フランスは世界中に、幸せな時の私を観に来てと言っているかのようだった」。

この言葉は、これを発するのがフランス映画界に限られないだけにいっそう明快であるように思われる。実際、映画の聖地ハリウッドからも、同様のメッセージが発せられている。ジョージ・キューカーが一九三八年に『舞姫ザザ』を[78]、マーヴィン・ルロイが一九四三年に『キュリー夫人』を撮影したとき、このメッセージの走りが感じられる。だが、重要な事柄は、まさに同じ年代にアメリカ合衆国で制作されたベル・エポック映画の驚異的な流行である[79]。一九五一年のヴィンセント・ミネリの『巴里のアメリカ人』から一九六三年のビリー・ワイルダーの『あなただけ今晩は』にいたるまで、当時、およそ一四本の映画作品がパリを目指す。これらの映画のうち、『ムーラン・ルージュ』、『サブリナ』、『炎の人ゴッホ』、『パリの恋人』、『恋の手ほどき』、『カンカン』は大成功を収める[80]。厳密に言えば、これらすべての映画がベル・エポックを舞台としているわけではなく、いくつかの場面は現在に設定されている。けれども、撮影所で撮った映像と自然の景観を無造作に混ぜ合わせて作ったモンマルトル、エッフェル塔、ムーラン・ルージュ、セーヌ河岸といった場所であれ、軽快、良きユーモア、ミュージック・ホール、恋愛など、パリ生活の特徴と見なされたものであれ、すべての作品が一九〇〇年代のパリの主要なモチーフとこれ見よがしに戯れる。たとえ、ヴィドック〔フランスの悪徳警官、一七七五～一八五七年〕の実話をもとに作られた『パリのスキャンダル』のように、ストーリーが一九世紀初頭に展開する場合でも、「パリジェンヌ」の姿形やキャバレーのシーンを取り入れるなど、ベル・エポックのいくつかの定型を取り込んでいる。ハリウッドから見れば、パリは永久に一九〇〇年の地平線に固定されているのである。登場人物がアメリカ人であっても、筋が一九五〇年に設定されていても、最終的にはつねにベル・エポックが顔を出す。もちろん、『ムーラン・ルージュ』、『炎の人ゴッホ』〔フランス版では『フィンセント・ファン・ゴッホの情熱の生涯』〕、コレットの小説を映画化した『恋の手ほどき』など、史実に基づいて過去を復元した映画もいくつかある。しかし、実のところ、これは大したことではない。混交様式の作品も同じくらい多数制作されるからだ。先述したウォルター・ラングの『カンカン』は、ブロードウェイのシューベルト劇場で大成功を収めた喜劇（一九五三年から五五年まで八九二回上演した！）に続くものだが、カフェ・コンセールの歌手である若い娘ピスタッシュの運命をたどる作品であり、音楽はコール・ポーター、主要登場人物はシャーリー・マクレーンとフランク・シナトラが演じた。しかしつねに舞台はパリである。このことはモーリス・シュヴァリエ、ルイ・ジュルダンやダリオといった多数のフランス人俳優の存在によって認証される。これらの親しみ深く、野心的な音楽映画は、長期にわたり、アメリカ帝国主義の表われ、すなわち大戦後に衰退したフランスに対する文化的支配の成果と見なされてきた。これらの映画は確かに、型通りでステレオタイプのモチーフを売り歩いているが、映画の祖国であるフランスに賛辞を送り、フランス文化も称賛するものでもある。[*81] 小説を映画化し、有名画家の生涯をたどり、レスリー・キャロンやモーリス・シュヴァリエといった俳優を引き入れ、フランス人スタッフとともにパリのシーンを多数撮影する。ルノワールの『フレンチ・カンカン』の場合と同様に、これらの映画で用いられるテクニカラー〔一九三〇年代にアメリカで発展した色彩映画の技術方式〕は、印象派のパレットの延長線上にある。捕食者の光景であるよりも、これらの映画はいまやアメリカ合衆国が引き継ぐ、パリ生まれのひとつの文化的伝統に対してハリウッドが支払う貢ぎである。このようなものとして、ベル・エポックなる想像物の普及に力強く貢献したのである。

歴史の分担

一九五〇年代が想像物としてのベル・エポックの出現にかくも貢献するのは、きわめて多様な表現形式がそれに協力するからである。このイメージの構築においてもちろん歴史記述も不在ではなかった。その主要な部分は、一般に、図説歴史本とか逸話による歴史本と呼ばれるものによって担われている。こうした「小史」本は、英語では、大衆の関心を引きつけ、広い知識を共有させるものであるだけに、「ポピュラーな」と形容することが好まれる。こうした歴史書は多数の作家、ジャーナリスト、アカデミー・フランセーズ会員あるいは政治家によって書かれ、大学の外で流行したが、出版界から熱い視線を受ける。というのもこれらの作品は、多くの共通点のある歴史小説とまったく同様に、大衆の嗜好にかなり合うものだったからだ。これらは「うまく書かれたものであり」つつも、単純化し、暴露と期待される話題を組み合わせ、知識と気晴らし、教養と娯楽の混ぜ方を心得ている。この人気のあるジャンルでは、形式や趣旨は多様であるが、一般読者に好まれることを最優先する。このジャンルも、こうして「ベル・エポック」をその主要な売り物のひとつとするのである。

終戦後の年代に現れるのは、とりわけ大フレスコ画〔のような一覧〕と歴史の概説書で、ジャック・シャストゥネの作品がその好例である。彼は、外交官、ジャーナリスト（一九三一年から四二年まで『ル・タン』紙の共同編集者を務めた）であったが、この上院議員の息子が一九四七年に人文・社会科学アカデミーに、さらに一九五六年にアカデミー・フランセーズに入ったのは、「歴史家」としてであった。彼はすでに多数の歴史書を著していた。その主要なものは伝記（ウィリアム・ピット、ウェリントン、ゴドイ、ポワンカレ）やイギリス史の概説書だったが、彼は、他の多くの著者と同様に、題材としてベル・エポックに目をつける。こうして一九四九年、ファイヤール社（保守的で学識豊かな読者層に向けてこの種の作品を当時多数刊行していた出版社）から『ファリエール氏のフランス――悲壮な時代』が出版された。[*82] この作品は、きわめて古典的な技法で書かれており、政治的・外交的資料が「挿話」的に詰まった大フレスコ画のひとつで、『アナール』誌にとっては噴飯物の書物である。しかし同書の目的は、学術的な歴史記述がほとんどこの問題について取り扱わなかった時代に、参考書を提供することにあった。それゆえ、いくつかの章のテーマは、社会集団、文化・学術生活を取り上げている。要するに、それは古典的で実直な概説書である。しかし重要なのは、二年後に同じ出版社が、『ベル・エポック――ファリエール氏の社会』といういっそう人目を引くタイトルで、その簡易版を刊行したことである。[*83] 文章は同じで、作者は明らかに少しも改稿せず、編集者がおよそ一二章分を大幅に削除し、図版を加え、より大衆的な読者層をターゲットにした「絵入り歴史」というシリーズの一巻を刊行した。伝統的な「歴史的」な話題はすべて抜け落ち、政治生活、外交の変遷、農村世界、知的ないし学問的生活も、まったくなくなった。残されたものが構成するのは、一九五一年に見てとられた「ベル・エポック」である。すなわち、エリートと庶民層の色眼鏡で読解されたパリ社会であった。作品はいまや「上流社会《モンド》」と半上流《ドゥミ・》社会《モンド》」で始まり、この点こそが作品の色合いを鮮明に示している。次いでパリの城壁跡からふらふらとハイ・ライフに移り、そのしきたりと掟をこまごまと解説する。さらに演劇、音楽、スポーツを扱った部分が続き、最終章では、繁栄によってもたらされた喜び、幸福、習俗の自由といったあの雰囲気を中心的に取り上げる。この事例の面白さは明らかに、結局のところかなり頻繁に行われた既刊書のリサイクルにあるのではない。むしろ一九五〇年代初頭に「ベル・エポック」の明証性を浮かび上がらせるために歴史を切り刻んだ、その手法にある。

　実際、この時期は、このタイプの作品に適していた。同じ一九五一年、『一九〇〇年のパリ』が刊行される。著者ロベール・ビュルナンは古文書学校出身の「文人」で、ゴンクール兄弟の日記の編者を務め、とりわけ伝記と「日常生活」とで構成された折衷的な作品を世に送っていた。その彼の『一九〇〇年』が提示するのは、パリのテーマ別巡回・散歩のガイドブックを兼ねた一種の日めくりカレンダーである。[*84] 一九六二年のアカデミー・フランセーズの受賞作であるジャック・カステルノの『ベル・エポック』をはじめ、類書がこの一〇年間に数えきれないほど多く刊行される。[*85] しかし、これらすべてのなかで卓越しているのが、ジルベール・ギーユミノーの壮大な企てである。この有名なジャーナリストは、『パリ＝プレス』、次に『オーロール』の編集長を務め、一九五〇年代初頭、自ら『第三共和政の真なるロマン』と命名した大衆向けの壮大で有名な一大絵巻の制作に着手する。[*86] この作品は、きわめて対照的な政治的感受性の作家、小説家、ジャーナリスト、「歴史家」らおよそ四〇名（ジョルジェット・エルジェやアラン・ドゥコーからフランソワ・ブリニョーまで）を動員し、ベル・エポックなる一時代の存在を「広く宣伝する」ために作られたエッセー集である。「われわれの父と祖父の歴史」であり、彼らの日常的な活動を、描き方に工夫を凝らして復元している。ジャーナリストたちの文章や作品（このシリーズは、『パリ＝プレス』に先行掲載されていた）の中核をなす情報は、扱われている時代の主要な新聞を注意深く読んで抜き出したものである。一九五六年に『ベル・エポックへのプレリュード（一八八九～一九〇〇年）』が刊行され、翌年、『ベル・エポック（一九〇〇～一九〇八年）』、さらに『ベル・エポックが終わる一九一四年以前（一九〇八～一九一四年）』が続く。これらの作品で扱われているテーマはお馴染みのもので、当時の三面記事的な事件、珍事、興味を引く出来事（バザール・ド・ラ・シャリテの火災、黄金の兜事件、『モナリザ』の盗難、シュタインハイルやカイヨーの訴訟）、政治事件、テロ、スキャンダル、さらに文化生活における画趣のある忘れ難いイベント（映画の誕生、フランス一周自転車競争、万国博覧会、喜劇『シラノ』やロシア・バレエの初演など）であった。ギーユミノーの監修した作品は、生き生きとし「ホットな」筆致で記され、精彩に富む図版と対話が挿入されており、全体として、三面記事を想わせる文体で書かれた、一種の大衆向けベル・エポック百科事典の趣きを呈している。シリーズの形で一種の新聞の付録となっている、過去を回想する映画や本と明らかに著しく類似している。

しかしながら、この時代についての「学術的な」歴史記述が現れ始めるのも同じ年代である。周知の通り、一九世紀末の「方法論学派」世代以降、歴史家は同時代的すぎる問題には口をつぐんできた。批判的に検証するために一歩も引けず距離もとれない、第一次資料を参照するのが難しいとか、網羅的な調査が不可能であることなどがその理由である。ガブリエル・モノーやエルネスト・ラヴィッスが、近過去に「歴史の品位」を付与することを長らく拒んできたせいで、この学問分野は中世史研究家の手に委ねられることになったのだ。すなわち、歴史とは、過去についての学問なのであって、同時代は対象になりえないということである。この留保がもたらした主要な結果のひとつとして、近過去については、エミール・ブトミーが一八七二年に開設し、外交史講座の教授としてアルベール・ソレルが教鞭を執った私立政治学院〔現在のパリ政治学院〕や、あるいは、しばしば貴族階級の出身で根本的に反共和主義的な歴史を擁護する「素人歴史家」たちに委ねられた。[*87] 政府〔第三共和政〕はこの歴然たる危険に対処するべく、より現代に近い時代の歴史教育を推進することにした。最初の業績はフランス革命とその後の展開をテーマとしたものだが、方法論的実証主義を過度に助長し、事件重視の政治的アプローチに留まっていたため、生まれつつあった社会科学の激怒を招いた。一八九二年に刊行されたエミール・ブルジョワの『外交政策の歴史教科書』がその一例であった。ところが、一九一五年に設立された近代史学会（la Société d'histoire moderne）、さらには一九二九年創刊の『アナール』誌によって事態は改善する。マルク・ブロックとリュシアン・フェーヴルが創刊したこの学術誌は、ためらうことなく同時代を取り上げたものの、真の専門家が不在であったために、同時代の問題はとりわけ社会学者、経済学者、民族学者に託すことになる。結局、大学は一九〇〇年代にほとんど関心を示さずにいたというのが実情である。それゆえ、この分野については、ジャック・バンヴィルのような多くの「カペー朝」史家、[*88] 多くは私立政治学院の関係者の法学者や政治学者（アンドレ・ジーグフリード、オーギュスト・スリエ）[*89]、さらにエッセイストや政治評論者（ロベール・ド・ジュヴネル、ダニエル・アレヴィ、アレクサンドル・ゼヴァエス）[*90] が自由に論じることになったのである。

もちろん、いくつかの研究がすでに道を拓いていた。ドレフュス事件と第一次世界大戦の諸原因といった少なくとも二つの出来事が、同時代史のテーマとなっていた。前者は一九〇一年のジョゼフ・レナックの著作の、後者は一九二二年のエミール・ブルジョワの著作と一九二五年のピエール・ルヌヴァンの著作とのテーマだった。[*91] さらに、一九二一年には、エルネスト・ラヴィッスの大作『フランス現代史』のうち第三共和政を対象とした巻が刊行された。この巻はシャルル・セニョボスによって書かれたが、[*92] 研究よりも教育を重視するものであり、全般的な考察やとりわけ事件性のあるものに関する考察に留まった。[*93] 続いて一九二〇年代末、新しい大学叢書の刊行のおかげでプロセスは加速化した。一九二八年にアルカン社から出た『民族と文明』叢書や、フランス大学出版刊行のしっかりとした裏付けのある概論『クリオ——歴史研究入門』である。[*94] また、外交問題の根底にある「深い要因、隠れた力」を究明しようとしてジュール・イザークが巻き起こした論争のように、いくつかの建設的な論争もこの時期に始まる。[*95]

しかし、固定観念を取り払った世紀初頭の歴史が幅を利かすようになるのは、ようやく第二次世界大戦の終結後のことである。実際、ジョルジュ・ボヌフーによる著名な政治年代記、ジャック・グオーのフランスの共和主義化に関する研究、一八七一年から一九一四年までの時代を対象とした、ピエール・ルヌヴァン編の長大な『国際関係史』の第六巻が、いずれも同じ一九五五年に刊行されている。[*96] ブームが始まったのである。これ以降、さしあたり、勝利する共和政をテーマにするなど外交・政治の分野に限られてはいたものの、一九〇〇年代に関する学術的な歴史記述が現れる。こうして、かなりはっきりとした役割分担が成立する。「小さい歴史」を書く雑文家は文化・社会生活における快楽と快挙を数えあげることを、ソルボンヌの教授陣は体制と政治的契機の作用を研究することを担当するという分担である。遠慮がちにではあるが、「ベル・エポック」が中等教育にも入り込んでいく。一九三八年の指導要領では、リセの最終学年の授業に一八四八年から一九二〇年までの時代が取り入れられていた。〔第二次世界大戦からの〕〈解放〉以降、リセの低学年で、「科学・産業の文明」の発展や第三共和政の偉業に関する授業を数回割り当てることができた。また、これ以降、リセの最終学年で「一八七一年から一九一四年までのフランス」を対象に、この時代の「経済的・社会的変化」、また「思想、科学、芸術の動向」を学ぶことができるようになった。さらに戦後の同じ時期に、現実と真の作家たちに目配りした、一九〇〇年代の生き生きとして、かつ具体的な文学史を著そうとする野心がとりわけアンドレ・ビリのペンの下で姿を現すことになる。[*97]

時代の諸特徴

したがって、あらゆる点において第二次世界大戦の終結後の一五年が「ベル・エポック」という想像物が形成され、開花する重要な時期となった。ミュージック・ホールとシャンソンがずっと以前からベル・エポックを称揚していたが、この傾向は弱まることがない。加えて手記、回想録、絵入り本、政治的または学術的な著作、それにとりわけ映画が増え続ける。おそらくは映画がこの回顧ブームの最も強力な仲介役を演じる。最初の展覧会もこの時期に現れる。たとえば、一九五七年一〇月にはボルドー美術館で『一九〇〇年　ボルドーと南西部におけるベル・エポック』が開催された。風刺画家セムの寄贈品を中心に開催されたこの展覧会では、写真、ポスター、クロッキー、服を着たマネキンが並べられ、心地よいノスタルジックな陶酔感に包まれていた。「当時の生活は、豪奢であった。綺麗な女性の群れが、裕福で無頓着な若者たちの周囲でひらひら舞っている。彼らにとって、このことは富を示す外的な印の一部なのだ」[98]。パリでは、ピカソが一九〇〇年の前衛たちの偉大な後継者として幅広く認められる。装飾美術館が、一九五五年にピカソの作品の回顧展『一九〇〇〜一九五五年の絵画』を開催し、同時にクルーゾーのカメラが、ピカソの絵画制作の「謎」を実写しようと試みた。映画『ピカソ――天才の謎／ミステリアス・ピカソ』が、一九五六年にカンヌ国際映画祭の審査員特別賞を受賞した。また、アルセーヌ・ルパン、ルルタビーユ、シェリ・ビビといった一九〇〇年代の人気シリーズが、現代の童話として再版される。「われわれの時代は、まるで過去を振り返る老人特有の苦悩を抱えているようだ」と、コクトーが『ル・フィガロ・リテレール』に記している[99]。

数年後にアルフレッド・ソーヴィが指摘したように、この時代は文字通りベル・エポックを創出する。「第二次世界大戦後、「ベル・エポック」という反動的で馬鹿げた神話が一から十まででっち上げられた。フランスの若者は、それがピガール広場の周辺で催される長い祭りの期間だと信じ込まされた」[100]。しかし、それが明らかに共同の創造物であることを、すでに一九五〇年からジェラール・バウエルをはじめ多くの観察者たちが指摘していた[101]。「ごく最近、この明白な真実が発見され、「一九〇〇年」が流行し出した。新聞、ラジオ、劇場、映画、キャバレーは、「一九〇〇年」だけに関心を向けている」とアンドレ・ド・フキエールもまた解説している[102]。一九五五年に『ヒキガエル』誌が、わざわざ『ベル・エポック。一九〇〇年代のパノラマと名誉回復』[103]というタイトルを付けた分冊を刊行し、このブームの再来を裏付けている。目次は豊富だが、独創性はほとんどない。「上流社会」から始まり、「芸術と文学の項目」を経て社交生活の魅惑的な世界を巡る。いたるところに顔を出すのは、有閑な社会、軽薄で他愛ない生活、「姦通ドラマ」で気晴らしする陽気で贅沢なヨーロッパである。

「ベル・エポック」がこれ以降確かに存在することになるのは疑う余地がない。このとき、その主要な性格が決まり、それらをもとに持続することを約束された歴史的想像物が生まれる。いくつかの特徴は敗戦の文化で生まれ、冷戦時代に固有のものだが、その他に、一九二〇年代の末、とりわけ一九三〇年代の一〇年間に作られていた特徴もある。さらにその後に、他のいくつかの新しい特徴が付け加わるだろう。けれども、いまや全体の様相が決まり、肖像画が広く共有されている。したがって、冒頭でごく簡潔に示した肖像画を補完するよう努めよう。

この時期の境界は、いまや、誰の目にも明らかである。「ベル・エポック」は、第一次世界大戦に先立つ、一九〇〇年から一四年までの一五年間のことである。かつてはそう見なされていなかったとしても、今では「一九〇〇年が、世紀の始まり、新しい時代の始まりである」[*104]とあまねく考えられている。一九一四年八月一日の土曜日は明らかにひとつの世界が終わった日である。小細工する作家がいてももちろんおかしくない。ツヴァイクの回想録は、たとえば、軽薄で無頓着な世紀「初頭の一〇年間」を、これに続く「暗雲を運んできた」四年間から区別しようとする。だが、これこそは歴史家のでっち上げである。モーリス・ド・ヴァレフが断言するには、「パリでは、戦争が近づいていることに誰も気づかなかった。誰もそれを欲しておらず、それを考えたこともなかった。祖国は危険に晒されていなかったため、それぞれが自身の快楽および個人的な務めに時間を割き続けたのだ」[*105]。あるいは、「ファリエール氏のフランス」と「エミール・ルーベ氏がエリゼ宮に君臨した祝福された時代」[*106]とを区別する向きもある。だが、これも同じく作家の空理空論だ。ベル・エポックは、万国博とともに始まり、総動員とともに終わる。それは二〇世紀の黎明であり、この世紀の希望を含むとともに、その悪夢を予告するものであったのだ。

このように明確に定義された時期から、いくつかの決定的な特徴がくっきりと浮かび上がってくる。この表現はつねに、フランスにしかあてはまらない。フランス本土の外に「ベル・エポック」は一切ない。他処に現れるのはもっと後になってからである。しかも、「ベル・エポック」はつねにパリだけに関わっている。それほど、この時代は「本質的にパリのものであると象徴的に認識されていた」[*107]。パリは、一九世紀の首都であっただけに飽き足らず、続く世紀の初頭でも「世界で最も精彩のある都市」である、とシュテファン・ツヴァイクが記しているように、永遠の青春の都市である。「この都市におけるほど、自分の若さと周りの雰囲気とがぴったり一致していることがはっきりと感じられるところは他のどこにもなかった」。都市全体が例外なく美しい。自分の活動や社会的帰属の関係で、これこれの地区を格別に美しいと見なすことがあるにしてもである。たとえばモンマルトルとカルティエ・ラタン。ブローニュの森へと延びる一六区あるいは八区の美しい邸宅。「依然として世界で最も快適な場所の一つで、この地上で快楽が集中している稀な場所のひとつ」[*108]である大通り。子供たちが抱き合い、気軽にピクニックする城壁跡の斜面。マルヌ川の岸辺。この比類のない都市に、多くの付属地が加わる。美しい季節に出かけるドーヴィル、トゥルヴィル、ロワイヤン、ビアリッツ、冬のリビエラ地方、あるいは単に湯治と保養のために行くヴィシーなどである。当時の代表的な人物の一人であるポール・ポワレ〔高級婦人服デザイナー〕が想起するように、「パリに美しい家を持っていることなど大したことではなかった。女性の顧客の後について行き、彼女たちのお気に入りのどこの保養地でもお相手する用意ができていなければならなかった[*109]」。

この「大きなパリ」において、ベル・エポックはとりわけ、共和政、その軍隊、国際的威信、フランス植民地が保証した平和と安全の時代である。それはまた、強い通貨、勝ち誇る科学、安定した経済が保証した繁栄の時代でもある。だからこそ、その全体的な雰囲気の特徴は、微笑ましい未来を見据えた「生きる喜び」、軽快さ、無頓着である。「楽観主義と世界に対する信頼が、今世紀初頭からわれわれ若者を活気づけていた」とシュテファン・ツヴァイクはさらに述べている[*110]。これらすべてから生じるのが、強烈な知的・芸術的創造力、文化と美的革新への並外れた憧れである。これによって、パリは現代美術の揺るぎない実験場となる。さらにここから、フランス人を劇場、カフェ・コンセール、シネマトグラフ、大衆的なダンスホールへと駆り立てる、ブレーキの効かない欲動が生じてもいる。ベル・エポックは、こうした娯楽に必死になり、お祭り騒ぎ、ダンスパーティ、拍手喝采に我を忘れる。それは祝祭の時代なのである。

当時のフランス人は、とりわけ次の二つの主要な特徴を呈していたように思われる。一つは、笑い、良きユーモア、健全であけっぴろげな陽気さである。「興じる（s'amuser）という言葉の意味は、この半世紀で著しく弱まった」とマキシムの給仕長のユゴーが嘆いている[*111]。一九〇〇年には、人は楽しい時の過ごし方を知っていた。その過ごし方はもちろん社会階級によって異なっていた。社交界の人々は、当意即妙の受け答えを楽しみ、あれこれの才気喚発な人が言ったとされる警句を競って吹聴した。「彼らの生活における唯一の目的は、さまざまな言葉遊びをするために集まることだったように思われる」と、この「幸福な時代」のエリート層についてフランシス・ド・ミオマンドルは記している。[*112] この時代に発せられた機知に富んだ言葉、冗談、とりとめのない話、悪ふざけ、逸話、「洒落」で、数冊の本の全ページを満たすこともできるだろう。ポール・モランは、こうした言葉遊びにこの愚かな時代の傷の一つを見出し、すでに嘲笑していた。しかし、笑いは民主的なものであり、民衆層も同じくらい興じる。人々は笑い、高笑いし、膝を叩く。その話題は、まさにいっそう奔放で、しばしば露骨であった。クルミを胸の谷間で割る太った歌手デュフェ、有名な放屁師のジョゼフ・ピュジョールは、満場の爆笑を引き起こし、道徳家たちの眉を潜めさせた。とはいえ、そうしたことはどうでもいいことである。フランスは笑うことが好きで、愉快な欲求を満たすことができればすべて良しだからだ。

もう一方の特徴は、習俗の自由と性生活に関わる。これらは当時フランスで最も共有された価値であった。「ベル・エポック」は、万国博の観衆を迎え入れる「パリジェンヌ」の庇護のもとに幕を開け、端から端まで「ペチコート陛下」[*113]を称える。というのも、よく言われるように、女性は時代の女王だからである。このことは、演劇全体で示される。そして、「一九〇〇年の男性は、われわれには愛人のように見える。［…］われわれの父はチャンピオンでも勝者でもなく、女たらし、誘惑者だった」[*114]。高級娼婦や売春婦は、この社会全体に関わるエロティックな呈示の最も目に見える部分でしかない。つまり、「女は愛のことを考え、男は快楽について考える」[*115]ということだ。「人々は、好みに合った男性または女性の元へ赴き、おしゃべりし、寝たのだ」とツヴァイクは付け加える。一九五〇年代は、性革命が始まったばかりで、コルセット、ペチコート、編み上げブーツがもてはやされていた。「女性たちは恰好のよい尻と胸をしていた」と『カナール・アンシェネ』のあるジャーナリストが記している。[*116] 当時、世界で写真を撮られた回数が最も多い女性と見なされたクレオ・ド・メロードのなやましく神秘的な美しさは依然、[117]人々を魅了し続けていた。一九四九年九月、『マガジン』誌が、「一九〇〇年のピンナップのギャル」のシリーズを公刊することで大当たりする。[118]一二年後、アルマン・ラヌーの『一九〇〇年の愛』も同様のことを以下のように総括している。「運命の昼下がり」(メグ・シュタインハイルが居合わせた一八八九年のフェリックス・フォール大統領の死)で始まり、侮辱された妻の復讐(一九一四年のアンリエット・カイヨーによるガストン・カルメットの暗殺)で終わるこの時代はすべて、「オンナの神話」[119]に捧げられていた、と。

もちろん、このベル・エポックは、劇場のボックス席、オペラ座のロビー、サロン、有名なレストラン、競馬場、舞踏会、ブローニュの森に現れ、「社交界の大パレード」を先導する最上流の階級のベル・エポックである。「無為が公然と認められていたのをいいことに、男性たちは好きな女性たちの許で長時間過ごせた」。もちろん、最も割りのよい取り分を持っていたのは彼ら、最上流の階層の男性たちだったが、彼らのおかげで「召使たち」も安心できた。召使たちは、「どの祝宴でも残飯があること、そしてその残飯が自分たちのものとなることを知っていた[120]」のだ。したがって、召使だからといって、「土曜日の夜、仕事の後に[121]」遊びに行かなかったわけではない! 上機嫌、生きる喜び、色事は「パリの労働者」のものでもある。一九五〇年の精神は民主主義的であるがゆえに、このような生きる喜びの共有を強調する。おそらく、当時の経済的回復の時期に、こうした喜びを再び見出すことが期待されたのだろう。カフェ・コンセールと大衆向けの大がかりなパレード、とりわけ七月一四日の共和国の祝典は当時の映画に好んで取り上げられるが、これらは皆、この集団的歓喜を具体的に示すものである。

「この日は紙吹雪合戦が盛んに行われ、自動車の通行は中断された。七月一四日を祝って通りに設置された小ダンスホールで人々が二晩と一日踊り続けた。ロンシャンの軍事パレードは、ブローニュの森まででいっぱいになるほど観衆を惹きつけた。春には、花祭りの日にアカシア通りに花を詰め込んだ自動車の長い列が続き、とりわけ凝った衣装を身につけた車上の女性たちが、バラ、カーネーション、牡丹で叩き合った」[*122]。そして万国博！「華々しい一九〇〇年の万国博は、あらゆる社会階層から五〇〇〇万人の観衆を集めた。これは、第三共和政の絶頂ではなかっただろうか」[*123]。いや、まさしく、社会のどの位置にいようと、「この時代は、異論の余地なく恵まれていた。あぁ、われわれが「美しい時代《ベル・エポック》」で過ごした良き時よ！」[*124]。

大西洋横断総合会社，1950 年

二〇一六年四月一二日火曜日、一九時一五分。私がスコットランドのセント・アンドリュース大学の素晴らしいマーター・カーク研究者用図書館でこの本の執筆にあたってから、一ヶ月以上が経つ。教会を転用したこの施設の尖頭アーチとステンドグラスが、思索と執筆には打ってつけだった。ときには、疑問が生じることもある。私にとってつねに重要だったのは、一九〇〇年代の男性と女性の表情、欲求や夢だが、いったい彼らは、どうなるのだろうか。彼らの生は、彼らを称賛していたはずのイメージや語りの堆積のなかで霧散しまうのではないか。言い換えれば、「ベル・エポック」は、さまざまな表象の渦のなかでその魂と肉体を失わないだろうか。

ためらいは、決して長くは続かない。私は、この手続きが適切であることにかつてないほど確信している。この手続きとは、いかなる手段で時代の把握が構築されるかを理解すること、往時の想像物を形づくる素材とそれらに生命を与える文脈を究明することである。このようなことが歴史学の根底にある、事実に基づくべしという契約を簡単に放棄することになるとは私には思えない。その反対である。死んだ過去、葬られた過去以上に、時こそがこの学問の生きた素材であり、さまざまな時間性の戯れと対話のなかでこそ、「我らが親愛なる故人たち」との関係が織られる。実際、他に選択肢があるだろうか。おそらくフィクションは美しく高貴な野心を培うことができよう。しかし、その代価は他の契約規定書に属する回顧的幻想であり、一方、われわれの代価は、散逸した文書、黄ばんだ写真、忘れられた書物の無味乾燥さと冷たさである。

さらに次のことをどうして見ないでいられようか。すなわち、過ぎ去った時代の、この恒久的な復元作業がまた、その過程で失念、誤解、術策を生み落とすにもかかわらず、訴訟書類一式を同時にもたらすことを。これらの豊富な史料群のすべてを広げたところ、「美しい時代《ベル・エポック》」から伝わるこれら数千のページ、書簡、画像、物品を交差させたところに一九〇〇年代の実相の一端が隠れていることを。

第三部　「世紀末」の試練

しかし歴史は続く。歴史がわれわれに提供する唯一確実なことはおそらくこれであろう。一九三〇年代、次いで一九五〇年代に「ベル・エポック」のポートレートがいかに強固に構築されようとも、続く数十年のあいだにそれも変化を遂げる。それは、まるでフランスが膨大なイメージや確信によって引き起こされた重い消化不良からの回復に四苦八苦しているかのように、まず消滅に向かう。一九六〇年代と七〇年代を特徴づけるあらゆる方面での現代性に照らして、これらのイメージや確信にしてもすぐさま廃れはじめ、古めかしくなり、「時代遅れ」のように見え始めるのである。さらにベル・エポックが再び現れる時には、この名で呼ばれる時期はまったく別の相貌を見せる。この相貌はいっそう不鮮明になり、徐々に軽快さや微笑みを失ってゆくひとつの時代の裏側、影のゾーン、奥の間を強調するものとなる。社会的・性的・政治的な逸脱と「倒錯」が主要な特徴となるように思われる。しかし、美人《ベル》には資質があり、隠れた長所を引き立たせるやり方を心得ている。すなわちそれは、パリを長らくベル・エポックの立役者としていたが、そうではなくなって地方、田舎、農村を前面に出し、二〇世紀末に生じる文化遺産指定化の流行に貢献する。とりわけ「文化」がベル・エポックについてまわり、ベル・エポックなる表現の用法の国際化が加速する。その結果、ベル・エポックのさまざまな表象が現れることになる。もちろん、多くの特徴は引き続き残る。こうした永続性はこの想像物がもつ「真理」の一側面をおそらく表すものだろう――それをいかに疑うことができようか――ただし、これらの特徴が語っているのが、とりわけ実際にもたらされた再構築の厳密さだとしたら別だが。ともあれ、これらの特徴は、その輝かしい純真さを失うようになる。メッセージは複雑になり、硬化し、断片化する。この時代の社会史がとりわけ時代を苛む緊張、紛争、不平等を強調することで勧奨するように、本当に幸せだったのかと自問してしまうほど、メッセージは反対のイメージに開かれる。時代の最後の証言者が消えゆくなか、別の形象、別の記憶が現れ、まったく別の歴史をわれわれに語りにやってくるのである。

「ベル・エポック」はもはやかつてのそれではない

音と映像

一九六〇年代は、「映画芸術」の時代である。それはまた、根本的に音楽の時代でもあった。六〇年代の若者が自らの世界を新たに創り出したのは、歌と、しばしば映画を通じてだった。ベル・エポックという想像物の構築には、映像と音が決定的な役割を果たしたことも、記憶するとおりだ。それゆえ、それらを道案内にして、当時に起きた変化がどのようなものか検討することにしよう。もちろん、何も絶対的でも、急激でもない。きわめて伝統的な映画やシャンソンも相変わらず普及していたし、その状況はさらに続くことになる。しかし、それにもかかわらず、調子が明らかに変化してゆくのが認められる。まず映画から見てみよう。一九六二年一月に上映されたフランソワ・トリュフォーの『ジュールとジム〔突然炎のごとく〕』は、異論の余地なく「ベル・エポック」映画である。筋は、一九一二年のパリで始まり（この映画の原作であるアンリ＝ピエール・ロシェの小説は二年前の一九一〇年から始まっている）、監督は時代的な特徴を示す多くの手がかりを映画のなかに入念にちりばめている。衣装はもちろん、新聞、アール・ヌーヴォーをこっそり取り入れたポスター、ちらっと現れるピカソの絵、サバット〔フランス風ボクシング〕、さらに最初のシーンのきわめてヴォードヴィル風の雰囲気もそうだ。しかしながらトリュフォーが行ったのは、正真正銘の脱構築であった。この映画監督は周知のように、他のヌーヴェル・ヴァーグの作家と同様、国土解放以降に増加する「フランス映画のある種の傾向」を示した映画を批判し続けた。*1 トリュフォーはアンドレ・バザンに近しく、『カイエ・デュ・シネマ』に多くの記事を寄稿しているが、多くのベル・エポック映画がまさに表すこのような「フランス的特質」を軽蔑しかしなかった。『ジュールとジム』の目的は多数の長編映画が広めてきたひとつのジャンル、ひとつの想像物を叩くことだった、と述べたいわけではない。しかし、この映画がもたらした効果はその通りである。いったん舞台が設定されると、登場人物、筋、話題など、すべてが逆行する。アガトンの時代風の仏独の二人の青年の友情、カトリーヌの自由奔放な性行動も、また姦通とは異なる三人での奇妙な家族生活も、どれも型破りである。映画の時代そのものも規定に合わない。というのも、戦争の年月を飛び越え、戦前と戦後を断絶なく結びつけるからである。物語が終わるのは、もう少し後の一九三〇年代の半ばあたりだが、それはまた、「一九〇〇年の時代」がすでに始まっていた時期であった。たとえトリュフォーの意図がそこになかったのが明らかだとしても、『ジュールとジム』は、「ベル・エポック」映画の下位ジャンルを内側から打ち砕き、末路を象徴的に示していると見なすことができる。

断絶は、他の監督たちがこの裂け目に飲み込まれていっただけにいっそう明らかである。ヌーヴェル・ヴァーグの何人かの推進者たちが手がけることで、一九〇〇年映画はトーンを変えた。一九六七年にルイ・マルが撮影した『泥棒〔パリの大泥棒〕』は、型にはまった表象に対する手厳しさではほとんど引けをとっていない。「情事と恋愛」の役割と豪華な配役は、見せかけでしかない。一九〇〇年代の最も暗く、最も違反的な作家の一人であるダリアンの小説を映画化したこの作品は、出口なしの社会に対する粗暴、辛辣でブラックな批判である。ブルジョワ社会の陰鬱な貪欲さに対応するのは、覚めきった泥棒の理想なき世界である。「一方には不名誉が、他方には卑しさがある。すべてが支え合い、すべてが混じり合う」[*2]。どのような「ベル・エポック」がここに自らの姿を認めるだろうか。翌年の一九六八年、当時二八歳で、ピエール・シェンデルフェール、ジャン＝リュック・ゴダール、ジャック・リヴェットの監督補佐を務めたことのある若きフィリップ・フラスティエが、『ボノ一味』を撮影する。一九五〇年代の映画とは反対に、史的再現は最小限にしかなされていない。明らかに監督の関心は別のところにあったように思われる。それは、政治的暴力が革命的な価値の名のもとになされるときの動機と行為の分析である。フラスティエはインタビューのなかで、かなり漠然と、ボノとその仲間たちを「先駆者」として描き、彼らの名誉回復を語る。レモン・カルマンを演じたジャック・ブレルは「奴らは男だった」と高く評価し、アナーキストだった強盗たちの勇気を強調する。その分析はきわめて表面的なものに留まるが、映画が政治的背景のなかに組み込まれ、それを説明する方法となっていることには驚かされる。チェ・ゲバラが殺害されたのはその前年である。映画の撮影は、六八年五月の出来事によって中断された[*3]。アナーキストの「悲劇的な悪党」に吹き込まれた息と活力は、「バーダー派」のドイツで組織され、イタリア、スペイン、フランスに拡散していった。「直接行動派〔フランス極左テロ組織名〕」の初期のテロ行為に負っている。映画でボノは「一九〇〇年の悪党、しかし六八年五月以降の反体制派」[*4]

となる。異論の余地なく、まったく別のベル・エポックが現れたのだ。

一九〇〇年を舞台とする映画のすべてがこの道をたどったわけではもちろんない。ダニエル・ムースマンが一九七〇年に映画化したダリアンの『ビリビ』は、世紀末の軍隊の弾圧を強烈に告発するものだが、これは失敗だった。しかし一九五〇年代に見られていたようなユーモラスで勝ち誇ったベル・エポックのスタイルはもはや通用せず、少しずつ失われていく。以降、一九〇〇年代は、映画、さらにはテレビの作品でしばしば高く評価される「歴史的」な枠組みにとどまった。しかしその表象の仕方は複雑かつ多様になり、かつてはより均質的だった想像物の断片化を促した。これ以降映画で現れる歴史的で広大な描写や叙事詩では、一九七六年に制作されたベルナルド・ベルトルッチの『一九〇〇年（Novecento）』のように、一九〇〇年はしばしば単なる始まりか一段階でしかなくなる。そこでは「史実」への欲求が、社会的・政治的現実への関心と並んで、強く際立っている。『判事と殺人者』（一九七六年）で〔ジョゼフ・〕ヴァシェの犯罪とその裁判を再現したベルトラン・タヴェルニエには、一九八四年のアラン・コルノの『フォート・サガン』におけるアフリカ軍の演出が呼応する。多様性と忠実な復元への配慮は、テレビドラマの制作でも同様に支配的になる。頻繁に採用されたモーパッサンの短編や中編小説を別にすれば、一九六〇年代のテレビの「歴史」番組は、世紀初頭をほとんど顧みておらず、より古い時代に探りを入れている。[*5] 唯一、ピエール・デグロープ、ピエール・デュマイエ、クロード・バルマによる『あなたの良心の命ずるままに』のシリーズが、〔マティルド・〕ダンヴァル事件や〔マルグリット・〕シュタインハイル事件といった一九〇〇年代のいくつかの「センセーショナルな犯罪」に関心を寄せた。映画と同様に、ベル・エポックが回帰するのは一九七〇年以降、主にジャック・ナーアム（一九七一〜

七四年）の『アルセーヌ・ルパン』と、一九七四年から放送されたクロード・ドサイ『虎部隊（Brigades du Tigre）』によってである。しかしながら、テレビドラマのこれら「大人気の」シリーズは、どの作品も二つの異なる表象を伝えている。第一は、ベル・エポックのフランス的「華やかさ」「エスプリ」の残滓にぴったり合致した内容、第二はいっそう「歴史的」で、裏付けのある政治的・社会的な文脈のなかに話の筋を置こうとするものである。

摩耗や屈折といったかなり類似した現象が、音楽制作にも見られる。軽快、大衆的、愉快といった特色を持つ「一九〇〇年風」のカフェ・コンセールの歌曲は、急速に人気を落とした。アコーディオンやミュゼットとまったく同様、そのスタイルは突然古臭くなった。老齢のモーリス・シュヴァリエやシャルル・トレネは、新しい公衆には顧みられなくなっていった。これらすべてが過ぎ去ったもののように思われ、「時代遅れ」を告げていた。生き残ったショーも、輝きが弱まった。ランスの市立劇場では、一九六五年一二月から六六年二月にかけて、アンドレ・メラル一座によって「ベル・エポック」と題する「シャンソン、一人芝居、詩」が上演されたが、当時の音楽シーンのなかで浮いてしまう。いたるところで衰退した一九〇〇年のスタイルは、一八九〇年に生まれた兵士喜劇の役者ガストン・ウヴラール（彼自身、このジャンルの創始者の一人エロワ・ウヴラールの息子だった）のテレビ出演のように、もはや過去の証言や好奇心をそそるものとして取り上げられるだけだった。レヴューやフレンチ・カンカンの伝統も同様に、持ち堪えるのに苦労した。ムーラン・ルージュやフォリー・ベルジェールはもちろん「パリの」娯楽施設として残ってはいたが、生き生きした活力をまったく失っていた。一九六〇年代の初頭から、ショーとシャンパン一杯付きの「セット価格」の「キャバレー・ディナー・ショー」のスタイルが地方出身者や観光客を惹きつけ、広まっていった。一九六一年七月、ヴューー・コロンビエ劇場がジャン・メジャンによって再開され、一九六三年にはフェルナン・ダイイによって「ベル・エポック」に改称され、再び軌道に乗せる試みはなされたが、あまり成功しなかった。ムーラン・ルージュでは、ショーは形骸化したように見えた。一九六三年から六五年の「フルフル」、それに続く「震え」(一九六五〜一九六七年)、「魅惑」(一九六七〜一九七〇年)、「幻想」(一九七〇〜一九七三年)といった大レヴューが上演されはした。しかしエッフェル塔での夕食と並んでパリ見物の「目玉」であり続ける定番の観光コースのおかげでのみ生き残る、そんな古ぼけて色あせたショー、一種の「貧者のオペラ」[*6]とは別物であろうとして四苦八苦していた。ここでは、リド、フォリー・ベルジェール、または一九七七年に開業したパラディ・ラタンといった大ショーのレヴューを継続的に上演したいくつかの劇場におけるように、フレンチ・カンカンと「一九〇〇年」の精神は言及はされるものの、実のところ心はもはやそこにはなかった。ミュージック・ホールは「キャバレー」に改名され、ショーを現代風にすることで衰退に抗おうと模索したが、折り込み済みの客離れと陳腐化を食い止めるにはいたらなかった。舞台上で、ベル・エポックはもはや、生を失った記憶、マージナルで硬直した単なるひとつのモチーフになろうとしていたのである。

音楽における一九〇〇年なる想像物は、その「レアリスト」な側面において、とりわけエディット・ピアフの大衆的な大成功のおかげでよりしぶとく持ちこたえる。一九一五年生まれの「小娘」ピアフは、世紀初めとの世代的な紐帯のようなものを保ち続けた。彼女は、ブリュアンの〈モンマルトルの丘の若い娘たち (Les mômes de la Butte)〉や〈ニニ・ポ=ド=シアン (Nini Peau de Chien)〉を再び取り上げるが、その遺産を現代風にすることにも成功した。一九六三年一〇月のピアフの死は、舞台に大きな空虚をもたらした。もちろん、フレエルが継承者として指名したコラ・ヴォケールや、ミシェル・ベルナール、バルバラ、ムルージといった後継者が存在するが、そのジャンル自体を刷新することはなかなか難しかった。懐メロが主で新曲が少なく、客離れの進行を予想させたのだ。

しかしながら、同時期に、一九〇〇年代の別の伝統が蘇る。それまでとっくに忘れ去られていた伝統、すなわち政治的な歌である。パリの路上の不服従者、コミューンの犠牲者、反徒、活動家、「素行の悪い」青年を歌った歌だ。運命論、労働者階級主義といったテーマ、さらに監獄、徒刑場、北アフリカのフランス囚人部隊に関わるあらゆるテーマは、シャンソン・レアリストに結びつくものだった。しかし最も強い結びつきを見せたのは、モンテユス、ガストン・クテ、シャルル・ダヴレらが体現していたアナーキストの伝統である。この系譜は少しずつ消えかかっていたが、一九五〇年代の半ばにその精神が再発見され始めていた。悲壮感の漂う雰囲気と赤いシャツを身に纏ったレオ・フェレは、詩と楽曲「パリ・カナイユ」[*7]をかけ合わせることで、絶対自由主義と反軍国主義の歌を復活させた。しかしブラッサンスの場合とまったく同様に、同時代の人々が特に関連づけたのはブリュアンだった。一九六一年に日刊紙『リベラシオン』はフェレをブリュアンにたとえた。というのは、フェレがブリュアンのように「彼が非難し、そのことで最も熱い拍手喝采を受けるほど惹きつけ、すべての金持ちたちから評価された」[*8]からだ。カルティエ・ラタン劇場で上演されたバーレスクの喜劇、アンリ＝フランソワ・レイ作『ボノ一味』のために一九五四年に作った一連の歌のなかで、ボリス・ヴィアンも、この異議申し立ての精神の一部に彼流に息を吹きこんだ。『ボノの哀歌』、『鋲打ち靴のダンス』、『ヴィレットの愉快な肉屋』が、その例である。芝居としては大失敗だったが、後に、ジャック・カネッティが制作したレコードにより、ヴィアンの歌は成功を収める。というのも、反体制的な歌は、とりわけ一九六〇年代の現実を映していたからである。歌手のマルク・オジュレは、〔ルイ・〕アラゴンにショーを捧げたのち、一九六八年に『コミューンの周辺で（一八四八～一八八〇）』を収録した。続いて、特にアルバム『対抗する歌（一八八〇～一九一四）』では、きわめてベル・エポック風のスタイルで、モンテユス、マクナブ、シャルル・ダヴレ、レオ・タクシル、さらにブリュアンのテクストを取り入れた。興味深いことに、ブリュアンはナショナリストで反ユダヤ主義の活動家だったことは知られていたが、その作品は、おそらく彼の労働者的なポピュリスムの態度ゆえに、アナーキストの色合いの濃い「闘争用の」歌に結びつけられていた。しかしながら、オジュレのレパートリーの代表曲に強く見られるのは、絶対自由主義的で革命的な遺産である。その他にも幾人かの歌手が続き、六八年以降という文脈を特徴づける異議申し立ての精神、アナーキズムや反軍国主義の伝統の再発見に関わった。ムルージは、それ以前はより古典的なレアリスト・シャンソンのレパートリーを制作していたが、一九七〇年にパリ・コミューンと「組合活動家の哀歌」の曲を収録した。ギー・ドゥボールは、いっそう政治的で、またいっそう強く後世に記憶されているが、彼は、一九七四年に『お人好しのジャヴァ』を制作し、皮肉を込めて、この歌をボノの仲間のうち最も学識豊かだったレモン・カルマンの作としている。この歌は、つぎはぎだらけだが、体制転覆の文化的なコードを巧妙に操っている。「ファントマだと思ったが、階級闘争だった」。

　つまり、「ベル・エポック」の記憶と利用は、一九六〇年代からかなり根本的に変化していくようになる。これまでが過剰だったのではと、すでにその一〇年前に『カナール・アンシェネ』の記者は不安を抱いていた。「一九〇〇年代の回顧はあまりにも過剰にわれわれに与えられてきたが、[…]それがこの時代に反感を抱かせることになったのだ」[*9]。いずれにせよ一九六〇年に始まる年代には、この想像物の明白な衰退が認められる。時代の変化は、とりわけ世紀転換期の代表的な人物らの死によって特徴づけられた。「ひとつの時代そのものが消えた」と一九六六年一〇月、クレオ・ド・メロードが死去したときに『レットル・フランセーズ』のジャーナリストが書いている。[*10] しかしすべてが同じリズムで霞んだわけではない。世紀初頭の画家、詩人、前衛たちの影響は、研究、伝記、展覧会の加速するリズムに合わせて増大しさえする。芸術創作のいくつかの新しい分野は、長年にわたりほとんど評価されずに嘲弄さえされてきたアール・ヌーヴォーと同様に、新たな注目の的となった。「ここ一〇年来、アール・ヌーヴォーへの関心の復活を目の当たりにしている」とモーリス・ランスは一九六四年に記している。彼は、ガレ、トゥレ、ギマールの名を挙げて、とりわけレストランのホールの取り壊しが増加していることを懸念する。そして「「一九〇〇年」を扱う時だ」と締めくくる。[*11]

モードとオート・クチュールも高く評価されるようになる。一九六一年一一月にパリ市服飾博物館は『ベル・エポックのファッション――フランスの服飾、一八九〇～一九一〇年、肖像画』という野心的な展覧会を開いた。主任のマドレーヌ・デルピエールは、三〇〇点以上の物品――衣装、装飾品、絵画、ファッション雑誌、ポール・ポワレとジャンヌ・ランヴァンのデザインによる衣装を身にまとった多くのマネキンなど――を展示した。逸話を集めた著書の刊行のペースも実際には止まったわけではない。アポリネールの秘書を務め、大戦前の年代の文芸に関わる催しのすべてに参加したジャン・モレの回想録[*12]のようなボヘミアンの回想録、あるいはパリのお歴々の人物像や気の利いた言い回しに多くのページを割いた選集の刊行は続けられていた。モーリス・ドネとサッシャ・ギトリと親しく、ユーモアに富んだ作家エルヴェ・ロヴィックは一九六四年、『ベル・エポックの秘密の生活』と題した、祖父母との想像上の会話を刊行した。[*13] 一九六六年と六七年にも、『美しい時代《ベル・エポック》の大いなる謎』のようなベストセラーになったシリーズの刊行が継続された。[*14] しかしながら、映画作家や俳優たちが語り始めたように、一九〇〇年の威光の何かが砕かれていた。「ベル・エポックについて皆がわれわれに語ってくれたが、私の考えでは、それは退屈な時代であり、悲惨な時代でさえあった」と、アメリカ人で著名な詩人かつ美術批評家のジョン・アッシュベリーが一九六四年に書いている。「ムーラン・ルージュのダンスパーティは凡庸な見せ物であり、午前三時にクレオ・ド・メロードの部屋履きでマキシムでシャンパンを飲むのは、究極の官能的な体験ではまったくなかった[*15]」。

ベル・エポックの殺害?

ベル・エポックなる想像物の形成にパリが占めた決定的な位置については、これまでに本書で強調してきた。都市の大通り、建築物、売店、劇場は、一九〇〇年の景観と文字通り一体をなしている。それに、この表象の大半は、この都市に注がれた悲しみの涙に濡れた眼差しに属する。「われわれは、パリのノスタルジーから解放されることは決してない[*16]」と一九五五年にヴァルノは記している。ところが、この都市は一九六〇年代の半ばから根本的に変化する。オスマン式都市計画を起点とし、一九〇〇年を頂点とする一〇〇年の大事業がこの時点で終わるのだ。そこまでに着手された都市改造のさまざまな事業は、おおよそ手入れの段階に留まり、一九五五年にオペラ大通りを拡張し街路樹を根こぎにした際のように、ときには終結を告げる役割を果たした。しかし、続く年代にはすべてが変わる。[*17] 一九五六年三月、三一メートル以上の高さの建築物の建造禁止の規定が廃止され、ほどなくしてパリの都市改造の新しい「基本計画」が採択された。一部の人は、この都市が不潔で、とりわけ自動車の往来に適していないと考えた。多くの人々が夢見たのは、一九六四年から六七年のあいだにジャック・タチが撮影した『プレイタイム』に登場したパリのように、再編成された、未来主義的なパリであった。結果は映画ほど突飛なものではなかったが、それでもなお変化は根本的だった。一九五九年以降、国務院は、伝統的な「パリの胃袋〔中央市場〕」をランジスに移設することを決定した。一九〇〇年のパリで夜の「一巡」を終える象徴的な場所レ・アール〔パリ中央市場〕は、こうして閉鎖を余儀なくされた。移設は一九六九年に実施され、一九七一年にバルタールの建物群が解体または移築された。フォーラム・デ・アールと呼ばれる新しいショッピング・センターが開かれるのは、その後ほどなくしてである。その他の古いパリの象徴的な施設も消えた。ほとんどいたるところでアスファルトに席を譲った敷石、一九二〇年代から崩れ続けていた城壁跡、ワインの卸売市場などがそうだ。ギマールの造成による約二〇のメトロの入口と付属の小建築物は一九六〇年代に取り替えられた。[*18] 代わってパリの新しい現実が生まれる。環状道路は、一九五九年にパリ都市計画の中心に位置づけられ、かつて「貧民街」のままだった場所の跡地に区間ごとに現れた。商業地区ラ・デファンスの最初の高層ビルも、一九五八年に建設が決まり、一九六〇年代の半ばに完成した。その他の高層ビルが少し遅れ、モンパルナス、ジュシューの大学キャンパス、フェット広場など、パリの中心部に現れる。都市「奪還」の大事業のことは長いあいだ言及されてきたが、一九六四〜六五年から実際に動き出し、それ以降加速化する。一九六六年には、パリを迅速に横断できる「右岸の河岸道路」の建設が始まる。同じ年にイタリア広場とマイヨ門の両地区の改修が決定。新たなモンパルナス駅が一九六九年に建設され、数年後に完成する高層ビルの建設に対して最後まで残っていた躊躇を取り除く。グルネル岸の改造工事が一九六七年に始まり、一九七〇年に最初の囲いが現れる。そのとき、将来のポンピドゥー・センターの建物も同じく着工され、一九七七年に開館する。

パリはそれが自らの権利かのごとく変化する。しかしラ・デファンスのビルもフロン・ド・セーヌも、土手道も、ベル・エポック時代のパリにいささかも崇拝の念を表するものではない。ルネ・クレールは、『ファントマ』を撮影する計画を長期間あたためて、シナリオの冒頭を描き始めていたが、一九六九年、それを結局放棄する。「ファントマのパリを再現することは、ルイ一四世のパリを再建することと同じくらい高くつくだろう」と彼はマルセル・アランに書いた。[*19] とはいえ、一九〇〇年のパリの痕跡はたしかに残っている。モンマルトル、一八八九年および一九〇〇年の万国博の跡地（エッフェル塔、グラン・パレ、プティ・パレ、オルセー駅、アレクサンドル三世橋）、あるいは他のところにもさらに点在している。ギマールの小建築物、シャンゼリゼ劇場、サマリテーヌ、「アール・ヌーヴォー」風の、あるいは世紀初頭に建設された数十のホテル、レストラン、ビル。これらの場所がいまもなお観光客を魅了し続けていることを確認できるのは意味深い。しかし断絶のほうがより深い。一九〇〇年が象徴かつ中心であった周期が完了し、パリは自らの歴史のもうひとつの局面に入ったのである。当時コレージュ・ド・フランスでパリの歴史を教えていたルイ・シュヴァリエは、それは暗殺だとして、怒りのこもった著作のなかでその企みについての考察を残している。彼によれば、一九六〇年から六八年のあいだに「ひとつの風景が丸ごと消え去り」、それと一緒に、世紀初頭の社会を多かれ少なかれ継承していたひとつの社会も消えてしまったのである。[20]

それに、変化したのは都市だけではない。これらの年代は、フランスの構造およびアイデンティティの根本的な変革期にあたる。「現代的」なフランスが現れ、その新たな一ページをめくろうと決断するや、ノスタルジックな哀惜などどうでもよくなったのだ。背景には高度経済成長と経済組織の「現代化」がある。社会学者アンリ・マンドゥラースが一九六七年、自著に付したタイトルの通り、それは『農民のゆくえ』であり、彼はそこにひとつの決定的な変化および「第二次フランス革命」の始まりを認めている。[21] 都市化が加速し、カードル〔管理職階層〕や中間層が台頭する大きな社会的な変容をもたらす。一九六五年に閉会する第二バチカン公会議も、この時代に伝統的で宗教的な価値観の激変を認めた。政治的変化もまた決定的である。一九六二年以降植民地を失ったフランスは、自らの勢力を取り戻す道を探らなければならなかった。共和国はそれ以降かなり強靭となり、名前の上では第五共和政を名乗るが、ドゴールの権勢がますます強まり、一九〇〇年が構成する想像物を参照する必要はもうなくなったのである。この想像物は、一九四四年、一九五〇年、あるいは一九五五年には有用であると思われたが、とりわけ一九六二年秋の制度改革以降、もはや通用しなくなる。一九〇〇年が連想させる「複数政党」体制、さらにその帝国主義的な側面は厄介なものとなる。この「現代的」フランスは、博物館のような街と植民地の重荷から解放され、古めかしい過去のノスタルジーに敢然と背を向けた。一九七二年一一月一五日の記者会見でポンピドゥー大統領は「親愛なる古きフランス！　美味の料理！　レ・フォリー・ベルジェール！　ル・ゲ・パリ！　オートクチュール、優れた輸出品……。コニャック、シャンパン、さらにボルドー、ブルゴーニュも……。これらは終わった。フランスは、産業革命を開始し、はるかに推進させたのだ」[22]。

逆流

しかし「ベル・エポック」は——ただし他のすべての時代と同様に——足腰がしっかりしている。ベル・エポックは衰弱したが、たわめども折れず、相貌を変えつつも時代の新しい用途に適応する。貴族的で社交界のものであったベル・エポックは、いっそう大衆的、反体制的、さらには革命的なものになろうとする。そこでは忘れられた人物、埋もれていた記憶が出現する。「ベル・エポックは、明るい顔と泣き顔を持っている」とユベール・ジュアンはきわめて適切に記している[23]。いまや表面に現れるのは、明らかに泣き顔のほうだ。舞台装置は反転し、それ以降は貧者、女性、ストライキをする人、徒刑囚、「変質者」があふれ出す。その一方で、それらの年代に人々が与える意味は根本的に変化する。基調は、赤、黒、フェミニストになる。

このような現象は、明らかに、批判と政治的・社会的急進主義の強く染み込んだ哲学を前景に押し出す思想の動きに負っている。マルクス主義、アナーキズム、第三世界主義、フェミニズムが、あいまいさや対立がなかったわけではないが、歓喜的で過剰なイデオロギー的運動のなかで合流し[24]、一九世紀から二〇世紀への転換期を新たに解釈し直すことになる。大学における歴史学は飛躍的に発展し、一新され、以降はこの時期に大いに注目し、その理解の仕方を変える。共和国の勝利の話をいくらか脇におくことで、歴史学はいっそう社会史的になり、立役者となる諸集団を区別する構成、振る舞い、敵対関係を点検することに専心する。社交界のエリートとサロンは完全には忘れられていなかったとはいえ、重心はそこから民衆層へと移動することになる。「社会的動向」、労働者の抵抗形態、ストライキ、弾圧、労働組合運動、さまざまなフランス社会主義グループについての歴史が、一九六五年から七五年にかけて非常に多くの博士論文や第一線の研究書を生み、これらによってフランスの歴史学の大家が名を上げる。[*25]そこでは、ベル・エポック期の「美」と無頓着な軽快さは、その輝きを多く失う。ベル・エポックを主題とした一九七二年のフランス国立文書館における大規模な展覧会がこれを証明している。この時代の流行、「奢侈」、技術革新は第一部で言及されてはいるものの、テーマの核心はいまや、民衆層、労働社会、政治的・社会的な緊張関係に関するものである。一九〇一年の結核による死者の社会的構成や地理的分布を表す一枚の図に次のような解説が付されている。「逆に、フランス人の大部分にとっては、この時代は困難で報いがなかったため、労働者が団結していた[*26]」と。

大衆はもちろん歴史学の博士論文を読むことはないが、それらの見解はめぐりめぐって、大衆向けの言説に少しずつ影響を及ぼした。その結果、無頓着、幸せといった伝統的なイメージは変化する。これはとりわけ学校の教科書に顕著である。一九五七年以降、つまり、世界規模で「文明規模の」歴史学をいっそう推奨した「ブローデル方式」と呼ばれる教育プログラム以降、教科書では、これらの側面はところどころ削除されていた。これらの側面に言及する教科書があっても、非常に批判的な視点を打ち出している。一九六一年以降、『近代世界の誕生（一八四八～一九一四）』と題されたマレとイザックの共著で第一学級〔中等教育の第六学年〕向けの教科書は、「ベル・エポックと呼ばれたもの」について言及しているが、エリートと芸術的な創作物にしか触れていない。この教科書は逆に、戦前についてのとりわけ不安げな見方を示している。「農地問題、労働問題、官僚問題［…］対外問題の悪化など、社会問題が政治において支配的であった」。一九七〇年代の教科書は歴史学の最新の研究成果を取り入れようと努める。「ベル・エポックには、まだ周辺部と不平等が隠されていた」と、ジャック・ブイヨンとアンヌ＝マリ・ソーンは一九七八年に記している。*27

ここでは、異なる意味がこの時代に結びつけられ始めている。新しい活力や多様なアイデンティティが沸騰する炊事鍋のように描かれるのである。あるものは初期段階で、息苦しくまとわりつく首かせをなかなか砕けないでいたが、多くのものが、来るべき喧騒と異議申し立てをはらんでいた。母体となる考えは残っていたが、この母体はいっそう複雑で、文化的創造だけでなく、諸個人、彼らの欲動、そして彼らが待望する社会的世界にも作用した。*28 これらの変化はすべて、「六八年」の痕跡をもちろんとどめている。歴史から排除された者、歴史の敗者、周縁への焦点化、アナーキズムやその他のオルタナティブな政治的企図の再発見、歴史のなかに正当化の形態を探す「マイノリティ」（社会的、性的、民族的）のアイデンティティの要求の端緒などである。ミシェル・フーコーの著作の影響力も強かった。その代表作品は一九六一年（『狂気と非理性〔狂気の歴史〕』）から一九七〇年代後半（『監視することと処罰すること〔監獄の誕生〕』、『性の歴史』）にかけて刊行されている。

このような動向は、二重の効果をもつ。まずこの動向は、パリ祭の観閲式とカフェ＝コンセールのお馴染みの楽曲を称賛するような、平和で、安定し、満たされた社会の裏側を調査し、その社会を苛む欠陥、神経症、幻想を顕わにすることに貢献した。さまざまな違犯からなるひとつの大陸が徐々に浮かび上がる。アルコール中毒、狂気、自殺、犯罪、売春、堕落、あらゆる種類の倒錯が分析の対象となる。これらの特徴は、一九〇〇年代の美的創造物の活力を別様に考えるための鍵をもたらすだけに、いっそう明確に現れるようになる。この一九〇〇年代は精神分析をもたらしたことも思い起こそう。とはいえ、この動向の主たる効果は、これまで「ベル・エポック」がほとんど認めてこなかった新しい人物、社会の新しい立役者、すなわち弱者、抑圧された人々、周辺部の人々の出現にある。それはもちろん労働運動者、革命家、絶対自由主義者、反軍国主義者らにほかならない。アナーキズム運動に関する歴史学者であるジャン・メトロンは、一九六〇年に雑誌『社会運動』を発刊し、その四年後には『労働運動の伝記辞典』という壮大な企てを開始し、社会闘争の無名活動家たちを顕彰しようとした。[*29] 植民地の人々にも焦点が当てられた。彼らにとって、「ベル・エポック」という概念はフランスによる支配の絶頂期と劇的に結びついているのである。帝国という観点は一九四五年から六二年までの植民地独立戦争のためにこれまでほとんど話題にならなかったが、このときに表面に現れるようになる。ただしそれは、さまざまなかたちの搾取、人々の抵抗、反植民地主義のさまざまな表出を強調するためである。[*30] 大学の外部では、絶対自由主義的な活動、反植民地主義、同性愛を結びつけるダニエル・ゲランのような作家たちが、一九五九年創立のマスペロや一九六九年創立のシャン・リーブル出版などの新しい出版社の支援を受けて、一九六〇年代の一〇年間に注目すべき作品を刊行する。[*31] 一九〇〇年のフランスが、貧農、女中、売春婦、囚人、犯罪者、精神病者で埋め尽くされていたこともあらためて認識された。リモージュ出身の詩人で作家のジョルジュ＝エマニュエル・クランシエは、アラゴンに勧められて一九六一年に『黒いパン』を完成させた。一八七〇年に始まり、第一次世界大戦にいたる、リムーザンの田舎の貧しい家族の運命を描いた社会小説である。文学者協会の小説賞を獲得したこの連続小説は、セルジュ・モアティの脚色によってテレビ向けの連続ドラマとなり、一九七四年から七六年にかけて放送された。美術史もまた、公認から外れていた人たちを正当に評価しようと努めた。一九六六年、ジャン＝ポール・クレスペルは革新者たちの霊廟から軽視されてきた無名の「ベル・エポックの主役たち」を取り上げた本を刊行した。[*32] ベンドール〔地中海に浮かぶ島〕では、ポール・リカール財団が一九七一年九月に「ベル・エポック」の大展覧会を開催。この展覧会は、かの時代における「現実」の美学、すなわち公式画家、版画師、旧弊な画家、アール・デコの職人たちといった「凡人の」集団を扱っていた。ちなみにそれは、ジャン・カスーが、ずっと以前から研究を推奨していたものだ。[*33] このことは、とりわけ『アシエット・オ・ブール〔バター料理〕』のような無政府主義的な論調の週刊誌をはじめとした、風刺新聞雑誌の画家やイラストレーターについても同様である。[*34] 新聞雑誌の挿絵を対象とした展覧会では、それまで古典的で「文化的」な作品（シャルル・ユアール、フォラン、カラン・ダッシュ、トゥールーズ＝ロートレック）が主に取り上げられてきたが、この時期から、とりわけジョッソーやグランジュアンといった、いっそう違反的な傾向のある、しばしば絶対自由主義や反軍国主義運動に近しい新しい作家たちが紹介されるようになる。[*35]

　世紀初頭の女性たちに注がれる視線もまた大きく変化する。「ベル・エポック」はまず、見せかけの家父長制社会で密かに実権を握る妻ないし愛人という「永遠の女性」の聖域として現れ、次いで、職業的および社会的解放の段階的な条件を最初に整えた「新しい女《ニュー・ウーマン》」に対する偏愛の地として現れ、[*36] こうして完全なフェミニズムの祖国へと格上げされた。戦後の前衛たちは、過去を見直し、部分的には英雄化することで、自らを正当化してくれるものを読み取ろうとしたが、彼女らと同様に、一九六〇年代および「第三波」のフェミニストたちは、世紀初頭の興奮のなかに母胎としての高揚を感知し、そこから資源を汲み取ろうとした。女性たちの書いたもの、そのテーマと表現形式が新しい研究の対象となり、ガブリエル・ルヴァル、ダニエル・ルシュー、マルセル・ティネール、ジャンヌ・マルニ、コレット・イヴェールといった、それまで知られていなかった一群の作家たちがそこから出現する。[*37] 一九八五年にジャン・ラボーの『「ベル・エポック」のフェミニストたち』が刊行される。これは大衆向けの作品であるが、ベル・エポック式の女らしさの神話を打ち砕こうとするものである。ここでは徹底的に見方が覆されている。ユベルティーヌ・オクレール、マドレーヌ・ペルティエ、あるいは日刊紙『ラ・フロンド』を一八九七年に発刊したマルグリット・デュランのように、忘れられた女性活動家の思想や行動が再発見される。平和主義者、反植民地主義者で、結婚制度に反対したユベルティーヌ・オクレールについては、一九八七年に最初の伝記が出版されたが、[*38] 彼女は「一九〇〇年の女性」という幻想の女性像に対するはっきりとしたアンチテーゼのように見える。戦間期の穏健フェミニストたちによって、[*39] その急進主義と「ものの本性と一致しない」見解を理由にボイコットされたこの女性は、以降、先駆者としてかつがれ、その言説や作品が再版された。マドレーヌ・ペルティエに関しても同様で、精神科を専門とした最初の女医で、婦人参政権論者、それに新マルサス主義者の活動家であった。性・ファッション・解放を関連づけて、ペルティエは女性の男性化が必要であると主張した。精神科医のマドレーヌ・ペルティエ女医は、しかしながら一九三九年に「判断力の障害」のためにペレ・ヴォクリューズの精神病院でその生涯を閉じる。[*40] 一九〇〇年代のレズビアン文化とその主要人物たち――コレット、ナタリー・バルネ、リアーヌ・プジー、ルネ・ヴィヴィアン[*41]――が注目を集め、当時、再び増え出した女性の同性愛者のアイデンティティを正当化することにも貢献した。

禁忌をより著しく侵犯し、より危険な、より「倒錯的」なもうひとつの文学、忘れられていたか、あるいは「読みうるもの」の埒外に追いやられていた文学も復活する。この現象は確かに他の分野におけるほど注目されなかった。というのも、「呪われた詩人たち」の存在およびその復権は、ヴェルレーヌ以来、文学の伝統のひとつを形成しているからである。たとえば、アンドレ・ブルトンは一九五五年に『泥棒』をポヴェール社で再版した際、「呪われたダリアン」と題する序文を書いた。同年、ピエール・ラ・ブラシュリは『ヒキガエル』のなかで、ひとつの文学がまるごと消滅したことに動揺し、それを復活させようと呼びかける。「忘れられ、軽蔑された作家らを発掘するために、一九〇〇年の土台の解明を担う専門家グループをいつか作ることが望ましいだろう」[*42]と書き、その復活を呼びかける。こうしてダリアン、ヴィリー、アルフレッド・カピュス、ピエール・ヴェベール、リュシアン・ミュールフェルド、すでに一九二四年に無名作家賞が授与されたモーリス・ボヴールを思いつくままに挙げている。しかしこれらの反体制的な年代を支配した「逆流」の感性は、この星雲をさらに探検するよういっそう前へ駆り立てる。そこで見つけられるのは、過去の勿体ぶった「問題」小説からかけ離れたところにある「現代」小説の母胎のひとつである。[*43] 皮肉、挑発、攻撃的な笑いを操る者、エーテル、アルコール、ポルノグラフィーに溺れる者、無政府主義、反軍国主義、革命の支持者、社会的・性的な逸脱を追求する者、確実性を蝕む者、要するに一九〇〇年の文学界の近づきがたい作家たちがこうして皆、少しずつ再評価されたのである。

いくつかの先駆的な研究は、アメリカ合衆国で生まれた(文学と同様に歴史学において、フランス史を専門とする外国の歴史家らはたいてい、名を上げるために革新的研究に専念した)。たとえば、象徴主義の運動に焦点を当てたケニース・コーネルの博士論文は一九五一年に発表され、ロジャー・シャタックの代表作は一九五八年に刊行された。[*44] とはいえ、フランスを対象とした研究は、博士論文、論文、批評選集、テーマ分析のかたちで一九六〇年代に増加し、[*45] この傾向はその後の一〇年間にも続いた。[*46] アンドレ・ビリーが一九六四年にフラマリオン社から『現実の一九〇〇年』と題する文庫本のシリーズを出したが、ビリーの高齢と死により一九七一年に早々に打ち切られた。[*47] これらの再評価された作家たちの伝記も書かれた。この分野で重要なのは、やはり編集者の主体的関与であり、とりわけベルギー人の作家で批評家のユベール・ジュアンの貢献が大きい。ジュアンは一九七二年、『前世紀の作家たち』の序文に次のように書いた。[*48]「一九〇〇年の時代に対する関心こそ高まっているが、この関心はすべて中途半端、気まぐれ、即興といった性格を帯びている。信頼性の高いモノグラフ、詳細な研究をわれわれに与えてもらいたい！　これこそが、神話とは別に、この魅惑的な「ベル・エポック」をわれわれのために復元する方法なのだ」。しかし、研究の成果よりも、研究の対象になったテキストのほうが重要であった。この点で、ジュアンが一九七七年から八六年まで監修した「世紀末」シリーズが決定的であった。この一九七九年には、「デカダンス派」作家のシリーズがすでに六つ以上存在していた。[*49] その後、クリスティアン・ピロが一九八四年に創刊した『一九〇〇年の周辺』シリーズ、ジャン・ド・パラシオがセギュイエ社から出した「退廃期の図書館」シリーズなど、他のシリーズが続く。ド・フェドからジャン・ロランへ、ポール・ブールジェからシャルル＝ルイ・フィリップへと、ベル・エポック文学は、その顔も変えたのだ。

このように変化は根底的で、時代の理解の全体に及んだ。政治、社会体制にしても従来考えられていたよりもはるかに堅固ではなく、ひどい緊張と矛盾に貫かれているように見えてきた。ついこのあいだまで勝者であった急進主義の共和政は、その脆弱性を露呈した。「共和政のコンセンサス、共和政のモデルへのほぼ全面的支持といったテーマは、今日、かなり陳腐化しているが、愛想のいい伝説であった。実際、最後まで、共和政には獰猛な敵がいた」とルネ・レモンは記している。歴史記述は今日、世紀初頭における政体の脆弱性をいみじくも強調しているが、それはこの脆弱性のゆえに政体が虚勢を張り、力強さを宣伝したということだ。[*50] 大衆、貧困、病、非安全性、すなわち社会闘争に光を当てることは、すべて必要不可欠な補正措置であった。情景の描写は明確になり、精緻になった。その一方で行きすぎもあった。なぜ、大勢の人々がカフェ・コンセールで高笑いしたり、観閲式や大軍事演習の日に「フランス軍を観て称賛する」ために駆けつけたのか、これを理解するのはますます難しくなったからだ。おそらくは節度と調整の問題なのだろう。「ベル・エポック」という表現はその反面、流行し続けた。たとえ本来の使用法とは逆だったにしても、舞台裏となっていたあらゆるものについて皮肉を込め、安直に強調するために。

ベル・エポックのフランス全土

二つ目の変化も同じく決定的である。二〇世紀の最後の四半世紀に生じたベル・エポックの主な使用法と意味の変化である。実際、「ベル・エポック」は一九七〇年代の終わりから再度脚光を浴びるが、今回も異なった様相を呈した。その理由は当時フランス国内に広まっていた文化遺産指定と記念祭の大流行に帰せられる。過去、近い過去がいっそう、心の支えと安心感を与えるものとしての価値を持つようになる。「レトロ」が流行し、古きフランスの風景、労働、日々を祝福する文化的ノスタルジーについてさらなる消費を刺激した。黄ばんだ服や下着、古いポスターや絵葉書、古い食器、宣伝広告用のブリキ箱など、前は屋根裏や地下室に放り出していた品々を人々が買い始めた。人々は、かつて屋根裏や地下室に処分した品々を買い始めた。[*1] 文化大臣アンドレ・マルローが求めた文化の地方分権化が国中に広く根を下ろし、ますます「感情によってもたらされた」[*2] 身近な遺産の評価を高め続けた。一九七七年には文化省内に担当部局が創設された。[*3] この流行は地方の歴史へ移り、かつての地域の実情、現場、人々、仕草を詳細に演出するようになる。それぞれの地域が「独自の歴史」をわが物と主張し、「かつての「辺鄙な村」」がそれ自体として輝きに満ちあふれた意味を持つ存在となる」[*4]。自らのものと主張するものが実体験である必要はまったくなく、知らなかった世界にもノスタルジーが結びつき、哀愁が史実となりうる。このようなプロセスを経たいくつかのステレオタイプ化された時代が特別な扱いを受け、なかでも極度に近くもなく遠くもない「ベル・エポック」がたちまち頭角を現す。祖父母の時代、家族の家の屋根裏の、「工業化以前の農村世界の記憶を留める」[*5] 古物の時代である。

こうしたベル・エポックへの傾注の大きな要因は、時代背景である。未来が再び、あらゆる点において不確実なものとなった。人々の生活は、経済不況、社会不安、発展にともなう諸課題――公害、放射能、気候変動あるいは産業リスク――で特徴づけられる。代議制の混乱と、イデオロギーの大舞台装置の崩壊は、政治的地平線をかすませ、人々は政治に参加する意欲をほとんど失った。私的生活自体も、エイズによって引き起こされた性的不安を背負い込んだ。不穏な世界、さらに悪く言えば、「空虚」な社会に直面することで、過去が安心できる対象として意味を持つようになり、地域のアイデンティティが個人的・集団的な拠り所になった。「根を下ろすこと」[*6]への願望、さらには「あがき」の時代だった。結果として、歴史と「記憶の場」の需要が増大した。人々は、昔のフランスを知り、称賛し、再評価することを望んだ。遺産は、法律および財政だけでなく、文化に関わり、さらに時代の要請となった。こうした動向を促進し、整備するため、一九七八年以降、文化省内に文化遺産委員会が設置された。こうして一九八〇年は、「文化遺産の年」として宣言された。バール政権の文化大臣フィリップ・ルカは、「共有遺産」の保存、充実、伝承に、フランス人が協力して取り組むことを奨励した。危機に瀕した「傑作」として、城館、教会ばかりか、農家、小教会堂、邸宅も重視した。本やテレビドラマでは、田舎をテーマとしたものが流行し、作家のクロード・ヴァンスノやクロード・ミシュレ、「生活の質」、新しい田舎生活が称賛された。フランスでは一九八二年に人々が農村の人口流出が終わったと教えられ、一九八九年に「田園都市(rurbain)」という言葉が現れた。[*7]近接するが過ぎ去った昔の痕跡を保存し、共通の根っこを探し出そうという要請が増大した。セルマージュの小教区の教会が、一九八一年にフランソワ・ミッテランの選挙ポスターで有名になり、フランスの田舎における「静かな勢力」を象徴するものになった。引退した人々は家系図の作成に没頭し、各々が身近な人々の身上話に痕跡をとどめた出来事や経歴を解明しようとした。こうしたなかで「目覚ましい回想活動」の中心に直ちに第一次世界大戦が立ち現れ、そこに屋根裏部屋の整理を促す家系図作成への熱意と地域のイニシアティブと戦闘的な心根が合流することになった。[*8]しかし人々が敬意を表するフランス軍兵士も、士官も、後方で待つ家族も皆、「ベル・エポック」のフランス人であることを忘れたものは誰もいなかった。

「ベル・エポックのわが村」

一九七〇年代半ば以降、ベル・エポックの時代に焦点を当てた新しいタイプの図版入り書籍が登場した。これらの書籍はハイ・ライフの社交生活や芸術活動の豪華絢爛ぶりを対象から外し、さらに労働争議をめぐる歴史的事件も排除し、ベル・エポック期の「わが町」、「わが地域」、さらに「わが村」の歴史を対象とする膨大な量の小さな物語を散りばめた。この種の試みは、一九六〇年代にすでに見られるが、[*9] 一九七五年以降はまったく異なる規模の現象になった。固有の「ベル・エポック」の描写のされない地域や村はほとんどなく、ベルギー人の編集者でソディム社（後のリブロ・シアンス社）の社長を務めたヴィリー・ド・エルトフが、この分野の専門家となった。一九七四年から七七年まで、ソディム社はこれらの作品を八〇点以上出版し、「ベル・エポック」期の地域（ブルターニュ、ノルマンディー、シャンパーニュ、フランドル、ブルボネ）、とりわけ都市（ナント、ボルドー、ランス、ソワッソン、マルセイユ、アングレームなど）、さらには小さな村（ランブイエ、ル・トレポール、クレピ＝アン＝ヴァロワ、ブルノワ）を対象に取り上げた。この新分野の発展が見込まれたことから、編集者ド・エルトフはこれまでの作品に加え、すぐさま「ベル・エポック」の航空術、郵便、女性、あるいは警察官、製粉業者、木靴製造工といった職種を対象とした写真集などテーマ別の作品を刊行した。この分野の発展に関わった出版社はソディムだけではない。フランスでは、複数の地方の出版社（ピカルディー地方のアンクラージュやラ・ヴァグ・ヴェルト、ブルターニュ地方のウェスト・フランス、ニームのラクール）、さらに県の出版社、たとえばオーリヤックの中央出版、『ベル・エポックのブルターニュ』シリーズを出したブ

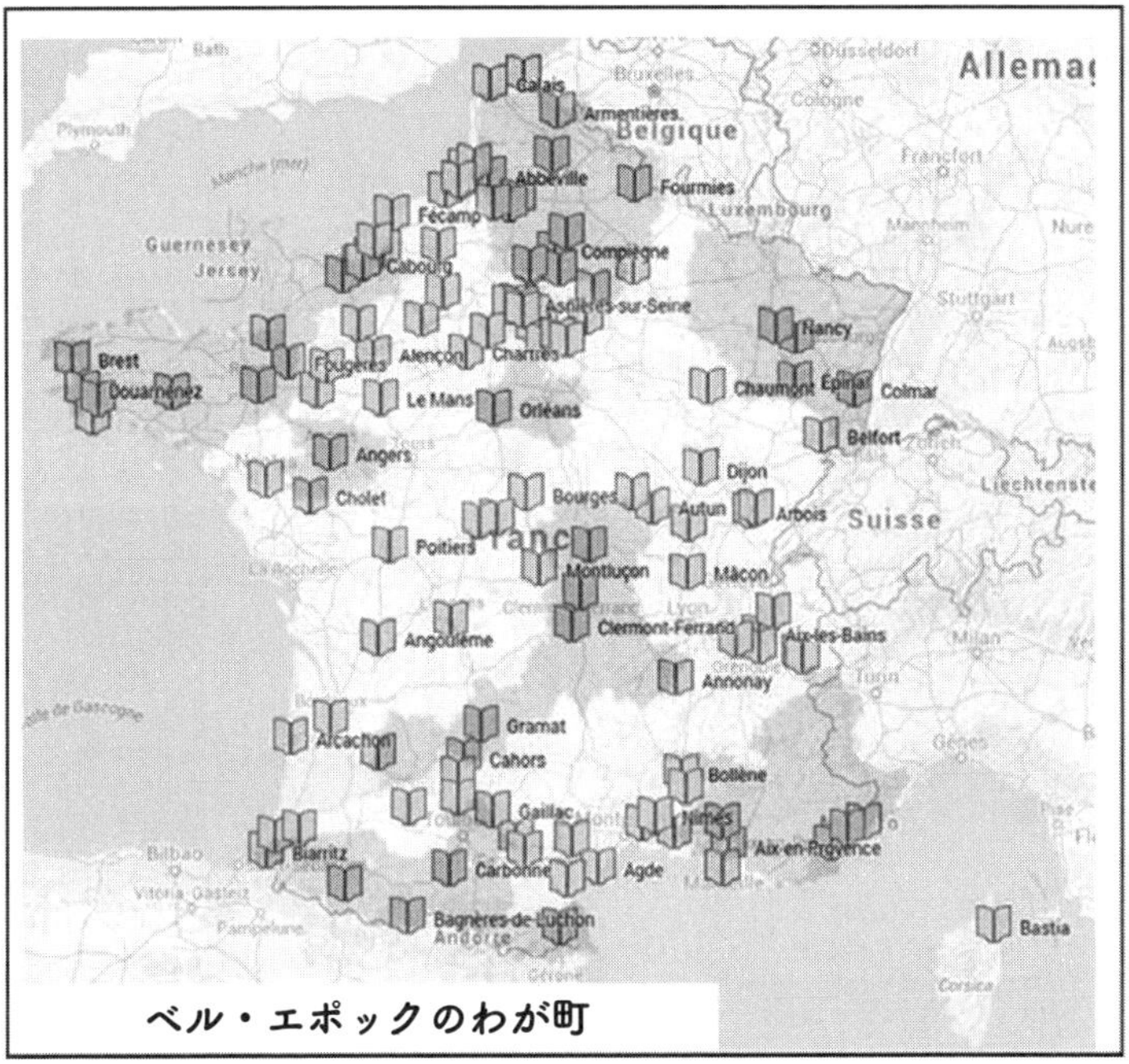

ベル・エポックのわが町

レストのラ・シテ出版も参入した。県古文書館、市町村古文書館、博物館も、「地元の」出版を生かす天の恵みの一部を収集する。こうしてガナトリ地方出版社が一九七七年から七九年にかけて『ベル・エポックのガナ――思い出のアルバム』を刊行。セーヌ＝エ＝マルヌ県にはイエール渓谷芸術・歴史・考古学協会およびブリュノア美術館と協力関係にあるリス・プレス＝アマッティス出版が現れる。この出版社が出した「過去の散策」コレクションの一連の作品が「ベル・エポック」をテーマにしていた。刊行は一九九二年から出版社が倒産する二〇〇八年にわたり、ムラン、ヌムール、ラニ、シェル、ラ＝フェルテ＝ス＝ジュアール、ラ＝フェルテ＝ゴシェ、モルマンなどが取り上げられた。その他の例としては、ノルマンディー地方の小さな出版社オレプが、一九八七年からノルマンディー地方の再評価に専心した。「われわれは、地域とその歴史、その豊かな過去および生きた文化遺産を保護します」と編集長のアニー・フェテュは説明した。「ベル・エポック――記憶に残るイメージ」シリーズは、一九〇〇年頃の地方における小郡や経済活動を対象とした複数のモノグラフを収めた。[*10]

これら約二〇〇点の作品をまとめると、[*11] そのうち何点かは「私家版」だが、ベル・エポックのフランスの驚異的な地図が現れてくる。いかなる風変わりな風景、いかなる大建造物、いかなる画趣のある振る舞いが、こうして「一九〇〇年頃」の地元をテーマにした一著を刊行することを正当化するだろうか。いずれにせよ、これほど大量に出版されたことは、「好奇心」というありがちな論では説明がつかず、主としてこれらの著作物の内容に起因する。実際にすべての本は、絵葉書アルバムに文章が添えられたもので、その文章は全体的に簡潔な内容だが、つねに愉快でノスタルジックだった。まさに「はがき手紙（carte-lettre）」は二〇世紀初めに人気を博したものだった。この新しい型はオーストリアに由来するが、一八八九年、さらに一九〇〇年のパリ万国博がその発展にきわめて大きな影響を及ぼした。当時、フランスでは非常に多くの印刷所がこれに携わった。たとえば、パリではＥＬＤ（エルネスト＝ルイ・ル・ドゥレ）、レヴィ＝ヌルダン会社、ナンシー共同印刷、サン＝ブリューでは地方分権主義者のエミール・アルモニック、トゥールーズではラブッシュ兄弟が挙げられる。一八九九年に年間八〇〇万点だったはがき手紙の国内生産は、一九一〇年には年間一億二三〇〇万点に達した。[*12] 一九一〇年に、この分野では三万人以上の労働者が雇用され、絵葉書収集家の雑誌やクラブは五〇を下回らなかった。[*13] パリは、これらの大部分の写真の中心にあった。主要なシリーズ（トゥ・パリ、ゴンドリ、ＮＤ、ＬＬ、ＦＦ、Ｃ

M）は首都の景観を一万点以上も取り上げているが、さらに路上の職人仕事に関するあらゆるシリーズや専門的なシリーズを加えなければならない。[*14]

いずれにせよ、フランスを縦横に巡って回る数百名のカメラマンの注意深い目から免れた地点はひとつもない。年齢・階層・性の差を超えて、皆がはがき手紙を書いた。「これは、鉄道、自転車、自動車に必須の補完物だった」と、一九〇四年一〇月に『ル・フィガロ・イリュストレ』の記者ははっきり述べており、「生活を駆け足で見て回る」新しい方法のひとつだと言っている。[*15] この膨大な量の生産物は「景観」、タイプ、名士、職人仕事、普通の生活の情景、ドラマティックな出来事など、何でも見せる。そこではポルノグラフィーが労働者のデモやストライキに交わり、大事故が日常生活の「珍しいもの」や奇抜なものと隣り合わせになり、犯罪、洪水、初飛行が、豚祭りや犬引き車と同じような位置を占める。絵葉書にはベル・エポックが丸ごとふんぞりかえっていた。

このように二〇世紀初頭に生産された数億枚の写真が、手当たり次第の文化遺産化の素材を成したのだ。たとえばアルビでは、絵葉書の発行者の孫によってグラン・スュド出版社が創設され、「ベル・エポック」関係の書籍を今もなお刊行している。[*16] この種の本の登場は、実際、昔の絵葉書を扱う市場が成立した時期に合致する。最初の専門情報誌が一九七五年に出版され、これに他の多くの雑誌が続き、古い絵葉書の稀少価値を宣伝し、収集行動を誘動した。[*17] 最初の公式の展覧会にしても、シルヴィ・フォレスティエによって国立民俗民芸博物館で一九七八年に開催された。[*18] この頃、およそ五〇の専門雑誌と四〇〇のサークルが存在していた。[*19] 数年後にフランス民族誌学協会の後援で実施されたアンケートによれば、フランスには絵葉書収集家サークルの会員が一万人、専門雑誌の購読者が一万五〇〇〇人、そして愛好家が一〇〇万人近くいた。[*20] 皆が「過去を復権させようとしている。ひとつ前の世代から伝え聞いていた近しい過去をだ」。絵葉書の最初の専門書の一例である『絵葉書に見る二五年間（一八八九〜一九一四年）のニュース』が強調しているように、絵葉書への熱狂は実際、「ベル・エポック」に対する見方とマッチしている。[*21] しかし、「ベル・エポック」をテーマにしたすべてのモノグラフの刊行を可能にしたのは特にノダン夫妻が推進した、最初はテーマ別、次いで市町村別、さらには「関係する場所」別という絵葉書の分類方法なのだった。

「ベル・エポック」のモノグラフに加えて、一九〇〇年の農民のフランス、失われたフランス、一九一四年以前のフランス人の日常生活など、皆微笑ましく、面白い、イラスト入りの年代記として機能する数十点の絵本や回顧写真集が現れた。[*22] 驚くこともないが、これらの本はすべて、「奇異なフランス」の小話や珍品を強調し、三面記事、滑稽さ、バーレスクを好んだ。喜んで紹介されたのは謝肉祭の飾り牛の行進、国立高等美術学校のダンスパーティ、派手な事故である。一八九五年一二月に発生した、モンパルナス駅正面への暴走機関車の衝突や、現場を背景にカメラに収めてもらおうと六千人が押しかけた一九〇七年のアンジェ近郊のポン・ドゥ・セ橋の崩落などである。自殺と情痴犯罪、ちんぴらの決闘や軽率ぶり、放屁師ピュジョールや市長の宴会の驚くべきあるいは風変わりなシーンが無尽蔵の写真バンクに加わってくる。「主題の奇異さは、主題そのもののうちによりも、絵葉書に表れているという事実のうちに存する」と、編集者は適切に指摘した。[*23] しかし、これらすべてが掻き立てるのは、嫌な風景や生活様式に取って代わる、失われた世界のノスタルジーである。「三五年前に畑や草原があった場所には、もはや何も生えずコンクリートだけだ。村人たちの家が壊され、そこに高級マンションが建設される。その窓から何ものにも遮られず、見えるのは向かいのアパルトマンで、ときには（開発業者の気前の良さを示す）キャスター付きのゴミ箱と二つのゼラニウムの寄せ植えスポットを置くのが精一杯の広さの専用庭も加わる」と、ベル・エポックのブリー＝コント・ロベールをテーマにした本の著者は記している。[*24]

その結果として現れるのは、流行遅れで古めかしい、当時の想像しうる珍奇なものすべてを列挙した写真アルバムである。「昨日の」世界ではあるが、今なおわれわれの時代の一部であり、人々が感動しながら眺める写真アルバムなのだ。一八九〇年から一九一四年まで、エロー県のフォンテス市の公証人マルシャル・オブレスピは家族、村の人々、それに狩猟、祭り、ブドウ収穫、結婚式など村で行われたイベントの写真を六〇〇点以上撮影した。他の写真家の多くも彼を真似た。これらの写真は簡素で控えめだが、真実味があった。「貧民のイメージだが貧しいイメージではない」と、ベルギーの日刊紙『ル・ソワール』の記者は書いた。[*25] 品物、風景、シルエット、胸を打ち、いじらしく、ほんの少し滑稽である顔。通行人、可愛らしい娘、カフェのウェイター、編み物屋、レンズを見つめる子供たち。それらは、あなたがたの祖父、あるいは曾祖母かもしれないわけだ。もしかすると戦争で亡くなっているかもしれない。ここからまるごとひとつの民俗学が生まれる。第一級の文化人類学も、さらに『エグゾティスムに関する試論』のなかでヴィクトール・セガレンのいう「多様なるものの詩学」に近い美学も、簡潔で一瞬の、等々の描写も生まれる。失われた世界をわれわれに語るのだから、確かに骨董品もそこから生まれる。しかし、人びとは自分たちがこの世界の相続人であると感じている。というのも、電気、電信、自動車、飛行機、蓄音機、コマーシャル、映画あるいはコマ割りの続き漫画など、われわれにとって相変わらず馴染み深い品々をこの世界が発明しえたのだからだ。少々古臭いが、感動的で心温まる現代性を発明したのである。この過去は、とても近くまた同時にとても遠いがゆえに、われわれに感動的でノスタルジックなまなざしを呼び起こすのだ。この過去を通じて、われわれは時代の源泉を褒め称えるのである。

写真アルバムの最も決定的な効果はさらに別なところにもある。「ベル・エポック」は、それまでパリと社交界が中心で、同時代の上流社会《ハイ・ライフ》のライフ・スタイル、マキシムでの夕食、主な売春婦のスキャンダラスな生活を称えるものと決まっていたが、突如として地方、農民、手工業者が加わった。ベル・エポックはパリ生活の「性的魅力」から、突如としてフランスの全国的規模に広がった空間のなかの最も小さな「耕作地」にまで移動した。ベル・エポックは、社交的なレジャーからフランスで最も慎ましい人々の労働と日々へと移っていったのである。農村的で、無名な人びとと日常生活の匂いと騒音に満ちた、異なるベル・エポック、おそらくはより「本物の」ベル・エポックが少しずつ出現する。ベル・エポックが語る歴史は、いつまでも「要点」に留まった。この歴史はほとんど何も説明することなく、積み重ね、ため込むことで絶えず満足していたが、[*26] これ以降、国全体に開かれ、大衆化していったのである。

もしベル・エポックが私に語られたなら

二〇世紀末には一九〇〇年に対する渇望がかくも強まると、ほどなくして絵葉書集ではもはや満足が得られなくなる。画趣のあるものばかりか、われわれに当時の人々の生活を伝える実話、体験、活気の描写もまた求められる。一九七八年に創刊されたクロード・パストゥールの編集による『もし一九〇〇年が私に語られたなら』叢書は、こうした要望に応えることを試みたものである。叢書の版元であるフランス帝国出版は大手で、一九四五年の創設以来、歴史的証言を専門にしていただけに、伝記や通俗書を著していた女性ジャーナリストの監修によるこの叢書はしっかりとした土台に支えられてスタートした。一九七八年から八八年までに、二九巻も刊行された。叢書の目標は、一九〇〇年代のあらゆる社会階層の男女による一連の語りを読者に提供することだった。[27]「これらの作品はそれぞれ、特定の社会階層、職業、地域、国の姿を示すことを目指した」とクロード・パストゥールは叢書の解説で述べた。叢書はまさに、逸話と「実体験」を満載した「ひとつの人生の記録であると同時に小説」（『レースを編むマリー』）であろうとする個人の語りの集成から始まっている。これらの物語において、地域との結びつきは決定的である。一九〇〇年の「夜の集い」の伝統に基づき、方言が使用され、その地方の過去や往時の生活を称えた逸話や説話が伝えられた。書簡、写真、私的文書といった文書を添えることは、こうした側面をさらに強化した。しかし一九八四年以降、おそらく当初の感興が尽きたことによって、目標は変化する。シリーズは、商業的な側面を持つ作家たち（レミ・ドゥプーテ、クリスティアン・アレル＝クルトゥ、アンドレ・ベッソン）が執筆に加わることで、フィクションや、いっそう文学的なテクストに方向転換する。この叢書は再版本も出し、一九〇〇年から遠ざかっていったが、このことは数年後の叢書の打ち止めを説明するものかもしれない。とはいえ、この叢書の存在は多くのことを教えてくれる。ベル・エポックの新しい表象を完全に受け入れ、パリからフランス全土へ広がり、さらに無名の人々の物語に焦点を当て、地域の実態、地方の伝統や職人らを称えようとしたのだ。

叢書の相対的な失敗は、入手可能な自叙伝や回想録が減少したことをまさに示している。一九八〇年にはベル・エポックの最後の証言者らは、多かれ少なかれ一〇〇歳以上であり、大物や著名人らの大半がすでに自著を出していた。同じ一九八〇年に九〇歳で死去したモーリス・ジュヌヴォワは、確かに自叙伝の『三万日』を残したが、戦前の年代についてはほとんど触れていない。一九七七年に唯一刊行されたリアーヌ・ド・プジーの回顧といった、著名人の未刊のテクストを入手したプロン社のように幸運な出版社は稀だった。[*28] しかし当時、実際に刊行された話は、時代の要請によりいっそう合致したものだったと思われる。無名の人々のほうがむしろ、しばしば苦しい、あるいは異なった生活を語ったのだ。家族の思い出を明かしたフランドル地方の田舎地主、組合活動家、絶対自由主義の軍人、シネマトグラフの技師、高等師範学校の無名の学生、それに『ブルターニュ地方のベル・エポック』シリーズで最初に取り上げられたビグダン地方の農婦マルレーヌのような慎ましい人々である。[*29] 一九七七年に刊行されたセルジュ・グラフトの『サンテールおばあちゃんの生涯』のように折衷的なジャンルのテクストは大好評だった。ルイ・コンスタンがマスペロ社で監修した『民衆の行動と記憶』叢書は、一九〇〇年代の精力的で活動的な女性労働者にしてフェミニストの組合活動家ジャンヌ・ブーヴィエの『私の思い出』を一九八三年に刊行した。とはいえ、これらの刊行物の大半は注目されなかった。これらの社会の描き方や語り方が、期待されていた表象から多分少しばかり逸れていたからだろう。「ベル・エポックがいかなるものだったとしても、都市と農村の人々のあいだには差別意識が存在した」と新マルサス主義の元活動家マルセル・ヴォワザンが皮肉をこめて記している。[*30]

こうして一九〇〇年に自らの出自を見出したいという読者の期待に応えるには、よそを探さなくてはならなかった。いくつかの都市は幸いにも、ベル・エポックの「歴史編纂者」を確保できた。マルセイユでは、元ジャーナリストのジャン・コンルッシがこの任務に当たった。『プロヴァンス地方』および『プロヴァンス・マガジン』で長く記者として、また『ル・モンド』でマルセイユの通信員を務めた人物である。歴史的事件を対象とした推理小説や近著『マルセイユのベル・エポック』の刊行に先立って、コントルッシは『それはマルセイユで起こった』の五巻本を出していたが、その目指すところは絵葉書の収集に通じるものがあった。場所を特定し、著名人らを突き止め、「往時の花々の香りを嗅ぎ、ゆったりとしたワルツに乗って傾聴する年代記の束」[*31]である。この時期の他の編集者らも同じ方針を取った。たとえば、一九八七年に創立されたベルフォンの子会社で、ジャン=クロード・シモアンが経営した一九〇〇年出版社は、退廃的な「二流の作家」の著作を再版しただけでなく、辞書、年鑑、ヴィルモランの園芸の手引、サン・テティエンヌ兵舎・自転車製造工場のカタログなど、当時の多数の「文書」も取り上げたのだ。

画趣があり、逸話を盛られた歴史書の刊行ペースも落ちなかった。アルチュール・コントは一九七五年に『一九〇〇年一月一日』を出版し、この名称のシリーズの発行を開始し、それと同時に『ベル・エポックの逸話』や『二〇世紀の真実の物語』を多数刊行し続け、隆盛を極めた。[*32]というのも、こうした作品の執筆は、著者らにいかなる懸念も引き起こさなかったからだ。出来事や逸話の情報源は、数十前に刊行された類書の大半からたやすく入手できた。とりわけ頼りになったのは、アクセスが容易で、どれもこれも面白い、大量かつ多彩な図版である。絵葉書はもちろん、愉快で想像を掻き立てるポスターや広告、たとえば、ビバンダム〔タイヤ〕、ベベ・カダム〔乳児用スキン・クリーム〕、ピンク錠剤またはグロベオル〔強壮剤〕、ブイヨン・キューブ〔固形スープ〕、ジョブ〔タバコ用紙〕など、女性ファッション誌のイラスト、当時の日刊紙の挿絵付きの付録に載っている、ほぼ無限の大海原のように無数の版画があった。[*33]これに加え、伝記が継続的に多数刊行されたが、従来と同様に、芸術・文学界の著名人、さらにジャンヌ・アヴリル、ラ・ベル・オテロ、マルグリット・シュタインハイル、マタ・ハリといった高級娼婦の世界（ドミ・モンド）の有名人を対象としたものばかりだった。[*34]

この二〇世紀末の年代において、ベル・エポックはとりわけ通俗書出版の天国として現れた。フランスでも、他国と同様に、『パリ一九〇〇年』、『パリのアール・ヌーヴォー』、『夜のパリ』といった作品が絶えず刊行された。こうした紋切り型のタイトルは実際、きわめて効果的である。奇跡的な年月を喚起するのはいつでも好ましい。とりわけこの年月を誰もが知っている場所、「われわれすべてにとってのホームランド」であるパリと結びつけたり、プルースト、ギマール、ドビュッシー、アール・ヌーヴォー、トゥールーズ＝ロートレック、ピカソ、サラ・ベルナール、ディアギレフ、その他多くの世界的文化遺産に属する人名、イメージ、参考情報を動員したりするときはとりわけそうである。[*35]こうした挿絵の豊富な本が教育的役割を果たすものであることをどうして認めずにいられようか。招待客が見て楽しむことのできる本も同様だ。ごく頻繁に用いられる語りの技巧が、これらの本に「歴史的」深みを安直に詰め込むことを可能にする。そのためには幸福と芸術の開花した時代の強烈さと、近い将来への恐れと危機感の堆積を並べてみるだけで十分である。同時代人には見抜くことができなかった危機を、現代の読者は全面的に把握しうるのだ。「火山の上でダンスする」といった言い回しはこの点で最もよく用いられた決まり文句である。その極端な表現は、火山から「黙示録の鍋[*36]」に変化することさえあった！　ここでは目的論の絶頂に達するが、これはいわば分割された目的論である。というのも、「ベル・エポック」という大戦後に作られた回顧的表現が、まだ勃発していなかった戦争の予見に結びついていたからだ。アメリカ人のメアリー・マコーリフの作品は、こうした「美しい書物」の型をよく表している。『ベル・エポックの夜明け――モネ、ゾラ、ベルナール、エッフェル、ドビュッシー、クレマンソー、彼らの友人たちのパリ』は、タイトルで著名人らを列挙しているが、そこで著者は彼らの運命と彼らの作品を再現しようと試みている。この著書の数年後には『ベル・エポックの黄昏――大戦期のピカソ、ストラヴィンスキー、プルースト、ルノー、マリ・キュリー、ガートルード・スタイン、彼らの友人たち』が続いた。[*37] 本の方針は同じで、暦のように簡潔な章で構成されている。文化界の著名人あるいは代表的事象が中心で、政治的側面はほぼ取り上げられなかった。これらの本に登場するのは著名人たちであり、パリの写真、肖像写真や作品の複製は見事な出来栄えだ。読者にとってはもとより、編集者にとっての関心がどこにあるかが感じられる。すでに部分的に知られており、それゆえに魅力が増すばかりの世界への、学識豊かで快適な、「高級な」旅である。

これらのまじめな本が刊行されたのと同じ年代に、より軽い、しばしばきわめて卑猥な異本が加わる。国際的な大成功を収めた「ポルノ写真葉書」である。パトリック・ヴァルドベルグがすでに一九六四年から、巧妙な脱衣やコルセットの紐、毛皮、編み上げブーツといったモダン・スタイルの「甘美さ」を指摘したように、ベル・エポックなる想像物の性的でエロティックな刺激の強い内容は幾度も強調されてきた。[*38] ヴィリーの『クロディーヌ』からアントナン・レシャルの『ピエレット』にいたるまで、愛人の年齢をほとんど気にしない時代。これら数千の禁じられた葉書の再発見はベル・エポックなる想像物に突如として活力を回復させた。これら葉書のコレクションは専門家らには知られていたが、刊行熱が高まったことで、一般の人びとにも急速に普及することになった。こうして祖父母の世代が、彼らが考えていたよりもずっと淫らだったということを急速に発見したのだ。かつての『フォリショヌリ』[*39]が、本屋の店頭に陳列された。

さらにこの隔たりと近しさの奇妙な混じり合いもまた、成功の理由である。「淫らな」体位を盗撮されたこれらの女性、男性、カップルは、われわれに驚くほど類似している。彼らの身体、性器は、われわれのでありえたからだ。しかしわれわれと彼らを隔てるのは、大叔母の白黒やセピア色の装身具だけではない。もちろん女性たちは美しいが、彼女たちは私の性欲をかきたてるだろうか。彼女たちと私のあいだ、彼らとわれわれのあいだに不思議な距離感が忍び込み、これがまた彼女たちが実際ほど下品には見えないのがなぜかも説明している。フィリップ・ソレルスは一九八七年にすでに、『ベル・エポックの卑猥な写真集』を評価した最初の一人である。[*40]「すべてが破壊へと加速化する前に、二世紀の境にあるこの時代の磁力はどこから来るのか。失われた時の宝。幕が上がる」とソレルスは記した。これらの宝は真のジャンルを確立し、フランスおよび外国で二〇世紀末に普及することになった。エロティックな写真の黄金時代が話題になり[*41]、服や家具と同様にその「ヴィンテージ」をもつようになる。[*42]ヨーロッパやアメリカ合衆国でも、類似の作品が普及した。[*43]奇妙なことに、これらはフランスの特質だとしばしば見られている。とはいえ、イギリス、ドイツ、オーストリア＝ハンガリー帝国、アメリカ合衆国、メキシコなどにおいて、何千ものポルノ写真葉書が生産された。それでも、フランスのものは独特の魅力と風味があったように思われる。[*44]英語で「フランス葉書（French Postcards）」がこれらのエロティックなイメージを指し示す所以である。なぜ、フランスなのか。警察の押収したわいせつ物の数が世紀の初頭に数十万点（そのうち、少なくとも七〇点が映画）に上ったことに鑑みるなら、おそらくはわいせつ物の国内市場の規模の大きさが一因であろう。[*45] しかしまた考慮に入れなければならないのは、一九〇〇年の陽気なパリを恋、快楽、乱れた風紀の首都にする想像物の力だろう。

大きく広がる「ベル・エポック」

三度目かつ最後の屈折は、この世紀末にベル・エポックなる想像物に生じた。ベル・エポックなる想像物がほとんど過剰と言ってもいいくらい、伸長し、広がり、膨張したのである。ベル・エポックという表現がパリそしてフランスからさえも離れて輸出され、ますます多くの言語で使用されるようになり、ときには当初の状況からかなりかけ離れた現実を意味するようになったのである。一般的には一九世紀から二〇世紀の転換期や社会的・文化的生活の様相を引き続き示してはいたが、ベル・エポックはフランス史のみを対象とした事象からますます逃れていった。フランスだけを取り上げた歴史の枠からはみ出し、広範な意味を持った一種の文化ラベルとなる。そして間もなく、部分的に文脈を離れて一種の商業的モチーフとなり、われわれの社会に取り憑いた「レトロ」に対する、次いで「ヴィンテージ」に対する情熱を満たすために機能するように見えるのである。

世界中に

ベル・エポックはフランスで生まれ、長い間そこから抜け出ようとすることはなかった。一九〇〇年のパリが発する生来の輝きは、その国際的な影響力を確かなものにするのに十分だった。ただし正確には、同じベル・エポックの表現を使用したベルギーと結びつけて考察する必要がある。ベル・エポックの境界はしばしば異なるが、この場合始まりの年はもう少し早く、一八八五年頃からである。これは、レオポルド二世がコンゴを私領とした年であり、ブリュッセルのベルヴュー博物館の「ベル・エポック」の展示室も同様だ。[*1] しかし想像物は、すべてが文化的な高揚感と社交生活に焦点が当てられている点でも同じである。白髭で長身のベルギー国王の存在なしに、クレオ・ド・メロードの運命にいかなる価値があるだろうか。小説家ポール・プリストは、早くも一九四九年に、ブリュッセルの芸術家や詩人が、ガンブリヌス王、ヒュルスカンプ、ラフェンシュタイン、あるいはマーストリヒト洞窟といったカフェで落ち合っていた幸せな時代を回想している。[*2] おそらくこの定型表現はフランドル人の嫌うフランス語であるせいで、多かれ少なかれ受容されにくかった。したがってベル・エポックは、主にワロン地方で使用された。リエージュ近郊にあるフレチュール＝アン＝コンドロス城で一九六一年に開催された「ベル・エポックのポスター」展は、同数のベルギー人とフランス人の芸術家の作品を集めた。[*3] こうした事態は、しかしながら和らぐことになる。近年、フラマン語圏の二つの大学が国家の枠を超えたベルギー史を著すためにベル・エポックという表現（適用範囲を一九二五年頃までに広げて）を使用するよう促している。[*4]

「ベル」と「エポック」の二語は、他の複数の言語においても容易に理解できるだけにいっそう有利である。複数の言語で、ベル・エポックは一九世紀末のフランスを描写するためにしばしば使用された。英語では、この時代を表す独自の表現（イギリスでは後期ヴィクトリア朝、次にエドワード朝時代、アメリカでは革新主義時代）があり、ベル・エポックはもっぱらフランスを対象としていた。ドイツ語でも長期にわたって同様であり、ヘルマン・シュライバーは一九六七年にベル・エポックというタイトルで、世紀転換期のパリを描いた。またロジャー・シャタックの『祝宴の時代』はベル・エポックと訳されるが、しかし同書は英語ではこの表現を使っていなかった[5]。ただし「ベル・エポック」は、「世紀末《ファン・ド・シエクル》」との競争に耐えなければならなかった。この「世紀末《ファン・ド・シエクル》」という表現はイギリスやアメリカでよく使用され、『世紀末選集』の著者らが説明しているように、一八九〇年代についても、二〇世紀初頭についても使用された[6]。イギリスの作家レイモンド・ルドルフは、同時代人が世紀末と呼んだものを次の世代がベル・エポックと呼んだと、おそらくはいささか性急に主張した[7]。英語圏の作家のなかには、さらに踏み込んで、「ベル・エポック」が現実を覆い隠すフランスのナショナリズムの概念であるとして、それとは反対に不安、抑圧、性の対立、階級間の緊張関係から成る混沌とした時代を強調する「世紀末《ファン・ド・シエクル》」を対置しようとした[8]。ミュンヘン、プラハ、さらにウィーン[9]の「美しい時代《ベル・エポック》」を語ることは、編集者の選択が話題の選択にどれほど優れるかを知らない読者には、フランス文化帝国主義の一形態として映る可能性すらある。しかし二〇世紀の最後の三〇年間に、二つの進化の連動によって状況が変わる。他国の言語、他国の歴史が、この表現を徐々に取り入れ、この表現の使用範囲がヨーロッパの一時期を、一種の文化的状態を描写するのにますます利用されるようになるのである。

イタリアは、ベル・エポックという表現を最初に自国に適用し、フランス語の形式と綴りをそのまま保持した。実際、一九五四年、すなわちフランスの例から一五年も経たないうちに、作家アンジオーロ・ビアンコッティはベル・エポックというタイトルで、自らの失われた青春を探究しようとしていた。二〇世紀初頭のイタリア詩人たちの校訂版名詩集を出版した。[10] 三年後の一九五七年には、大戦前の数年間に始まったジュゼッペ・キアッシの日記が『私の二〇代のローマ——われわれの「美しい時代《ベル・エポック》」』という雄弁なタイトルで刊行された。[11] 一九六〇年、一九〇〇年をテーマにした映画が数多く制作されていることを解説するために映画批評家フランチェスコ・ドリゴが喚起したのもこの「ベル・エポック」なる同じ観念である。[12] 一九六一年には、マンリオ・ミゼロッキが芸術家ピエロ・ロマネッリを「ベル・エポックの人物[13]」と呼んだ。イタリア人にとって、この表現がフランスに限定されたものではなかったことは明らかである。詩人ダヌンツィオの友人であり、秘書で、伝記作家でもあったトム・アントンジーニは一九六五年、ほぼ九〇歳になったときに（アントンジーニは一八七七年生まれ）一連の人物回想録を刊行した。ここにはダヌンツィオの他に、クレマンソー、ジョヴァンニ・パピーニ、ヴァレリー・ラルボー、エレオノーラ・ドゥーゼ、オスカー・ワイルド、ペッピーノ・ガリバルディ、フェリーチェ・カヴァロッティ、セシル・ソレル、マルコ・プラーガ、フランシス・ド・ミオマンドル、ラ・ベル・オテロも登場する。もちろん、その本のタイトルは『ベル・エポック』である。[14]

トリエステ、ヴェローナ、ローマ（「ベル・エポックのローマ」というタイトルを何十も確認できる）、バーリ、カプリ、ミラノ、アドリア海の緑の真珠リッチョーネなど、イタリアのすべての都市が、やがて「ベル・エポック」の肖像画を掲げることになる。[15] しかし有名な日刊紙『イル・マッティーノ』、メーレ百貨店、ガンブリヌス・カフェ、そして何よりもイタリア初の「カフェ・コンセール」であるサロン・マルゲリータによって、イタリアで最も「美しい時代《ベル・エポック》」なる都市として際立っているのはナポリである。一八九〇年一一月に開店したサロン・マルゲリータは、ムーラン・ルージュと同じ形態のカフェであり、リナ・カヴァリエリ、マタ・ハリ、さらにミューズのクレオ・ド・メロードなど、当時の大スターが出演した。[*16] 早くもイタリアの歴史学は、この「ベル・エポック」という表現を自然な年代の指標として捉えた。こうしてさまざまな主題のなかでも、とりわけベル・エポックの演劇、芸術、犯罪、自転車、アナーキストという言葉が使われた。[*17]「ベル」「エポック」という二つの語は、どの著者、どの編集者もイタリア語に訳すこともなく、一九八〇年代にはいたるところに見られるようになる。この表現が適用される最終年は、イタリアが第一次世界大戦に参戦した一九一五年として固定されているが、その起点はいっそう移ろいやすく、一八八〇年代、場合によっては一八七〇年代、または単に「大戦前の一〇年」とされる。[*18] 概説書や教科書は『「ベル・エポック」のイタリア』、『ナポレオンの侵略からベル・エポックへ』、『美しい時代《ベル・エポック》からファシズムへ』のように、「ベル・エポック」を明白な意味を持った年代の指標として使用した。[*19] フランス語による表現のこのような永続性は「帝国主義的」だと見なせるかもしれない。これを説明する著者らは、当時の文化においてパリがいかに母胎としての役割を果たしたかを喚起する。「美しい時代または「ベル・エポック」のイタリアは、当時このヨーロッパの「ヌーヴェル・ヴァーグ」の中心であったパリの生活と習慣を参照しながら、二〇世紀の初頭から一九一四年の第一次世界大戦までを描いた」。[*20]

ここから最終的な用法が生まれ、のちに英語やドイツ語といった他の言語にも見られるようになる。[*21] だが、ヨーロッパの歴史の特別なページとして「ベル・エポック」を最初に使用したのはイタリア人だった。フランチェスコ・ドリゴは、「ヨーロッパにおける大首都の文化の時代」[*22]を示すノスタルジーに満ちた表現であると説明する。「ベル・エポック」。たった二つの語だが、この表現はどの言語においても、特に一九世紀から二〇世紀の転換期のヨーロッパの多かれ少なかれ幸福なこの時代を指すのに安定的に使用され続けている」[*23]とフランコ・ファヴァは説明する。一九七〇年代の終わりに、こうしてイタリアの著者たちは、パリ、ウィーン、ミラノが肩を並べ、ダヌンツィオがワイルドとニーチェに出会い、ブルックリン橋、エッフェル塔、画家ボルディーニ、フレンチ・カンカンが行き交う、この歴史の断面を描いた壮大なフレスコ画を描いた。ジャーナリストのジョヴァンニ・カステラーニによる『ベル・エポック』は、「ベル・エポック（一八七一～一九一五年）のヨーロッパの風俗、スキャンダル、最も顕著な出来事の年代記」[*24]を出した。さらに野心的なのは、美術史家エレオノラ・バイラティが数人の著名な作家とともに一九七七年に監修した『ベル・エポック』である。「ヨーロッパ史の一五年間に及ぶうわべだけの陶酔」と副題が添えられたこの作品は、すぐに英語とフランス語に訳された[*25]。豊富なイラスト付きで、世紀初頭の文化生活の広範なパノラマを提供し、もちろんボルディーニ、カピエッロ、キリコ、サヴィニオ、ダヌンツィオ、マリネッティ、ボッチョーニ、未来派など、この幸福な時代に対するイタリアの重要な貢献も強調している。イタリアは「ベル・エポック」を「世界文化」の一時期にしたのだ。

ブラジルも同様に一九六七年というごく早期に、かつての首都リオ・デ・ジャネイロの歴史をはじめとして自国の歴史に「ベル・エポック」という表現を適用した[*26]。その根拠としてリオの改造とオスマンの都市計画の類似性が指摘された[*27]。実際、市長のフランシスコ・ペレイラ・パソスは、パリでの複数回の滞在経験（一八五七年から六〇年まで、その後また一八八〇年と八一年）と、フランスの学校で教育を受けた技術者たちの助けを得て、一九〇二年から〇六年にかけて首都の整備に着手した。有名な建築物（市立劇場、モンロー宮殿）が立ち並ぶ大通りの平坦化、貫通、拡張、建物の並びの直線化、大広場の創設、ヴァロンゴ空中庭園などの緑地と公園の設置など、改造作業は類似している。同年に衛生学者オズワルド・クルスが始めた公衆衛生の改革と関連し、真の「熱帯のパリ」がブラジルのこの海岸に出現した。もっとも、この「美化」は、都市の中心部から追い出された庶民階級の漸進的な移動、つまりファヴェーラ化（スラム化）に影響を与えた。しかし当局の目的は、「モダニズム」とフランス文化に熱心なエリート層の全面的な賛同を得て、カリオカ〔リオ〕の生活様式を文明化することにあった。世紀初頭、リオの上流社会はパリ風の環境のなかで暮らしていた。劇場、サロン、新聞、文学は、ブラジルのエリート層にとって主要な観光地でもあった都市パリに対する関心を隠すことはなかったのである。[28] 一九〇三年からオーギュスト・マルタが撮影したリオの写真は、われわれをある種の「普遍的な」ベル・エポックへと連れて行ってくれる。これらの写真に見られる絶対的「近代性」という同じ幻想が、同時代の初期ブラジル映画で制作された多くの作品にも見出される。[29]「美しい時代《ベル・エポック》の象徴的な商品」である電気の登場、そして一九〇八年の全国博によってこの一体化はさらに強まった。[30]

「ベル・エポック」という表現はこのような用法で、フランス語の形のまま、ブラジルの歴史研究に急速に広まった。ベル・エポックはリオを起点にして、一九七四年から自らの美しい時代《ベル・エポック》を迎えたサン・パウロに移った。[31] 次にブラジルの他の都市、フォルタレザ、[32] ポルト・アレグレ、[33] さらにマナウス、アマゾニアの諸都市に移る。ベル・エポックは当地のゴム製品の黄金期とこれに伴う社会的・文化的幸福感とを喚起したのだ。[34] 一九八〇年代の終わりから、このベル・エポックという表現は「自然なもの」

になった。フランスやイタリアの場合と同様に、世紀転換期を特徴づけ、成長、民主化、前向きな精神の時代を描くために使用された。「ベル・エポックにおけるリオ」や「ベル・エポックのブラジル」は、社会史、文化史、または文学史の著作で一般的な表現になる。[*35] 大物のコラムニストのジョアン・ド・リオは『ニュース・ガゼット』紙に二〇世紀初頭の社会生活を描写した記事を掲載し、「ベル・エポック」の顔として衆目を集めた。この「ベル・エポック」という表現は、始めと終わりがしっかりと定まっておらず、単純に時代を表す標識に変化したのだ。[*36] さらに他の言語と同様に、その境界線は危うくも揺れた。ある音楽学者によると、一九一三年から一七年[*37]という非常に短い期間だとされるが、ほとんどの場合は、一八八九年のブラジル第一共和政の誕生に始まり、一九三〇年に大統領ワシントン・ルイスを倒した革命で終わるという一貫した時代を指している。[*38] しかし、その中心を一九二〇年代に見たり、[*39] 一九三〇年から五四年までブラジルを統治したジェトゥリオ・ヴァルガスの時代と同一視したりする人もいる。[*40] 有名な監督リマ・バレットが一九五三年にカンヌ国際映画祭で受賞した『野生の男』〔一九五二年〕を制作した時代を描写するために使用されたこととするある。[*41] こうしてフランスと同様に、「〜のベル・エポック」というタイトルを安易に付与した作品の出版も盛んになった。[*42] 実際のところ、こうしたヴァリエーションはあまり重要ではない。ただしこのことが示しているのは、「ベル・エポック」という表現が、あらかじめ問いただされることなく、どれほど他の言語で、学者のあいだばかりか大衆のあいだでも、二〇世紀の文化的および社会的近代性の同義語としての地位を確立することができたのかなのである。

このような現象はラテンアメリカ全域に見られた。ただしメキシコは例外である。この都市は非常に早い時期からパリのモデル、その新聞、その文学の文化的影響を受けた。一九七一年に作家ファン・ソモリノスが出版した『メキシコの「ベル・エポック」』は、その優位性を物語っている。「快楽の大都市」かつ芸術の創造の地であるパリの読者は、この書を通じてメキシコの実情を知る。一九一〇年の革命によって、メキシコ市はファッション、グラフィック・アート、建築、特にコロニア・ファレスの多くの建物に見られるようなアール・ヌーヴォーが花開く近代都市へと変貌した。[43]しかしこうした初期の使用にもかかわらず「ベル・エポック」という表現は、国内ではなかなか定着しなかった。「ポルフィリアート」(一八七六年から一九一〇年までのポルフィリオ・ディアス大統領時代に関わる近代化の時代)とそれに続く「革命」などその地に固有の観念が手強いライバルだったためだ。これによってメキシコのベル・エポックは、二〇世紀初頭に大きく発展した「アール・ヌーヴォー」の描写のみを最終的に留めることになった。[44]原動力は、他のいたるところにおいてもリオを起点とした。この都市の強いアイデンティティと二〇世紀最後の四半期におけるブラジルの台頭が、スペイン語圏の近隣諸国にもこの「ベル・エポック」という表現を広めるのに貢献したのである。一九七四年から、パラグアイの作家ホセ・マリア・リヴァロラ・マットは、チャコ戦争(一九三二~三五年)に先立つ数年間を描くために、『ラ・トリビュナ・ダスンシオン〔パラグアイの首都〕』に掲載された一連の記事でこの表現を使用した。[45]モンテビデオ〔パラグアイの都市〕も、「粋なパリ」の虜になり、ショー、社交界の娯楽、消費経済の隆盛に特徴づけられる一九〇〇年代の繁栄を「ベル・エポック」という表現で描写した。[46]リマでは、この表現は、二〇世紀初頭のペルーの前衛芸術の父とみなされた作家にして詩人のペドロ・ヴァルデロマルという著名人に結びついている。[47]一九八〇年以来、カラカス、ブエノスアイレス、ボゴタ、サンティアゴ・デ・

チレ、バルパライソなど、大陸のすべての主要都市が少なくとも一度はこの表現を使用して自国の歴史を記述した。[*48] 確かにその使用頻度はブラジルに比べて低く、自然な表現ではないが、それでも「ベル・エポック」が明らかに「グローバル化」したことを示している。一方、ポルトガルでは「ベル・エポック」は無視され、スペインでは、フェルナンド・トゥルエバ監督による一九九二年の映画『ベル・エポック』が第二共和政の全盛期にあたる一九三一年のスペイン社会を描いたように、後発で異なる使われ方をした。[*49]

その後も、「ベル・エポック」という表現は、他の言語に広がり続けた。ミュンヘンやチューリッヒの社会を喚起させる際にドイツ語で使用されたほか、ポーランド語やギリシア語でも使用された。[*50] こうして国際化された表現には、あまり学術的な意図を持たないものもある。たとえば、エジプトは一九九〇年代以降に、それまで存在しなかった「ベル・エポック」(ここでもフランス語で使用された)を発見した。[*51] この「古き良き時代」とは、境界が曖昧な黄金時代のことであり、ときにはファルーク王の治世(一九三六~五二年)に、またときにはファード王の治世(一九一八~三六年)やケディヴィアルの時代に関連づけられ、いずれにせよナセル以前の時代を指した。すなわち、壮大なホテルとナイル川クルーズといった「パシャと君主によるエジプトの栄華」を示すものだった。この栄華の時代は、いくつかの建築の修復や保存の工事を促したが、植民地時代のノスタルジーを色濃く残すこの遺産作りは、何よりも政治的・商業的な要請に従ったものだった。「ベル・エポック」はここでは一種のお守りとなり、幸福と充実感を併せもった、不確実で、ほとんど神話的な時代を指す魔法の表現様式となった。アフリカ、アジア、中東の他の言語や文化でも、ポストコロニアルのレトリックの道具として「ベル・エポック」

が同じように使われていないかどうか追究する必要がある。一九〇〇年がヨーロッパ帝国主義の頂点だったことは間違いない。ベル・エポックを称賛することは、その植民地主義の側面を暗黙のうちに受け入れることになるだろうか。これまで述べてきたように、ベル・エポックという想像物は、フランスの海外領土に言及することはほとんどなかった。それはおそらく、ベル・エポックが誕生した背景には植民地戦争とその後の援助政策があったからである。ベル・エポックが美化したのは、ヨーロッパ――類似するラテンアメリカの都市を含めて拡張されたヨーロッパ――であり、ヨーロッパによる、ヨーロッパのための勝利するヨーロッパであった。このヨーロッパは植民地を支配し――どのようにそれを否定できようか――、そこから利益を引き出すが、それを表現したり見せたりすることをとりわけ望まなかった。ベル・エポックは、文化創造主義という、なかば超自然的な状態を隠れ蓑にするつもりだった。そして、フランスで生まれたこの「ヨーロッパの奇跡」こそ、やがて「ベル・エポック」という表現が意味するところになる。

ベル・エポックの国際化はまた、世界中を巡回した多数の展覧会を経由する。ここで注意しなければならないのは、トゥールーズ＝ロートレック、ピカソ、ディアギレフの回顧展が必ずしもすべて「ベル・エポック」展であるとは限らないということだ。したがって、たとえ重なる部分が多数あろうとも、またベル・エポックの「フランス性」が一瞬問題となる展示であろうとも、一九〇〇年のパリやフランスを真に取り上げた展示と、同時期のあるフランス人芸術家、あるいはより広く一八八〇〜一九一四年のヨーロッパ芸術を称えるイベントから区別しよう。

この時代〔ベル・エポック〕の国際的な普及が本格化した契機は、一九八一年にニューヨークのメトロポリタン美術館で開催された権威ある国際展覧会「ベル・エポック一八九〇～一九一四年」だった。この展覧会は重要である。メトロポリタン美術館は一八七二年に設立され、世界で最も大規模な美術館として名高い。展覧会の企画者ダイアナ・ヴリーランドは、二〇世紀で最も有名なファッション・ジャーナリストの一人だった。フランスびいきの彼女は（ヴリーランドは一九〇三年にパリのフォッシュ通りで英米系の名士の家に生まれた）、一九三六年に『ハーパーズ・バザー』の編集長に、一九六二年には『ヴォーグ』の編集長に就任した。[*52] 一九七二年からメトロポリタン美術館の顧問を務めたヴリーランドは、すでに一連の壮大な展覧会（一九七三年「バレンシアガの世界」、一九七四年「ハリウッド・デザイン」、一九七六年「ロシア衣装の栄光」、一九七七年「ヴァニティ・フェア」）を企画し、「衣装芸術」部門を国際的なスタンダードへと押し上げた。「ベル・エポック」はこうした企画の一部であり、その延長線上にあるのだ。

この展覧会は、「女性たちが恍惚の美の豪奢を崇めた」時代における、パリの上流社会の栄華を全面的に扱った。八つの展示室で、パリの上流社会の生活（マキシム、ブローニュの森、ルール・ブルーなど）が再現された。それらの展示室には、エドワード七世の妻アレクサンドラ王妃、サラ・ベルナール、エレオノーラ・ドゥーゼ、グレフュール伯爵夫人のドレスなど、豪華な衣装を身にまとった一五〇体以上のマネキンが並べられた。展示と来場者のあいだには、ほぼ絶対的な相似性があった。一人五〇〇ドルもする展覧会開幕の晩餐会とそれに続く舞踏会にニューヨークの上流社会のすべての人々が出席した。このイベントの後援者の一人であったピエール・カルダンは、噴水を含むマキシムのレストランの内装を再現するためだけに五〇万ドルを出費した。ベル・エポックのパリを美化するあらゆる決まり文句が集められた。「光の都、大通りのマロニエの木陰……周辺に魅力的なテラスやレストランのあるブローニュの森。ベルベットやモーヴ色のレースをまとった子供たちがティータイムに連れて行かれ、裕福な紳士たちが、美人の売春婦として評判の高級娼婦や、香水のついた毛皮、長い手袋、巨大な帽子をかぶった貴婦人たちを夜な夜な惹きつけたあの「森」。[*53]」この展覧会のカタログには、歴史家カミーユ・ジュリアンの孫で著名な収集家であったフィリップ・ジュリアンの遺稿が添えられた。[*54]作者は微妙な点をいっそう考慮し、この時代の栄華を相対的に捉え、一九〇〇年代をそれに先立つ世紀末と区別し、その実相をかなり正確に説明しようとした。しかし、ジュリアンの遺稿よりも、展覧会の豪奢のほうが人々の心を打った。この展覧会は特にアメリカ合衆国で「ベル・エポック」概念の普及に貢献し、「ベル・エポック」を国際的な使命をもった美的かつ社会的ラベルのひとつにした。[*55]これに別の主要な展覧会が続く。一九九四年にエッセンのヴィラ・ヒューゲルで開催された「パリ ベル・エポック——一八八〇〜一九一四年」は、「一九世紀の首都」、劇場、カフェ・コンセール、前衛芸術を称揚した。[*56]最近のものでは、二〇一三年にケベック文明博物館で開催された「パリという舞台——一八八九〜一九一四年」が、首都の都会的アイデンティティを忠実に再現しようとした。ガヤガヤと忙しない大通り、テラス、ポスターなどありとあらゆる社会的紐帯、パリの都市自体がもたらすスペクタクルへの誘いなどだ。こうして世界に紹介されたのは、魅惑的なパリ、文化的な恩寵の状態にある都市である。

これらいくつかの展覧会の例に、フランス人であれ外国人であれ、その運命がベル・エポックのパリに関連のある芸術家を取り上げた複数の展覧会を加えるべきだろう。もちろん数えればきりがないが、トゥールーズ＝ロートレックはその筆頭であり、彼の作品（一九〇一年に早世したにもかかわらず）はその時代と一体化しているように思えるほどだ。[*57] ベル・エポックが最も国際的になったのはおそらくこの芸術分野、さらには絵画においてだろう。そもそもその中心地であるパリに、大陸中から芸術家が集まったではないか。ヨーロッパは、ベル・エポックを自らのものと主張することで、その当然の権利を要求したにすぎない。パリ、ヨーロッパ、一九〇〇年という、きわめて曖昧な区切りをもった指標ないし呼称は、文化的に高い質を保証するものだったのだ。一九六四年、オランダのシンガーラーレン美術館で「美しい時代《ベル・エポック》」の絵画をテーマに展覧会が開催され、一八八〇年から一九一四年までのヨーロッパの芸術家が取り上げられ、オランダ人（ヤン・ヘンドリックス、ヤン・スライヤーズ、マックス・スレーフォークト）とフランス人（ヴュイヤール、ピサロ）が展示された。誰もが理解できるこの表現は、今日ではヨーロッパの美学や絵画芸術のひとつの時代を指すのにふさわしいものとされたのである。[*58] 一九六七年の夏にオーストエンデのクルサールで開催された展覧会がそうしたように、それを「一九〇〇年のヨーロッパ」と呼ぶこともできるだろう。[*59] しかし「ベル・エポック」はより粋に聞こえ、パリ、プルースト、そして静寂に包まれたひとつの世界全体を喚起させるのだ。ワシントンの米国議会図書館が一九七〇年に開催した「ベル・エポック」展では、ベルギーの絵画やポスターのコレクションが展示された。[*60] アントワープのヴリーシュイス美術館が一九七九年に開催した「ベル・エポック・ポスター」展には、ベルギー、イギリス、アメリカの作品が並べられた。[*61] ロンドン、ニューヨーク、バルセロナ、ブリュッセルなどでも同様のものが開催された。[*62]

パリとのつながりが断ち切られることは決してなかったが、この表現はいまや独自の立場を獲得した。ブリュッセルでの「一九一四年以前の夢想家の作品」を取り上げた展覧会で、[*63] 学芸員は「ベル・エポック」がヨーロッパ規模で拡大した意義について自問した。「ベル・エポックとは、不確かな未来の到来だったのか、それとも第一次世界大戦という避けられない破局への序曲だったのか」。この展覧会にヨーロッパ六カ国から約四〇人の芸術家が集った狙いは、ベル・エポックという表現の使用の背後にある、われわれが暗い未来の幻視的イメージとして事後的に理解しようと努める「不確実性に包まれた時代、革命の世界の可塑的な署名」を検討することだった。

このように、約二〇年でベル・エポックの概念は大きな変貌を遂げた。その概念は、パリやフランスの歴史にまったく言及しなくなることさえあった。近年、オーストラリアの歴史家がどのようにこの概念を定義したのかは次に見る通りだ。「ベル・エポックとして知られるヨーロッパの時代は、社会的・政治的組織、芸術的・文学的生活、科学運動に影響を与えた、激しくダイナミックな現代化の時代だった」[*64]。ある作家たちによると、それは戦争によって終止符が打たれるまで、前例のない文化的グローバル化の母胎にさえなった。このような影響力と系譜の交錯のなかで、フランスはほとんどの場合勝者となり、活発な社会的・文化的実験室に変わった。世界の中心地が鼓動するなかで、フランスは単なる枠組みになり、敗北することもあった。「颯爽としたエドワード七世はベル・エポックの真の父だった」と、アメリカ人の序文執筆者は説明する[*65]。よくあることだが、現実は中途半端である。『ニューヨーク・ヘラルド』紙の創刊者の風変わりな息子ジェームズ・ゴードン・ベネット・ジュニアが一八八七年、『パリ・ヘラルド』紙を創刊するためにオペラ大通りに移り住んだとき、彼が目指したのは、新大陸の大富豪や大物だけでなく、旧大陸の王族にも読まれる新聞を発行することだった。だからこそ、彼はパリなしで発刊することはできなかったのだ。彼は次のような言葉を残したと言われる。「ルーヴル通りで轢かれた犬のほうが、中国の大被害をもたらす洪水よりも興味深い」[*66]。彼の新聞からは、化学的に純粋なパリの「美しい時代《ベル・エポック》」と国際的な想像物の両方が伝わってくる。今日、この新聞の抜き刷りが再版されている理由は、おそらくここにある。

まるまる文化的なものからヴィンテージ時代へ

二〇世紀と二一世紀というわれわれの世紀の転換期のベル・エポックからは、矛盾が芽生えてくる。一方でそれは、文化的な輝きをもつユニークな時代を自認し誇示する。今日、一九〇〇年代は、急進的共和国の勝利や社会闘争の動向よりも、美的革新と芸術的創造力の並外れた影響のゆえに注目される。これは、いずれも映画、文学、展覧会、またいくらかは歴史学によって描かれるものである。しかし他方でベル・エポックは、特に販売を促進しようとする商業的モチーフになった。この矛盾は、よく見ると、この時代が国境やジャンルをすぐさま曖昧にしてしまう大衆文化の時代であったことを考慮すれば、おそらく見かけ上のものにすぎない。

すべて文化的な美しい時代《ベル・エポック》

この「文化的」特徴が前面に現れるのは、二〇世紀末の際立った傾向のひとつだが、実際ベル・エポックが言及されるときには、ショーの興奮、熱を帯びた創造力、前衛芸術家の勢いなど、あらゆる期待をはぐくむものが見出される。アメリカの百科事典は、ベル・エポックを次のように要約する。

この時代は、楽観主義や創造的熱狂に支えられた文化革命として定義される。パリは芸術、文学、ファッションの中心地として繁栄した。芸術分野が開花し、誰もが生活の楽しみを精力的に求めた。この時代には、カフェ・コンセール、ミュージック・ホール、展覧会といったスペクタクルの発展も顕著であった。モンマルトルのレストランやキャバレーには知識人や前衛芸術家が集まった。音楽と演劇は、古典的な芸術的規範から解放され、あらゆる社会階層に開かれた形式を取り入れた。*67

二〇一二年には、ニューヨークの有名大学の学生に向けてベル・エポックをテーマとした講義が行われ、次のように紹介された。「第三共和政（一八七一〜一九一四年）のこの時代は、芸術的に大きな成功を収めた時代だった。当時のパリは、絵画と彫刻では誰もが認めるヨーロッパの首都だっただけでなく、音楽、演劇、またおそらくは文学の制作地としても最も重要な場所であった」*68。これまで見てきたように、このようなイメージは決して新しいものではないが、「すべて文化的」と民主化の理想像といった現在の文脈のなかでさらに大きな反響を呼び起こす。かつてこれほど多くの作品が「展示」されたことはなく、一般公開の熱狂的なリズムに応じて入場者数も増大した。二〇〇〇年三月一四日にグラン・パレのナショナル・ギャラリーで開催された「一九〇〇年」のような大回顧展、*69またオーギュスタン・グラス＝ミック、ジャン・ベロー、シャルル・ユアール、ジャック＝エミール・ブランシュ、ジュール・シェレ、フェリックス・ヴァロットンのような、あまり知られていないあるいは誤認された芸術家の再発見を目的とした展覧会などが挙げられる。一九八一年にストラスブール美術館でポスターを取り上げた最初の大規模な展覧会が開催されて以来、*70ポスターは、新聞の挿絵や風刺画と同様に人気が高まった。

これらの展覧会は、カタログや「画集」を添えて、この時代の独創性と創造力を称賛し続けてきた。

　インターネットは、一九〇〇年のイメージの普及を驚異的に推進した。数多くのウェブサイトや「フェイスブック・コミュニティ」が、絵画、素描、版画の複製で埋め尽くされた「写真アルバム」を継続的に供給した。「ベル・エポック・ヨーロッパ」のページには、一〇万件を超える「いいね！」がついており、「この魅力的な時代の歴史に焦点を当て、この時代を復活させる」ことを目的に、数百枚もの写真や動画が共有されている。「ベル・エポック」、「レトロ探索者（Retronaut）」、「エレガンスの世界」といった他のサイトも同様の目的で運営されている。いわゆる「初期の」映画は修復の対象となり、ミュージシャンやオーケストラとともに上映される一方、一九〇〇年パリ万国博で上映されたフォノ・シネマ・テアトルの作品などの忘れ去られた革新的な作品も、シネマテーク・フランセーズによって最新の状態に修復され、デジタル化された。一九九〇年のロバート・アルトマン監督の『ゴッホ（Vincent et Théo）』から二〇一三年のジル・ブルドス監督の『ルノワール』にいたるまで、映画がこの時代の著名人の生涯をこれほど取り上げたことはかつてなかった。そのなかには『ゴッホ』（モーリス・ピアラ監督、一九九一年）、『ロートレック』（ロジェ・プランション監督、一九九八年）、『ゴーギャン』（マリオ・アンドレアッキオ監督、二〇〇三年）、『モディリアーニ』（ミック・デイヴィス監督、二〇〇四年）、『クリムト』（ラウル・ルイス監督、二〇〇六年）、また一九九七年のクロード・ピノトー監督による『キュリー夫妻　その愛と情熱（Les Palmes de Monsieur Schutz）』が挙げられる。テレビでも同様に、マリー・キュリー、パストゥール、ジャン・ジョレス、トゥールーズ゠ロートレックを題材としたテレビ映画が精力的に制作された。[*71] ここでもロートレックだ！　この時代の勝利者が必要だとすれば、それは間違いなく彼だろう。壮大さと違反、崇高とグロテスク、広告すれすれの芸術など、この時代のあらゆる過剰さと矛盾を体現している。ムーラン・ルージュに身を寄せたこの貴族の運命は、アルコール、梅毒、売春という、その時代のスティグマを死ぬまで背負い続けたが、同時に天才的な芸術家だった。ロートレックのオーラは海外でも重要である。メルボルンのカタログには、次のように記されている。「オーストラリアの観衆にとって、この展覧会はフランスのベル・エポックへの入門であるが、トゥールーズ＝ロートレックはその時代の肖像画家と呼ぶにふさわしい」[*72]。

これまで以上に、プルースト、アラン＝フルニエ、マルセル・パニョル、コレット、マルタン・デュ・ガールなど、当時の有名な作家の作品が採用された[*73]。学校の教科書は、それなりの方法で、ベル・エポックの文化的復興に役割を果たした。ベル・エポックは一九八〇年代の末から高校の指導要領で重視されるテーマになった。二〇〇二年の指導要領でもベル・エポックという表現が正式に登場し、教員に高校二年生の授業で「ベル・エポックのフランスの図表」を作成するよう指導がなされた。教科書では、「民主主義の進歩」と、進歩の成果の不平等な分配に重点が置かれているのは明らかだが、科学技術の近代性、余暇や文化的消費の進歩についてもページが割かれている。このことは、当時のポスター、広告、宣伝といった図像を大きく取り上げた図版で確認される。

世紀末を祝う一九〇〇年の文化は芸術家や小説家だけのものではない。「大衆の」行為や活動も注目された。一般的に世紀初頭に結びつくものとして連想される場所、習慣、職業が、再評価の対象になった。ダンスホールやアコーディオン、また国の伝統と結びついた陽気で奔放な「生きる喜び」が、何十年にも及ぶ威信の失墜の後に再評価されたのだ。エイズが蔓延した時代には、人々は梅毒がもたらした深い苦悩や、当時の医療機関が広めた「罹患した人々」の恐ろしい写真を忘れ、かつての気ままな性的交流をあえて喚起しようとした。またこれと同様に、フランスのアイデンティティの一部であり、ワインやその他の「健康飲料」に象徴される、「陽気で気のいい酩酊」、「ガリアの酩酊」が評価され[*74]、一九一五年に禁止されたアブサンの中毒による惨状は忘れ去られた。失われつつある伝統を「再生」させようとする協会があちこちで誕生した。たとえば、フランスの文化遺産の中心地であるマルヌ河畔のカフェ・ダンスを奨励し、これを永続させるために活動している「ガンゲット〔パリ郊外の大衆的なキャバレーおよびダンスホール〕文化」協会がそうである。ベル・エポックという想像物はこうした復興活動の中心にある。協会の会長が述べるように、印象派、絵葉書、一九〇〇年の装飾品や衣装など、「かつてのスタイル」が喚起された。絶滅の危機に瀕した「大衆文化」の一部として、これらの場所と、それに関連する音楽、ダンス、「生き方」を復興させようとする取り組みは、二〇〇〇年の民族学的遺産調査団の報告書の発行につながった。[*75]

また同様に、フランスのアイデンティティを形成する重要な媒体とみなされていたシャンソン・レアリストの再文化遺産化の動きが見受けられる。[*76] 一九八九年には創立一〇〇周年を迎えたムーラン・ルージュは、騒々しい高揚ムードがあったものの[*77]、その活動の炎を再燃させることはできなかった。その二〇〇〇年のスペクタクル「フェリー」は「唯一無二のフレンチ・カンカン、そのオリジナルはムーラン・ルージュにある。それは永遠だ！[*78]」と言われるような使い古された伝統の機械的な繰り返しでしかなかった。そして、一九七九年にプティ・シャン通りに再オープンした「ベル・エポック」も、徐々にミュージカル・コメディの会場へと変貌した「フォリー・ベルジェール」も、それ以上の成果を収めることはできなかった。しかし、「ネオ・バーレスク」のダンスやパフォーマンスは、アメリカン・スタイルにアレンジされ、女性の身体、しかもあらゆる女性の身体に対する誇りを強調するフェミニズム的なひねりが加えられ、パリ文化に再浮上した。そこではベル・エポックの遺産が主張されるが、一九四〇年代から五〇年代にかけてのベルリン・キャバレーやストリップ・ショーなど、他の多くの伝統と混ざり合っていた。

姿を消していたかつての大衆的で粗野なパリのイメージもほぼ似たようなかたちで再浮上する。いくつもの時代と伝統とが混じり合っているが、スカーフ、帽子、タトゥー、「腰を揺すって歩く」歩き方など、世紀初頭のパリのごろつき神話がその基調をなしている。このきわめて驚くべき現象は、二〇世紀後半の大衆文化の形態に作用した変化を十分表している。家族や仕事場から離れた若い労働者たちが体現する郊外の世界ほど、長いあいだ蔑視されてきたものはない。これは、国家がその源泉として調査すべきとされてきた村落の良き大衆文化に好んで対置されてきたものだ。もちろんブリュアンは喝采を浴び、一部の「ポピュリスト」小説家や、一九三〇年代から四〇年代にかけて多くの映画のイメージに合致する都会的な詩も高く評価された。とはいえ、それらは画趣のある異国趣味に留まり、かつての文化の「正当な」形姿ではなかった。これに対し庶民層が失われ、「都市文化」により高い価値を与えようと努めるパリのような都市では、二〇世紀末にまさにこの傾向が浮上した。こうした要請は部分的には、代替となる階層からもたらされ、初期の違反的で反体制的な価値観を留めた。歌手のルノーはおそらく、一九七五年以降、暴漢の姿に象徴される当時の「反逆者」文化と、かつての若いごろつきの文化を結びつけた最初の人物だった。ルノーの最初のレコード『パリの愛(Amoureux de Paname)』〔パナムは二〇世紀のパリを指した隠語〕に収録された多くの曲は、アコーディオンと悲しいメロディー、「喜びのないジャワ」やブリュナンのカバーに乗せて、世紀初頭の不良少年たちに捧げられた。往時の姿を突如として復活させたこの手法は決定的な影響をもたらした。そのバトンは、ストリート文化、ごろつきの「レジスタンス」、当時の代表的なグループのひとつであるベルリエ・ノワール〔パンク・ロックバンド〕が「全世界のスラムのフォークロア」と呼んだ裏社会の歌を復活させようとする若者らによって、その後の数年間に引き継がれた。もうひとつの代表的グループであるギャルソン・ブシェは、一九九〇年代のすべてのコンサートを「結局、彼らはどこに？」のカバーで締めくくり、民衆のパリが存続することを表した。同じ想像物が、ピガールの曲や、ブリュアンの「サン・ラザール」をカバーしたパラベラムの曲にもインスピレーションを与え、カイエンヌの囚人や「ギャング」の功績を称えた。このような注目に曖昧さがないわけではない。一九〇〇年代のレアリスムの詩やストリート文化の宿命論は、反抗を煽るどころか、社会的諦念を助長することにもなった。周知のとおり、ブリュアンはナショナリズムと反ユダヤ主義を公言していたのだ。これらの側面は、アパッチ・プロジェクトのように、アペロ〔食前酒〕、アコーディオン、鳥打帽を好む「われわれの地元に独特」の都市文化を擁護する、ある種の極右的アイデンティティ運動からも注目された。この種のリバイバルではよくあることだが、左派も右派も勝利することはなかった。その向から先は、カタログと「チェーンの」店舗であった。これらの店舗は、レ・アール地区、次にマレ地区とオベルカンフ地区、さらにベルヴィル地区とメニルモンタン地区に定着するために、こうしたごろつき文化への傾向を取り入れている。

フィクションと筋立て

この画趣のある舞台装置、この「歴史的枠組み」はまた、小説をもますます惹きつけている。世紀初頭に筋立てを設定することは、実際、多くの利点がある。すでに述べたように、この時代は近くて遠く、エキゾティックな要素（衣装、アクセサリー、態度）を呼び起こすことができる一方、それらは親しみやすいものである。この時代が引き起こす日常からの脱出の感覚は、古風なインテリア、後ろになびく立派な口ひげ、自動車の「コレクション」をわれわれが穏やかに愛情深く眺めることを妨げない。この時代については、いつも何らかのことを「われわれは知っている」のだ。たとえ不確実で混乱した仕方であっても、その装飾、登場人物、出来事はわれわれに「語りかける」。この時代はエロティックで、感傷的で、違反的とも言われる。この時代は特に戦争で終わるので、そのことにより筋立てをダイナミックにし、状況の急変と結末を容易にすることができる。したがって冒険の要素の混じった大衆小説の多くがこの時代を舞台にしている。[*79] この時代はまた、世紀全体を視野に入れた叙事詩を書こうとする者には導入にもなった。戦争が終わると、登場人物たちはその後の困難な時代を旅し続けることになる。[*80]外国の小説家に対しても、ベル・エポックはまさしく豊かな歴史的枠組みを提供した。映画のおかげで、この時代は確かにフランスの歴史のなかで最もよく知られ最も評価される時代のひとつとなる。とりわけ、いつもそうだがパリと結びつけられるのでなおさらである。こうして、この時代を対象とした歴史小説は幸先よく数多く出版された。魅力的なストーリーがフランスとパリについてもっと学びたいという期待を抱かせた。[*81]「一九〇九年のパリは、対照的で野心的、美と裏切りの都市である……」と、歴史的背景を取り入れた官能小説を執筆したイギリス人の若手女流作家、イモージェン・ロバートソンの作品の編集者は説明する。

推理小説の商業的成功は衰えず、約二〇年来、歴史を筋立てに使った作品が目立っている。二〇〇四年には、フランスですでに一二〇〇点近くの「歴史」小説が出版されていた。[*82] もちろんどの時代も描かれたが、ベル・エポックが突出している。ベル・エポックに推理小説が誕生したことは、ベル・エポックが過度に使われていることを部分的には説明しているだろう。このジャンルの創設者たちに敬意を表しているわけだ。「ベル・エポックのこの雰囲気が好きなのは、私が尊敬し羨む偉大な新聞小説作家たち（ポンソン・デュ・テライユ、ガストン・ルルー、スヴェストルとアラン、モーリス・ルブラン）の雰囲気だからであり、マルセイユのベル・エポックはまだ取り上げられていなかったからだ」とマルセイユ出身の小説家ジャン・コントルッシは説明した。[*83] こうして「ベル・エポック」推理小説が多勢を占める。クロード・イズネというペンネームで執筆された最も有名なシリーズは、書籍商でアマチュア写真家のヴィクトール・ルグリの冒険を描いている。その舞台はパリであり、一八八九年パリ万国博から一九〇〇年パリ万国博まで、さまざまな地区を舞台に繰り広げられたことから、総合して『パリのミステリー』という題目が付けられた。一二巻の各巻は資料に裏打ちされており、スピリティズム、安酒、アナーキストによる襲撃、屠殺場、万国博覧会など、同時代の文化の特徴のどれかを取り入れた。この出版は成功を収めた（八〇万部の売上、八カ国語への翻訳）にもかかわらず、著者である二人の姉妹は、特定の時代と想像物で構成されたシリーズを延長することは望まなかった。「最初から、一九〇〇年で留まることは分かっていた」と著者の一人は説明した。

幸いなことに、ヴィクトール・ルグリは例外ではない。『プティ・プロヴァンサル』紙の記者で法律コラムニストのラウル・シニョレは、叔父でマルセイユ警察署長兼警察本部長のウジェーヌ・バルトーの協力を得て、二〇〇一年から一二巻刊行されたジャン・コントルッシ著『マルセイユの新ミステリー』の調査を続けている。編集者のジャン＝クロード・ラテスが提案した方針は独創的で、一九〇〇年に未解決に終わった刑事事件の調書を見直して解決するというものであった。他の多くの捜査官がいまだに第一線で活躍し、エリゼ宮に勤務する公式捜査官ラウル・ティボー・ド・メジエールは、二〇〇七年以来、一八九九年から一九〇六年にかけて起きた政治犯罪を捜査している（ジャック・ネリンクの作品）。ルネ・ボノーのシリーズではトゥールーズ＝ロートレックが自らベルフロー警部を伴い、ジヴェルニー、ムーラン・ルージュ、バザール・ド・ラ・シャリテ〔チャリティ・イベント〕で捜査を指揮した。ガストン・セルヴィ警部が大通りで勤務する一方、パリ・コミューンによって孤児となった若いブランシュは世紀末のパリの犯罪のさまざまな側面を探索した。[84] これらが成功するか、長続きするか疑問だが、鉱脈が尽きたとは到底見えない。大変人気のあったアルセーヌ・ルパンをはじめ、世紀初頭の真正のヒーローたちを生き返らせようとする、より頻出する試みを加えねばならないだろう。

漫画も、映画や推理小説の場合と同様に、自らが誕生した時代に敬意を表するような続き物に力を入れた。ジャック・タルディは、レトロの流行が最高潮に達した一九七六年に、『アデル・ブラン＝セックの途方もない冒険』でそこに足を踏み入れ、先陣を切った。彼は、新聞の連載小説の伝統的な規範を活用しながら、世紀初頭の「失われた世界《ロスト・ワールド》」の伝統のなかにバーレスクかつ科学技術的で幻想的でもあるベル・エポックを描きつつ、アデルを通じてフェミニズムと絶対自由主義の色合いも持たせている。他の何十人もの漫画家が、小説家たちと同じ理由でこれに続いた。しかし、この分野に特有な図形の表現により、絵画、ポスター、『モダン・スタイル』、アール・ヌーヴォー様式の装飾など、当時の美学をさまざまに取り入れることができた。多くの作品が、ファン・ゴッホ、トゥールーズ＝ロートレック、ピカソといった有名画家の生涯に充てられている。[*85] その他に、ドレフュス事件、アナーキストの襲撃など、主要な歴史的事件や想像上の事件や犯罪を取り上げた作品もある。[*86]

華やかな時代

一九〇〇年代はいくら過去のうちに沈んでも、驚くほど「現代的」であり、過度に現代的でさえある。時間と歴史が加速化するのが見られるためだ。ファッションデザイナーのクリスチャン・ラクロワの言葉に耳を傾けよう。「一九世紀は、「見たことのない」進歩とスピードが痙攣するなかで二〇世紀を産み落とした。人々は空を飛び、電話をかけ、録音し、生活のイメージを捉えてスクリーン上に映し出した。そこでは、面白い機械が光の速さで時空を突破し、芸術、政治、日常生活、したがってファッションも、このビートのきいたリズムに巻き込まれた」。[*87] このような急激に進展する感覚が、われわれがしばしばこの時代に熱狂を感じ続ける理由である。ファッションはこれらの再構築に重要な役割を果たした。ファッションは、この再構築にあたってスタイルと品格をもたらすことでそれをいつもエレガントで華やかなものにした。ポワレとドゥーセは、ココ・シャネルがデビューしたこの時代のファッション界を代表する人物である。ダイアナ・ヴリーランドがニューヨークのメトロポリタン美術館で大規模な展覧会を企画した際に明らかに認識していたように、ベル・エポックの写真集を埋め尽くす夜会、舞踏会、開会式の祝宴は、人前に現れる衣裳なしにはほとんど意味をなさない。この時代がファッションにもたらした現代化は、それをうっとりとさせるものにするのに十分だった。早くも一九八二年には、アメリカの一流出版社が豪華な『ベル・エポックのファッション・デザイン』を出版し、ウォルト、ランヴァン、パスキエ、ポワレの衣裳をまとった三〇体の「紙人形」を作れるようにした。フランスのモデルに限定されず、この時代に通常認められる範囲をはるかに超えていたが、目的は依然として「ベル・エポックのインスピレーションと想像力に富んだファッション」[*88]を称えることにあった。この時代に特化した映画、書籍、ウェブサイト、ブログなどにも大きく取り上げられた。ボルディーニ、エリュー、ラ・ガンダーラ、ジャック＝エミール・ブランシュのような社交界の肖像画家たちは、当時の優雅さから発せられる官能性をすべて捉えようと努めたが、彼らはこの点で間違っていない。[*89]ドレープ、ベールの軽やかさと動き、宝飾、帽子にこそ、彼らのモデルたちの悩ましい美しさの一端があったのだ。映画（『ムーラン・ルージュ』、『ラ・ベル・オテロ』、『フレンチ・カンカン』、『ジジ〔恋の手ほどき〕』）に登場するベル・エポックの高級娼婦たちの表象が最終的に美化されているのは、彼女たちの衣装の贅沢さと華美に多くを負っている。[*90]男性も取り残されたわけではない。プルーストやモンテスキューに体現されるような、男性的な優雅さと現代のダンディズムの規範がここに確立されているのだ。「ジャケットのボタンホールにはカーネーション、ジュルダンとブラウン製のネクタイ、イギリス製のステッキと手袋」[*91]がそれだ。彼らはダンディズムの現代的表現にインスピレーションを与え続け、アルセーヌ・ルパンやゲランの香水店とまったく同じように、「ある種のフランスの観念」[*92]を表したのである。

　商工業の観光業界は、こうした適応力を強みに都市規模で、とりわけその母胎と見なされたパリで、きわめて売れ筋の装飾に大急ぎで投資した。その結果、観光ガイドでも紹介される数え切れないほどのカフェやレストランが、第二帝政期の終わりから「狂乱の二〇年代」までの、すなわち商業文化的には広くベル・エポックに合致する時代のさまざまな装飾を織り交ぜた「パリ風」の雰囲気を客に提供した。ル・トラン・ブルー、マキシムズ、ツィマーまたはフロ・ブラッスリー、アンジェリーナ、ボーフィンガー、アラール、プレット、ブイヨン・シャルティエ、ラシーヌ、ラデュレ、モラール、カフェ・ド・ラ・ペ、シェ・ジュリアン、パビリオン・モンスリ、ブフ・クロネなど、いずれもアール・ヌーヴォー様式で「歴史的」な雰囲気を強調した。[*93] 一九〇〇年という想像物がパリの観光業界に君臨しているのだ。これまで見てきたように、テルトル広場からシャン・ド・マルスの遊歩道まで、主要な名所や記念碑は世紀転換期に随所で結ばれている。ガイドブックでは、ギマールが設計した地下鉄の出入口や囲い、ウォレスの噴水、モリスの円柱が紹介される。マキシムは当時の装飾をそのまま残した。二〇一三年にモンマルトルにスターバックスが開店し、地元住民の反感を買ったが、同社は最終的にそれを後期印象派の色彩でペイントすることを思いついた。[*94] ベルシー・ヴィラージュでは、きわめてベル・エポック的な緑色のキオスクでワッフルが販売された。一九〇〇年代に作られたメリーゴーランドや木馬は、本物もあれば模造品もあるが、観光地のいたるところに設置された。ベル・エポックに創設されたブラッスリーや食堂を数多く所有するフロ・グループは、地方や海外に店舗を増やしている。一九〇〇年代の料理、またはそのように見なされた料理が人気を博している。[*95] 一九八九年に「失われた味を求めて」誕生したチェーンの菓子店の「ラ・キュール・グルマンド」は、「かつての伝統菓子のときめきを再発見する」ために、レース紙の上にケーキ菓子を乗せて販売した。いたるところで、ルノワールやトゥールーズ゠ロートレックの絵画の複製、一九〇〇年の絵葉書書や人形、プールボ、メニエ・チョコレート、ミュシャのイラストが描かれたポスターやブリキ箱が販売された。ベル・エポックは、観光業界にとってうってつけだった。

それにパリだけがこの流行の舞台ではなかった。ヴィシーでも、一九〇一年から〇三年にかけてオペラ劇場、浴場、キオスク、公園を取り囲む屋根付きギャラリーが建設されたことを口実に、毎年夏に当時の衣装を身にまとった展示やイベントが開催されている。エヴィアンでも状況は同じで、自治体が「レマン湖畔のベル・エポック」を記念し、市収蔵のステンドグラスを展示している。ロシュフォールでは、オセアン観光局が「一九〇〇年のベル・エポックの雰囲気」を実感する滞在を提供し、当時の職業や活動を「多様な感覚で発見」できるようにしている。訪問者はまず「かつての商業の博物館」たる二〇軒の店舗を散策することから始め、次に渡し浮き橋を通って「魅力的な海辺リゾートのフラ＝レ＝バン」へと旅が続く。ペリゴール・ノワール地方の中心地ブルナには、ベル・エポックのテーマ・パークがある。「刃物職人から陶芸家、馬具職人、製粉職人、木彫刻家、可愛い羊飼いを経て鍛冶屋にいたるまで、生きている職人たち」が二〇世紀初頭のこの村の生活を毎年夏に再現している。学校では、当時の衣装を身にまとった教師の監督の下、初等教育修了試験をもう一度受験することもできる。しかし、目玉のアトラクションは、一九〇〇年パリ万国博覧会の遺産である高さ約二〇メートルの観覧車である。犬、鶏、豚が放し飼いされる村の通りや風車の近くで、一九〇〇年の衣装を着て写真を撮ることもできる。ベルギーでは、「ヴェルヴィエ市立羊毛・ファッション観光センターが、タイムスリップしてベル・エポックの時代（一八七四～一九一四年）を発見するよう誘う」。展覧会（『百のまなざしで眺めるベル・エポック』）では、衣装、アクセサリー、家具、日用品だけでなく、この地域の個人コレクションから集められた絵画やリトグラフも展示された。またランボーやゾラの筆跡を手本にした執筆ワークショップ、レオポルド二世の時代に完成されたジレップ・ダムの見学、ベル・エポックに関する種々の講演会といったイベントも開催されている。北海沿岸にあるフランドル地方の海辺リゾート、ブランケンベルヘでは、ベル・エポック・センターが「一八七〇年から一九一四年までの時代を体験できる」としている。一八九四年に桟橋の近くに建てられた豪勢な別荘のひとつを利用したこのセンターは、「あの美しい時代《ベル・エポック》の穏やかで祝祭的な雰囲気に浸ることができる」。唯一の不協和音はパペーテ〔フランス領ポリネシアの首都〕のもので、「往年のタヒチ——美しい時代《ベル・エポック》における狂乱の夜」という企画であり、これは訪問者を一九六〇年代のダンスホールに誘うものである。

一方、現代の美術品や骨董品市場に占めるベル・エポックの比重を評価することは、より困難であるように思われる。価値の高い作品は、クリスティーズやサザビーズといったオークションハウスの権威あるカタログに掲載され、「ベル・エポック」と題する作品リストが頻繁に見られる。[*96] ベル・エポックに関連した作品を掲げることは、オークションハウスにとって大きな意義があり、格を引き上げる。骨董商の世界では判別はより複雑であるように見える。二〇一五年に、骨董商のうち二二二軒（マルシェ・ビロン、ルーヴル・デ・アンティーケール、ヴィラージュ・スイス、アンティキテ・アン・フランス）に対して行ったアンケートでは、残念な結果しか出なかった。[*97] もちろん、いずれもベル・エポックの期間（「一九世紀末から一九一四年まで」）を定め、ギマールや有名なポスター作家に体現された「アール・ヌーヴォー」の美学にその特徴を見ている。しかし、強いモチーフはそこに込められていない。「ベル・エポック」の主要な作品として挙げられるのは、花瓶、置物、宝飾品、また扇子といったモードのアクセサリー、家具、絵画であり、主に愛好家や蒐集家といった顧客に販売された品々だった。

脱文脈化された美しい時代《ベル・エポック》

新しい観衆はおそらく、古臭いものよりも、われわれの同時代人が愛着を抱く、文脈から切り離された時代を好む。実際、ベル・エポックという想像物を現代化した多数の映画作品があるが、アナクロニズム、時代に合わないバーレスク、またレトロフューチャー的特殊効果を取り入れている。アンドレ・ユヌベルが一九六四年から六七年にかけて撮影した『ファントマ』の三部作では、スヴェストルとアランの共作によって描かれた絶対に捕らえられない犯罪者のファントマが一九六〇年代のパリに投影されるが、彼は当初持っていた恐るべき力を失っていた。しかし、この種の翻案は、スチームパンク文化の影響を受け、二〇世紀末に特に増加した。その一例が二〇〇一年に制作されたバズ・ラーマン監督の『ムーラン・ルージュ』である。一八八九年のムーラン・ルージュの開業を中心としたそれまでの映画とは異なり、「一九〇〇年のパリ」を対象に据え、すぐさま興行的に大ヒットを収めた。主人公であるイギリス人の若い詩人とダンサーのサティーンは、バーレスクで幻想的な雰囲気のなかにいる。化粧は誇張され、ダンサーの下着は時代錯誤的で、ロートレックはグロテスクな小人、ムーラン・ルージュはディスコ風の音楽に包まれた。この例は極端だが、二〇〇四年のジャン＝ポール・サロメ監督の『ルパン』や、二〇〇六年のジェローム・コルヌオ監督の『虎〔クレマンソー〕の機動隊』、あるいは二〇一〇年のリュック・ベッソン監督の『アデル／ファラオと復活の秘薬』のように、その効果や「翻案」への欲求が監督をこの方向に向かわせることがよくあった。オリヴィエ・アサイヤス（一九九六年の『イルマ・

ヴェップ』）やブルーノ・ポダリデス（二〇〇三年の『黄色い部屋の謎』、二〇〇五年の『黒衣婦人の香り』）のように、むしろ世紀初頭の嘲笑や皮肉な距離感を再現しようとする監督もいた。

同じ理由で、世紀初頭は、スチームパンク文化の影響を受けた時間軸の逆転、移動、伸縮のほとんどに適した舞台である。その役割は、イギリスでヴィクトリア朝後期が果たした役割と似ている。ジュール・ヴェルヌはそこではH・G・ウェルズの服装をはおる。栄光の三〇年の終わりというレトロフューチャー的な想像物は、一九〇〇年の技術的に進歩した社会でも十分に認めうる。こちらでは「ナポレオン三世の息子ナポレオン四世が第三共和政を一掃」してから数年が経った一九一三年、あちらではエーテルのエネルギーが技術に革命を起こし、空飛ぶ機械やロボットで社会が溢れた一八九九年。飛行船、気送管、不穏な帝国、犯罪ジオラマ、自動道路〔動く舗道〕がいたるところにあり、時間の巧妙な衝突や共謀を引き起こすのに使われている。*98 それに比べると、ロールプレイング・ゲームは控えめだったようだ。『マレフィス』〔ロールプレイング・ゲーム〕がベル・エポックを選んだ理由は、それが科学とオカルティズム、理性の肯定と田舎の呪縛といった「矛盾に満ちた時代」であり、シナリオに適した緊張関係が存在したからだ。しかし、そのコンテクストはきわめて正確に尊重された。ゲームには、解説書「一九〇〇年の暮らし」が付録として添えられ、食事の時間から鉄道会社の一覧、普段の服装から地下鉄の切符の値段まで、必要な情報がすべて記載されている。「ベル・エポックの中心を舞台にした歴史ロールプレイング・ゲーム」である『クリム〔犯罪〕』も、一方では成長と科学的楽観主義、他方では憂鬱と衰退のあいだで揺れ動く矛盾した時代という同じコンセプトを取り入れている。しかしこのゲームの原則がいっそう恐ろしいのは、一九世紀末に懸念された退化の法則に従い、プレイヤーは狂気と死という

「自分自身を否応なく地獄へと導く」衝動と戦わなければならないことにある。その内容は繊細で、十分な情報に基づくが、その構想自体において、ベル・エポックという想像物を産んだ目的論を裏打ちするものなのである。*[99]

エピローグ

混ざり合う時間

「ベル・エポック」は想像物であり、ノスタルジーによって構築され、また構築され直された時代である。だからと言って、それは偽造された過去、解体すべきまやかしものであると言えるだろうか。ノスタルジーは「過去を作り替えて現在について語る文化現象」[*1]と定義されるが、歴史家はたいていノスタルジーに甘くない。しかしながら、本論を書き終えた私には、これまで重視されてきた歴史上の痛ましいトラウマ的なエピソードだけでなく[*2]、歴史のその後の展開も、過去を理解するために不可欠であると思われる。もちろん、このような歩みにおいては何物も単純ではない。これまでの頁で私が浮かび上がらせたのは、いかなる「ベル・エポック」だろうか。一九〇〇年にまだ存在していなかったベル・エポックか。一九三〇年にまだこのように呼ばれていなかったベル・エポックか。一九四〇年、一九五〇年、一九六八年、あるいは二一世紀初頭に想像されたもの、そのときベル・エポックの誕生を最初に証言したものか。もちろん、すべてが絡み合っている。というのも、われわれの誰一人として、過去との関係を絶えず再構築する時間の外に生きる者はいないからだ。

しかし、このベル・エポックの歴史に一九〇〇年代の男女が存在しないと考えるのは間違いだろう。もちろんそこには記憶、回想、または単に時の経過によって再構築されたものがあるかもしれない。またそのいくつかは受け容れられないかもしれない。ただし万人にとっての「美しい時代《ベル・エポック》」という観念はそれほどでもない。誰もそのようなものは本気で信じていなかったからだ。「一部の特権階級を除いて「美しい時代《ベル・エポック》」は存在しなかった」とアルマン・ラヌーは一九六一年に書いたが、このまっとうな考察は一般にも共有された。[*3] むしろ問題なのは、大多数が二〇世紀初頭のフランス人に対して注いだ、あるいは今も注いでいるあの尊大な視線だ。ストライプの水着、ガーター、最速で時速三〇キロを想起する際の嘲笑だ。「子供じみた大人たち」、その服装、持ち物や「現代性」は実に時代遅れで、少しばかげているように見える。古い写真が伝えるあの時代遅れの新鮮さは感動的ではないだろうか。彼らは、高い台座のテーブルの前に一人で直立した、あの高慢そうな女性のように「ポーズ」をとっていた。結婚式の日に村のカフェの前で慎ましく集まる人々。彼らの繊細な口ひげ、衣服、自転車、すべてが時代遅れの印象を与える。映画のアーカイブはこうした印象をさらに際立たせる。一九一四年以前の映画（当初は手回しでさまざまな速度で撮影され、その後は毎秒一六コマで撮影された）は、毎秒二四コマで作動する一九二七年以降の映写機で長いこと投影されてきた。その効果は絶大であり、足取り、身振り、動きが全体的に加速されたが、もちろんそれは当初の意図や見え方に合致するものではなかった。先祖たちは、決して彼らのものではなかったリズムを与えられたのだ。彼らの世界はパントマイムのサーカスと化し、バーレスク風の舞台を通行人、車、バスが動き回る。作家のなかには「間抜けなピエロ」や「魅惑的な操り人形の群れ」とからかう者もいた。[*4] もちろん、これらはすべて一九一四年に終わった。突然、あらゆる画像はまったくおかしさがなくなり、対照的に戦前のおかしさがさらに増すことになる。ベル・エポックのフランス人に対するこの視線のあり方は、私にはつねに耐えられないものである。本書に野望があるとすれば、それは慎み深い歴史を擁護することである。すなわち、「後から来る」という単純な事実がもたらす幻想をはじめとして、あらゆる傲慢な態度を避けることにある。

しかし、もしわれわれが何千ページ、さらにそこに掲載されているすべての資料——書簡、素描、図版、写真、物品——を素直にかつ謙虚に検討すれば、一九〇〇年代の「真実」の一部を見て取れるだろう。ノスタルジーとそれを形成した文脈が作用を及ぼしたとしても、この想像物には当時の痕跡や影響のいくらかが残っている。言葉、視線、身振り、生活様式が浮かび上がり、それらとともに世紀初頭の人々の経験が断片的に浮かび上がるのだ。傲慢や時代錯誤なしに分析することを厭わなければ、とりわけ図像は不朽である。朽ち果てた過去の一部を「再現」できるのは図像のみであり、歴史でその視覚性が決定的に重要なのはこのためである。過去の時代のアイデンティティは多くの場合、図像から湧き出てくるのだ。[*5] たとえこのアイデンティティが事実的な正確さを大なり小なり欠いていても（われわれはもちろんこの事実を再現する必要があるが）、またしばしばありきたりのことを繰り返すだけだったとしても（それ自体を指摘することは当然必要だが）、夥しい数の画趣があり、逸話に富んだ「大衆的な」歴史はそれ自体においてある種の認識を含んでおり、これを頭ごなしに否定するのは不適切であろう。ノスタルジーは確かに歴史ではない。ノスタルジーは、説明する以上に、再構築し、思い出させるものだが、とはいえ計画された改竄でもない。ノスタルジーは記憶を組織化し、想像力を刺激し、無視されてきた人物や実態を覆うベールをほうぼうで取り除くことができる。こうしてできた再構築物のひだには、人知が隠れている。[*6] それに歴史は、発言を聴いてもらうのにしばしば苦労する「職業」的歴史家だけのものではない。社会がその歴史の一部を書くのであり、この歴史が重要となる。われわれはこのことをここでも謙虚に受け入れなければならない。

しかし本書がたどる歴史の中心は、もちろん、その後に続いた年代、すなわち混ざり合った時代の歴史である。ドルジュレスはモンマルトルを回想し、「大切な過去はただ、われわれとともに変化する生きた過去である」と書いた。[*7] ヴァルター・ベンヤミン以来、一九世紀の歴史家が抱いた歴史を再現するという夢とはほど遠く、過去がいかに現在に生き、その慣習を決定づけているか、また過去を明らかにすることは、多くの場合、いかにその未来に委ねられているかは周知の通りであろう。[*8]「ベル・エポック」の歴史は、それを明確に証明している。ベル・エポックは、われわれが必要としていたからこそ存在しているのだ。ベル・エポックが初めて姿を現した一九三〇年代は、戦争の脅威と将来の見通しの急速な悪化に特徴づけられる不確実な時代であった。シック、スノッブ、愚鈍または英雄性など、人々がいかにその「価値」を捉えたにしろ、一九〇〇年は何よりもまず安全な時代であり、気ままに暮らせる時代だった。「ベル・エポック」の最高潮が第二次世界大戦の終結した時であることはさらに分かりやすい。一部の人には近代の三十年戦争のように見えた大戦の終わりに、世紀初めが、つまり一九一四年の第一次世界大戦前がまばゆい色彩で浮かび上がったのだ。それは大虐殺に先立つ無垢で「幸せな」近代である。それゆえ、ヴォードヴィルによって見事に具現化されたように、快楽、笑い、軽快さに焦点が当てられることになる。これに他のベル・エポックが続く。それらは反抗的、前衛的、古めかしい、エロティック、反逆的、田園的、耽美的、伝統的、等々の「ベル・エポック」であった。明日にはさらに別の「ベル・エポック」が誕生するだろう。歴史上のあらゆる時代と同様に、「ベル・エポック」は幾何学における変数であって、時代、視線、要請に応じてその様相を変える。「ベル・エポック」の年代と輪郭は曖昧であり、時に不協和音が生じる。一九〇〇年のパリはまさに錨地であるにしても、われわれはそれが上方へ、下方へ、また別の場所へ移動していくのはこれまで見てきたとおりだ。多くの作家と詩人が示唆したように、もしも「ベル・エポック」を「私の二〇代」と単純に結びつけるべきだとすれば話は別だが。まさにアインシュタインが一九〇五年から一二年にかけて練り上げた空間と時間の概念的な歪みを予見していないにせよ、「ベル・エポック」はコレージュ・ド・フランスでベルクソンが説いた持続に関する講義を記憶に留め、キュビスムの絵画からいくらかのものを保存しているだろう。

それでも世紀初頭に対してわれわれが抱く愛着、特別な愛情は変わらない。この時代がなおもわれわれに語りかけるのはおそらく、そこに読めると考えられる、あの距離と近さの混在のせいだろう。自らの歴史に運命があることを信じる二〇世紀はそれを自らの母胎としたのである。それ以来、歩んできた道がかくも乖離したことは問題ではない。われわれの世界を構成するすべてのものがこの時代に現れたように思われるのだ。自動車と映画、航空と電気、電話、抽象芸術、国際会議。これらの存在形式のなかには、まだ未熟だったり、実験的であったりしたものもあるが、そのことが感動をもたらす。それらを通じて、われわれは近代の源流に敬意を払い続けるのだ。しかし、その時代に人々が方言で話していたこと、木靴を履いていたこと、七月一四日が盛大に祝われた大衆の祭典だったことをわれわれは知っている。その年月は、われわれの子供時代を物語っているかのようだ。それは宙吊りにされた時間であり、「すでに近代的ではあったが、まだ現代的ではない、ある種の中間的な世界」[*9]であった。われわれはこの時代に、パリと田舎の両方を兼ね備えたフランス、近代的でありながら古風でもある社会、大声で笑えるスペクタクルを夢見るのだ。革新はわれわれを興奮させるが、依然として慣習と作法が重んじられた。法律と国家は共有財産となったように見えるが、われわれはストライキを通じて未来を築く。われわれは、状況は必ずしもバラ色ではないが、誠意をもって改善できることを期待し、ユーモアをもって生きている。「ベル・エポック」とは、失われた統一性の夢であり、疑念や危機の時に喚起される夢である。ベル・エポックには今もわれわれの心を揺さぶる「死者の美」があるのだ。サティの音楽と同様に、ベル・エポックは「過ぎ去る時、逃げ去る時、失われた時の甘美さと胸痛むノスタルジー」[*10]を表現している。二〇世紀にベル・エポックは、現実の輪郭を定め、将来を想像することを可能にする場所のひとつでもあった。しかし、それが二一世紀も同様であるとの保証はないのだが。

本書には、私が絶えず大切にしてきた一九〇〇年代を越えて、また別の仕方で見直してきた二〇世紀を越えて、最後の賭けがある。それは結局のところ、過去とほんのわずかしか関係のない、歴史の仕事の性質自体に関わる。過去は、死に、消え失せ、廃れていて、何をしても甦らせることはできないだろう。過去を復元可能な複数の出来事や活動として捉えることは、それ自体がしぶとい幻想であるが、単なる幻想でしかない。もちろん歴史の痕跡は残り、それを評価することは歴史の最も崇高な使命である。しかし痕跡に基づいて研究することは、時間を対象とした関係的なパースペクティヴのなかに位置づけられている。というのも時間は歴史の実体であるからだ。また時間が直線的であることはほとんどない。それはわれわれがここで突き止めた「ベル・エポック」は、凍りついた時間でも、死んだ時間でもない。それは、軋み、反応し、憤り、迷う生き物なのだ。イエール渓谷芸術考古学協会の創設者ジャン・ゴーティエ博士は、「ベル・エポック」時代のブリー・コント・ロベールに関する研究の序文で、「あなたがたは、〈過去－現在〉という新しい時間を創造した」と書いた。[*11] この公式は素朴だが、まさにこういうことなのだ。それは、よく言われるように、過去を現在の視点から見ることだけではない。時代区分に絶対的な意義を与えるのは、高等師範学校文科への受験準備学級の教科書や論説のみである。なぜなら、歴史家の現在と、その探求の対象となる過去とのあいだには、別の多くの時間が干渉し、昨日の「いくつもの」現在と「いくつもの」過去がその主題に混じり合うからである。同じくらい知識や予見やノスタルジーがある「歴史の天使」なる者が存在するとすれば、彼の居場所は複数の過去と現在と未来のあいだであり、「古いものと新しいもののあいだの空白に宙吊り」となっている。[*12] 本書が「ベル・エポック」を対象に検討を試みたように、「時代の名前」を解明することは、過去をありのままに捉える助けとなる。すなわち、その時代を生きた男女の活動によるだけでなく、後の時代がそこにもたらした視線、読解、転位によっても加工された、可動的で変わりやすい、「歴史的な」現実としてである。そうであるほかはあるだろうか。このように、自信過剰に陥ることなく、過去とわれわれの関係を検討することは、この時間性のもつれのなかでしかわれわれは歴史を書けないということを認めることであり、歴史を構成するこの狂詩曲風《ラプソディック》でほとんど万華鏡のような「狭間の時間」[*13] のなかでしか歴史を書くことはできないということを認めることなのだ。

マーターズ・カーク、セント・アンドリューズ、二〇一六年五月

謝　辞

まず、この研究の基盤となる講義やセミナーに参加したパリ第一大学パンテオン＝ソルボンヌ校、パリ政治学院、ニューヨーク大学フランス研究所の数百人の学生たちに感謝したいと思います。彼らの関心とコメント、また時に彼らの調査のおかげで、本書の内容をよりよく考察することができました。そのうちの幾人か、すなわちサミュエル・ミルー＝コント、マティルド・テラル、アリス・シモン、ティフェヌ・ジョワイユ、マリー・ロキュ、マルク＝アントワーヌ・キニョドン、アナエル・アンジュボー、レオ・マエは、果敢にも修士課程で考察を続けてくれました。私は本書で彼らの研究成果を取り入れ、引用しています。

本書のいくつかの章または草稿は、同僚が招待してくれたセミナーや講演会で発表したものです。それらは、ケベックのラヴァル大学（ギヨーム・パンソンに感謝します）、ソウルの慶熙大学（ソン・ジュギョンとオ・ジョンスク）、サンクトペテルブルク国立大学（オレグ・ソコロフ）、ジョンズ・ホプキンス大学（ジャック・ニーフス）、ニューヨーク大学（エド・ベレンソン、ステファヌ・ジェルソン、フレデリック・ヴィギエ)、イェール大学(ジョン・メリマン)、プリンストン大学(フィリップ・ノード)、ウェルズリー大学(ヴィニ・データとマリー・ポール・トランブエ)、セント・アンドリュース大学(スティーブン・タイヤ)、ダラム大学(マイ・クロスとローラ・オブライエン)、慶應義塾大学(小倉孝誠)です。

同僚、友人、学生たちは、私に助言、提案、見識を与えてくれました。ポール・アロン、リュディヴィーヌ・バンティニ、カンタン・ドルエルモス、コリンヌ・ドリア、アルメル・アンデール、エリック・フルニエ、アーロン・フロインシュー、エマニュエル・フュレックス、ミリアム・ジュアン、ニコラ・ピカール、メロディ・シマール=ウッド、ロマン・サルファティ、ピエール=イヴ・ソニエ、ステファニー・スブリエ、ジャン=ノエル・タルディに感謝します。本書の構想に故アントニー・ロウレが喜んでいたことも忘れません。アラン・モレルはアンティーク・ディーラー界との出会いに助力してくれ、ソフィー・レルミットはさまざま多くのことをしてくれましたが、なかでもこのアンケートを取り仕切ってくれました。チャールズ・リーリックには特別な敬意を表したいと思います。彼は「ベル・エポック」の真実の歴史に初めて取り組んだ人物であり、彼の仕事は当初から私にインスピレーションを与えてくれました。

最後に、本書の執筆は、二〇一六年三月から六月までセント・アンドリュース大学から提供されたフェローシップによって大いに促進されました。このスコットランドの小さな町の鐘、カモメ、霧に包まれた静けさのうちの何かしらがこの本に残っていることは間違いありません。

訳者あとがき

二〇二四年七月二六日金曜日、一九時三〇分、雨。最初は一九〇〇年、次いで一九二四年、そして一〇〇年ぶりにパリで三回目の夏季オリンピックの幕が上がる。史上初となるスタジアム外の開会式の舞台は、パリ中央を流れるセーヌ川だ。各国・地域の選手団を乗せた八五隻の船は、東のオステルリッツ橋を出航し、西へ約六キロメートル先のイエナ橋を目指す。式典が開かれる終着地のトロカデロ広場の正面にはエッフェル塔が煌めいている。

このアスリート・パレードの航路に沿って、開会式の約四時間におよぶ壮大なスペクタクルが繰り広げられた。三色旗を彩るスモークの演出とアコーディオン奏者のミュゼットで始まり、ミュージック・ホールのスター、ジジ・ジャンメールにオマージュを捧げた歌手レディー・ガガのステージ、次に老舗キャバレーのムーラン・ルージュのダンサーによるフレンチ・カンカンが続く。こうして開幕した舞台は全一二景で構成され、各地点で自由、平等、友愛など、フランスの歴史や理念を表すテーマが設定された。アコーディオン、シャンソン、オペラ、バンド、ダンス、サーカスの曲芸、絵画、文学、映画、ファッションなど、フランスの伝統と現代の新しい文化を融合させながら、オリンピックという場にふさわしく国際性や多様性が示された。最後は、チュイルリー庭園での聖火の点灯で気球が夜空に浮かぶと、シャンソン歌手エディット・ピアフの代表曲〈愛の讃歌〉を歌手セリーヌ・ディオンがエッフェル塔中央から熱唱し、幕が下りた。

こうして二〇二四年のパリ夏季オリンピックの開会式では、さまざまなフランスの歴史や文化を彷彿させるステージが繰り広げられた。現地では約三〇万人の観衆が集まり、その様子は世界に向けてテレビやインターネットで放映された。翌朝のフランスの新聞記事は、開会式のフランスらしさや目玉を次々に報じた。フィナーレを飾った〈愛の讃歌〉は、観衆の大合唱となり、「心を揺さぶる」舞台だったという感想も紹介された。開会式の後には「一〇〇年後に再びパリでオリンピックを」という声も上がった。

本書『〈ベル・エポック〉の真実の歴史』の校正作業も終盤にさしかかり、訳者は東京からインターネットで開会式の様子を観た。驚いたのは、そこで披露された「フランスらしさ」の多くが、本書が主題とする「ベル・エポック」という時代を喚起させるような演出を施されていたことだ。パリが最も華やかだった、あの「古き良き時代」を想起させるミュージック・ホールとフレンチ・カンカンで始まり、往年のシャンソンの名曲がフィナーレを飾った。エッフェル塔は、あの頃と変わらずにパリを見守っている。「ベル・エポック」は、フランスの歴史・文化の象徴として、今なおフランスの人々の心を捉え続けているということなのだろうか。

＊　＊　＊

本書は、Dominique Kalifa, *La véritable histoire de la « Belle Époque »*, Paris, Fayard, 2017 の日本語訳である。同年、本書にはアカデミー・フランセーズから優れた歴史学研究に贈呈されるウジェーヌ・コラス賞が授与された。従来、「ベル・エポック（美しい時代）」はパリを中心に新しい文化や芸術が栄えた一九世紀末から二〇世紀初頭の時代を表す名称とされ、また「ベル・エポック」と呼ばれるようになった経緯は、第一次世界大戦を経過した後に「古き良き時代」として回想の対象となったことに由来するとされてきた。しかし本書は、それらに根拠はなく、ほとんど無批判に「ベル・エポック」という「時代の名前」が一般的にも、また歴史学においても使用されてきたことを指摘する。「ベル・エポック」はいつ、なぜ誕生し、またそれは後の時代にどのように変化してきたのか。本書『〈ベル・エポック〉の真実の歴史』が目指すのは、「ベル・エポック」の時代に何があったのかを解明することではなく、「ベル・エポック」という時代を表す名前およびその概念が、いかに形成されてきたのか、その「真実」を明らかにすることにある。

著者ドミニク・カリファは、近現代フランスの社会史を専門とする歴史学者である。一九九四年に、労働・女性・犯罪の歴史を専門とするミシェル・ペローの指導を受けてパリ第七大学に博士論文を提出し、翌年これを書籍化して『インクと血――ベル・エポックの犯罪と社会の物語（*L'Encre et le sang : récits de crimes et société à la Belle époque*）』（ファイヤール社、一九九五年）を発表した。パリ第七大学、レンヌ第二大学を経て、二〇〇二年にアラン・コルバンの後任としてパリ第一大学

（パンテオン・ソルボンヌ）の歴史学教授に着任し、一九世紀史研究センターの所長を務めた。また二〇〇八年から一五年までグラン・ゼコールのひとつであるパリ政治学院（Sciences Po）の授業を担当した。この間、単著として『民間警察の誕生——フランスの探偵と調査機関（*Naissance de la police privée : détectives et agences de recherches en France*）』（プロン社、二〇〇〇年）、『一九世紀の犯罪と文化（*Crime et culture au XIX*^{e} *siècle*）』（ペラン社、二〇〇五年：『犯罪・捜査・メディア——一九世紀フランスの治安と文化』梅澤礼訳、法政大学出版局、二〇一六年）、『ビリビ——フランス軍の植民地徒刑場（*Biribi : les bagnes coloniaux de l'armée française*）』（ペラン社、二〇〇九年）、『どん底——ある想像物の歴史（*Les bas-fonds : histoire d'un imaginaire*）』（スイユ社、二〇一三年）などを刊行した。この他、一九世紀フランスのメディア研究など、複数の共著も発表した。その研究業績は高い評価を受け、二〇一五年には優れた研究者のみが選出されるフランス大学学院（Institut universitaire de France）の会員となった。国際的な活躍は、本書における著者の謝辞を見ても明らかであろう。その精力的な研究活動の最中、二〇二〇年九月に六三歳で急逝した。この訃報は、深い悲しみをもたらした。二〇二一年一二月にその功績を称えて「ドミニク・カリファのベル・エポック——歴史家の仕事を振り返る」と題するシンポジウムがパリ第一大学と一九世紀史研究センターの共催で三日間にわたって開かれ、二四年一月に追悼集として刊行された（Arnaud-Dominique Houte (dir.), *Les Belles Époques de Dominique Kalifa :Retour sur une œuvre d'historien*, Paris, Éditions de la Sorbonne, 2024）。また二〇二二年に「ドミニク・カリファ博士論文賞（Prix de thèse Dominique Kalifa）」が一九世紀史研究センターで創設され、次世代の歴史学の発展を目指す賞にその名前が冠された。

パリ第一大学名誉教授のアラン・コルバンは、カリファを追悼して次のように述べている。

想像力こそが、過去の歴史をその当時の人々の理解に基づいて導き出すのに不可欠な条件であるというリュシアン・フェーヴルの格言を思い出します。ドミニク・カリファは、『インクと血』という題目で出版された博士論文の執筆時からこの第一の資質を備えていました。

(*Les Belles Époques de Dominique Kalifa*, *op. cit.*, p. 7)

「想像力」の歴史家であるとコルバンが評したように、カリファの研究対象は犯罪からメディア、さらに本書が主題とする「時代の名前」まで多岐にわたるが、総じて人間の「想像物(l'imaginaire)」がテーマであった。実際、カリファ自身も、三度目かつ最後の来日となった二〇一六年一一月に日仏会館で開催された講演会「〈ベル・エポック〉の真実の歴史」において、自身の研究対象は第一に一九世紀フランスの「犯罪」などを対象とした「社会の想像物」の研究であり、第二に「ベル・エポック」を対象とした「時代の想像物」であると述べている。

そもそも「想像物(l'imaginaire)」とは何だろうか。本書で頻出する用語だから、ここで説明が必要だろう。カリファは「想像物」とは「実際の事物(本、画像、映画、シャンソンなど)に具象化され、しばしば人々の感情や行動に影響を与える、まさに物質性を伴った現実である。想像物は、社会が自らの世界を理解するための表象体系を育むものである」と説明する(Dominique Kalifa, « La véritable histoire de la « Belle Époque » », *Revue de Hiyoshi, Langue et littérature française*『慶應義塾

大学日吉紀要　フランス語フランス文学』no. 64, 2017, p. 93)。このようにカリファは、「l'imaginaire《イマジネール》」を具象化された現実として位置づけ、その物質性や表象性に着目していることから、本書ではこれを「想像物」と訳した。

「時代の想像物」の研究は、フランスのアナール学派が追究してきた「中世」「ルネサンス」「啓蒙」「革命」などの時代区分や時代認識をめぐる議論の流れを汲むものであるが、著者は新たに近年の言語学者による「クロノニム（chrononyme)」の概念を取り入れる。クロノニムとは「時代を表す固有名詞」であり、「時代の一部を固有に示すために使用される単純または複雑な表現。その時代の一部を社会共同体が把握し、特定し、一貫性を与えると見なされる行為と関連づけるために、これを名付ける必要性をともなうもの」と定義される（本書「原注」(1)頁）。カリファは、社会の意識や要請に基づいて「時代の名前」が生まれることに注目し、「ベル・エポック」がいかなる経緯で生まれたのか、これをさまざまな「時代の想像物」の分析を通じて明らかにすることを本書の目的としている。

本書は三つの部に分かれているが、その概要を以下にまとめておこう。第一部「一九〇〇年の時代」は、「ベル・エポック」が生まれるまでの経緯に注目する。実際に一九〇〇年代を生きた人々が、その時代を「ベル・エポック」と呼んだ例はない。また第一次世界大戦の後に、戦前を回顧して「ベル・エポック」と呼ぶようになったという説も誤りである。一九二〇年代になってもこの時代の名前は存在しなかった。しかし一九三〇年代に入り、フランスが政治的・経済的危機を迎え、さらに新たな戦争の脅威が迫るなかで、一九〇〇年代が「古き良き時代」として次第に注目されていった。

第二部「あぁ、ベル・エポック」は、一九四〇年代から五〇年代のフランスに焦点を当てる。「ベル・エポック」が「一九〇〇年の時代」を指すようになったのは、占領期のパリにおいてだった。ミュージック・ホール、劇場、映画館などがこの時代を称えるようになった。しかしそれは単なるノスタルジーではなく、ドイツ軍の占領下にあって、軽やかで豊かだった過去に逃避したいという欲求、逃げ場を探す必要性に迫られて、困難な状況に立ち向かうために一九〇〇年代の過去を動員するという社会的な意志に基づいたものだった。フランス解放後も「ベル・エポック」は廃れることなく、パリが芸術・文化の中心であった大戦前を称揚することで、フランスの栄光を取り戻そうと試みた。

第三部「世紀末の試練」は、一九六〇年代・七〇年代を対象とする。一九六〇年代フランスの経済成長期に「ベル・エポック」の文化は「時代遅れ」としていったん廃れるが、一九七〇年代にファッションへの注目から再び注目を取り戻す。当時の左翼運動やフェミニズムの流れを反映し、華やかな側面だけでなく、時代の裏側を形成した社会的・性的・政治的な逸脱と「倒錯」に焦点が当てられるようになる。またパリのみならず、二〇世紀末の文化遺産指定化を背景に、フランスの地方、田舎、農村に対象が広がった。さらにフランスだけでなく、「ベル・エポック」という表現はイタリア、ブラジル、メキシコなど、それぞれの歴史の文脈で使用されるようになった。

最後に著者は、「ベル・エポック」が時代、視線、要請に応じてその様相を変えてきたことに言及する。「時代の名前」を解明することは、その時代を生きた人々の活動だけでなく、その後の時代に人々が投影してきたさまざまな概念も含めて明らかにすることにある。歴史学者はつねに「混ざり合う時間」を対象に扱っていることに留意する必要があるという強いメッセージを伝えている。

本書で圧倒されるのは、多岐にわたる資料分析である。公文書、新聞記事や回想録はもとより、劇、シャンソン、美術、文学、写真、ラジオ、映画、ファッションなど、人々の生活に密着したさまざまな資料を駆使し、これらがいかに「時代の想像物」として「ベル・エポック」を形成してきたかを説得的に示している。

さて、本書が提示した研究の視点と方法は、フランスを中心に、ヨーロッパやアメリカの歴史学界に広く反響をもたらしている。まず二〇一七年三月には、カリファが主催した「第二帝政」のシンポジウムの特集号が学術誌『歴史、経済、社会』に掲載された。ここでは「〈第二帝政〉は存在したのか」というテーマで、複数の研究者がこの時代の名前や概念の形成について論じた（«Le «Second Empire» a-t-il existé ?», *Histoire, économie & société*, 2017）。また二〇一九年には、フランス史に加えて、他のヨーロッパやアメリカの歴史を対象に、カリファは編者として国際的な研究者と共著で『時代の名前――「王政復古」から「鉛の時代」まで（*Les noms d'époque : de «Restauration» à «années de plomb»*）』（ガリマール社、二〇一九年）を刊行した。ここでは、フランスの「王政復古」「栄光の三〇年」、イタリアの「リソルジメント（国家統一運動）」、イギリスの「ヴィクトリア朝」、ドイツの「零時（第二次世界大戦のドイツ降伏）」、アメリカの「金ぴか時代」、さらに「諸国民の春」「戦間期」「鉛の時代」など、さまざまな時代の名称が検討された。これらの研究によって、一国で使用される例のみならず、複数の国で使用され、さらに時代を超えて変化してきた右のような「時代の名前」の事例が解明された。

＊＊＊

訳者は、二〇〇六年から〇九年にかけてパリ第一大学の博士課程に留学し、カリファに師事した。当時のセミナーで論じられた「想像物」の歴史やその研究方法に圧倒されたことを思い出す。これに刺激を受け、一二年にパリ第一大学と一橋大学に提出した博士論文で一九世紀パリ万国博を通じた「日本」像の形成や「ジャポニスム」の誕生について検討した。その後も訳者は、一二年の夏に一九世紀史研究センターの客員研究員としてパリに滞在する機会に恵まれ、その後もカリファのセミナーで研究発表の機会を得るなど、学術交流を続けた。本書の日本語訳に取り組むことになった経緯は、先述した二〇一六年に日仏会館で「ベル・エポック」を主題としたカリファの講演会に出席し、強い感銘を受けたことによる。

この翻訳の刊行については、カリファ先生から直接の承諾を受け、慶應義塾大学教授の小倉孝誠先生のご紹介により法政大学出版局でお引き受けいただいた。この翻訳の機会を提供してくださった両先生に深く御礼を申し上げたい。またこの間、立ち止まることも多々あった訳者が最後まで訳し終えることができたのは、元上智大学教授の長谷川輝夫先生のご助言とあたたかい励ましがあったからである。フランス社会史の大家リュシアン・フェーヴルの研究を日本の歴史学界に紹介した長谷川先生からいただいたコメントは、本書の訳者の理解に大いに役立った。また、カリファ先生の著作の書評や追悼集に関わる情報を提供してくださったフランスの同僚、パリ第一大学教授アンヌ＝エマニュエル・ドゥマルティニ氏（Anne-Emmanuelle Demartini）、グルノーブル・アルプ大学教授シルヴァン・ヴネール氏（Sylvain Venayre）、ブルゴーニュ大学准教授エルヴェ・マズレル氏（Hervé Mazurel）にも感謝を述べたい。むろん、本書の翻訳の責任はすべて訳者にある。

最後に、本書の編集を担い、伴走してくださった法政大学出版局の郷間雅俊氏、そしていつも支えてくれる夫と家族に心から感謝の気持ちを伝えたい。

本書をドミニク・カリファ先生に捧げる。

二〇二四年　夏　東京

寺本　敬子

原 注

プロローグ　見出された時?

*1　Robert BURNAND, *Paris 1900*, Paris, Hachette, 1951, p. 8.

*2　Pierre DOMINIQUE, «Les hommes publics», *Le Crapouillot*, nº 29, 1955, p. 8.

*3　Maurice DONNAY, *J'ai vécu 1900*, Paris, Fayard, 1951, p. 31.

*4　Marie-Claire BANCQUART, *Paris «Belle Époque» par ses écrivains*, Paris, Adam Biro/Paris Musées, 1997, p. 10.

*5　Philippe GABORIAU, *Le Tour de France et le vélo. Histoire sociale d'une épopée contemporaine*, Paris, L'Harmattan, 1995.

*6　*Syllabus* du cours «La Belle époque» de Thomas Ertman, New York University, 2012, コム・スシエによる報告。

*7　Maurice CHEVALIER, *Ma route et mes chansons*, Paris, Julliard, 1946, p. 108.

*8　André WARNOD, *Ceux de la Butte*, Paris, Julliard, 1947, p. 63.

*9　Armand LANOUX, *Amours 1900*, Paris, Hachette, 1961, p. 30.

*10　«A term born of nostalgia needs to be treated with a degree of skepticism», Diana HOLMES and Carrie TARR, *A Belle Époque ? Women in French Society and Culture, 1890–1914*, New York, Bergahn Books, 2006, p. 2.

*11　この用語〔時代の名前 (chrononyme)〕は，言語学者エヴァ・ビュッヒが作り（Eva BÜCHI, *Les Structures du «Französiches Etymologisches Wörterbuch». Recherches métalexicographiques et métalexicologiques*, Tübingen, Niemeyer, 1996, p. 271)，ポール・バコ，ローラン・ドゥズ，ジャン＝ポール・オノレが次のように明示した。「時代の一部を固有に示すために使用される単純または複雑な表現。その時代の一部を社会共同体が把握し，特定し，一貫性を与えると見なされる行為と関連づけるために，これを名付ける必要性をともなうもの」(«Chrononymes. La politisation du temps», *Mots. Les langages du politique*, nº 87, 2008, p. 5–12)。

*12　Jean-Jacques LEVÊQUE, *Les Années de la Belle Epoque*, Paris, ARC,

Édition, 1991, p. 6.

*13　Alype-Jean NOIROT, *Le Département de l'Yonne comme diocèse*, Saint-Aubin-Châteauneuf, 1979.（私家版）

*14　Eugen WEBER, *France Fin de Siècle*, Cambridge, Harvard University Press, 1986, p. 2; Charles REARICK, *Paris Dreams, Paris Memories. The City and Its Mystique*, Stanford University Press, 2011, p. xi.

*15　Hubert JUIN, *Le Livre de Paris 1900*, Paris, Belfond, 1977, p. 9.

*16　Lucien FRANÇOIS, *Les Élégances de Paris*, Paris, Commissariat Général au Tourisme, 1946, non paginé.

*17　Marius DARGAUD, *La Belle Époque, mythes et réalités*, Alençon, Archives départementales de l'Orne, 1972, p. 1.

*18　Préface à *Du côté de chez Jacques-Émile Blanche. Un salon à la Belle Époque*, Paris, Fondation Pierre Bergé-Yves Saint Laurent / Skira Flammarion, 2012, p. 19.

*19　Vincent CRONIN, *Paris on the Eve, 1900–1914*, New York, St. Martin's Press, 1990, p. 17.

*20　Ch. REARICK, *Paris Dreams…*, *op. cit.*, p. 44; Jacqueline Lalouette, *La France de la Belle Époque. Dictionnaire des curiosités*, Paris, Tallandier, 2013, p. 7.

*21　Octave MIRBEAU, « Les Dialogues tristes : sur la berge », *L'Écho de Paris*, 14 juin 1892, repris dans *La Vache tachetée*, Paris, Flammarion, 1921, p. 119 et 121.

*22　Dr. BOUCHER, *Impressions de voyage de Marseille à Constantine*, Rouen, impr. L. Guy, 1904, p. 15; Marcel PROUST, *Du côté de chez Swann* [1913], http://bibliotheq.net/marcel-proust/du-cote-de-chez-swann/index.html, p. 133.

*23　ジョルジュ・フェイドーとモーリス・デヴァリエール作『黄金時代』は3幕9場で構成されるミュージカル・コメディであり，1905年5月1日にパリのヴァリエテ劇場で初演された。

*24　Guillaume APOLLINAIRE, *Calligrammes. Poèmes de la paix et de la guerre* (1913–1916), Paris, Mercure de France, 1918.「8月31日」は日付の間違いというよりも，1800年8月31日に私掠船スルクフがイギリスのフリゲート艦ケントに勝利したことを祝う海軍で非常に人気のあった歌を暗示している。

*25　*Mémoires de l'Académie des sciences, belles lettres et arts de Lyon*, 1924, p. 3; Camille DUGUET, *Femmes seules*, n° 5, août 1928, p. 30; Lucien

Dubech, « L'impérialisme dans l'arène. À propos des Jeux olympiques (suite) », *Revue hebdomadaire*, septembre 1924, p. 295. またこれはジャン＝ミシェル・ギュー (Jean-Michel Guieu, *Gagner la paix, 1914–1929*, Seuil, 2015, p. 398) が誤って転記する「ベル・エポックのジョルジュ・カルパンティエ (le Georges Carpentier de la Belle Epoque)」とは明らかに同じ意味ではない。

＊26　*Poésie pure*, n° 6, 1928–1930, p. 312 ; *Les Marges. Revue de littérature et d'art*, n° 90, juin 1932, p. 14.

＊27　Jean Valdois, « 1900 vu par 1933 », *Cinémagazine*, février 1933.

＊28　『雌鶏』, アンリ・デュヴェルノワ, アンドレ・バルド作, 三幕四景のオペレッタ, アンリ・クリスティーネ作曲, Paris, impr. Dorel, 1936.

第一部
「一九〇〇年の時代」

＊1　François Hartog, *Régimes d'historicité. Présentisme et expériences du temps*, Paris, Seuil, 2003, p. 19.

＊2　「時代認識」はポール・クローデル『詩法』(l'*Art Poétique*, Paris, Mercure de France, 1907) の第一部のタイトルである。

世紀の境目

＊1　Eugen Weber, *France fin-de-siècle, op. cit.* ; Christophe Charle, *Paris fin-de-siècle. Culture et politique*, Paris, Seuil, 1998, et « Fin-de-siècle », *Revue d'histoire du xix*[e] *siècle*, n° 60, 2016, p. 103–117 ; Christophe Prochasson, *Paris 1900. Essai d'histoire culturelle*, Paris, Calmann-Lévy, 1999.

＊2　Christophe Leribault, « Au comptoir central de la fantaisie », in *Paris 1900. La ville spectacle*, Paris, Paris-Musées, 2014, p. 17.

＊3　Louis Blanc, *Questions d'aujourd'hui et de demain*, Paris, Dentu, 1873, p. 400.

＊4　Max Nordau, *Dégénérescence*, Lausanne, L'Âge d'homme, [1892] 2009.

＊5　Alfred Fouillée, *L'Évolutionnisme des idées-forces*, Paris, Alcan, 1890 ; *La Psychologie des idées-forces*, Paris, Alcan, 1893, et *La Morale des idées-forces*, Paris, Alcan, 1908.

＊6 Gabriel TARDE, *Les Lois de l'imitation*, Paris, Alcan, 1890.

＊7 Marc ANGENOT, *1889: un état du discours social*, Longueil, Le Préambule, 1989, p. 13.

＊8 1889年を対象とした前掲書に加え，次を参照。*Le Cru et le faisandé: sexe, discours social et littérature à la Belle Époque*, Bruxelles, Labor, 1986; *Ce que l'on dit des Juifs en 1889. Antisémitisme et discours social,* Saint-Denis, Presses de l'université de Vincennes, 1989; *Topographie du socialisme français, 1889–1890*, Montréal, Discours social, 1990; *Le Café-concert, archéologie d'une industrie culturelle*, Montréal, CIADEST, 1991.

＊9 「アンケート」に関する研究は次を参照。C. PROCHASSON, *Paris 1900*, op. cit., p. 238–249; «Enquête sur l'enquête», *Mil neuf cent. Revue d'histoire intellectuelle*, n° 22, 2004; Dominique KALIFA, «Enquête et culture de l'enquête au xixe siècle», *Romantisme*, n° 149, 2010, p. 3–23.

＊10 Pierre DU MAROUSSEM, *Les Enquêtes. Pratique et théorie*, Paris, Alcan, 1900.

＊11 M. NORDAU, *Dégénérescence, op. cit.*, p. 35.

＊12 R. BURNAND, *Paris 1900, op. cit.*, p. 8.

＊13 Gaston JOUGLA, «Les curiosités du calendrier de 1900», *Le Gaulois*, 1er janvier 1900.

＊14 パリのジャーナリズムを対象とした研究としては次を参照。Tiphaine JOYEUX, *1900, une année en stuc. Impressions immédiates*, mémoire de master 1, Université Paris 1, 2015. リヨンのジャーナリズムについてはブルノ・ブノワ（Bruno BENOIT），ブルターニュ地方についてはジャン＝フランソワ・タンギ（Jean-François TANGUY），いずれも次のシンポジウム論集を参照。*1900. Comment ils voyaient le nouveau siècle? Comment ils voyaient l'avenir*, Paris 1, Centre d'histoire sociale, 1999, http://fr.calameo.com/read/000290379a0e07ff3d5e5.

＊15 Camille FLAMMARION, «En quelle année commencera le vingtième siècle?», *La Revue des revues*, octobre 1899.

＊16 «Le Dix-neuvième ou vingtième siècle ?», *Le Gaulois*, 2 janvier 1900.

＊17 «La Fin du siècle», *Le Matin*, 1er janvier 1900. この意見聴取は1月6日まで実施された。

＊18 *Annuaire pour l'an 1900 publié par le Bureau des longitudes*, Paris, Gauthier-Villars, 1900, p. 5.

＊19 *La Croix*, 3 janvier 1900; J. DHONBREE, «L'an 1 du xxe siècle», *Le Figaro*, 1er janvier 1900.

＊20 Jules CLARETIE, *La Vie à Paris*, Paris, Charpentier et Fasquelle, p. 400–

402.

＊21　新たな時刻表示の措置を有効にするには法律の制定が必要だったが，この法律が最終的に成立したのは 1900 年 3 月 14 日であった。

＊22　« Les curiosités du calendrier de 1900 », *Le Gaulois*, 1er janvier 1900.

＊23　Charles SIMOND, *La Vie parisienne à travers le xixe siècle : Paris de 1800 à 1900, d'après des estampes et des mémoires du temps*, Paris, Plon, 1900–1901, t. 3, p. 576.

＊24　*Ibid*.

＊25　次の記事に引用。*Le Temps*, 15 avril 1900.

＊26　次の著書に引用。Brigitte SCHOEDER-GUDEHUS et Anne RASMUSSEN, *Les Fastes du progrès. Le Guide des Expositions universelles, 1851–1992*, Flammarion, 1992, p. 133.

＊27　Anne-Claude AMBROISE-RENDU, « L'exposition universelle de 1900. Gloires et ambiguïtés d'une célébration fin de siècle », dans Laurent GERVEREAU et Christophe PROCHASSON（dir.）, *L'Affaire Dreyfus et le tournant du siècle, 1894–1910*, Nanterre, BDIC, 1994, p. 228–233.

＊28　Stanislas RZEWUSKI, « Olympio à l'Exposition », *Gil Blas*, 1er octobre 1900.

＊29　Jules ROCHE, *Rapport adressé au Président de la République Sadi Carnot*, 13 juillet 1892 cité par Chantal GEORGEL, « 1895–1905. Fins de siècle en Europe » dans Philippe THIEBAUT（dir.）, *1900*, Paris, RMN, 2000, p. 3.

＊30　C. PROCHASSON, *Paris 1900, op. cit.*, p. 130.

＊31　René DOUMIC, « Le bilan d'une génération », *Revue des deux mondes*, Paris, 15 janvier 1900.

＊32　Emilio GENTILE, *L'Apocalypse de la modernité. La Grande Guerre et l'homme nouveau*, Paris, Aubier, 2011, p. 59.

＊33　Anne-Claude AMBROISE-RENDU, « La perception de la puissance française en 1900 : l'exemple de l'exposition universelle dans la presse », in P. MILZA et R. POIDEVIN（dir）, *La Puissance française à la Belle Époque. Mythe ou réalité*, Bruxelles, Complexe, 1992, p. 143–157.

＊34　次の著書に引用。Marie-Claude BLANC-CHALEARD, « L'image de la puissance française dans les manuels d'histoire et de géographie autour de 1900 », in *ibid*., p. 63.

＊35　C. PROCHASSON, *Paris 1900, op. cit.* ; Pascal ORY, « Le mythe de Paris, Ville-Lumière, dans les années 1900 », in MILZA et POIDEVIN, *op. cit*., p. 131.

＊36　« La clôture de l'Exposition », *Le Petit Parisien*, 13 novembre 1900.

＊37 Gustave Rouanet, «Fin de siècle», *La Lanterne*, 31 décembre 1899.

＊38 Christophe Charle, *Discordance des temps. Une brève histoire de la modernité*, Paris, Colin, 2011, p. 326.

＊39 *Ibid.*, p. 326–327. 前掲のシンポジウム論集（*1900. Comment ils voyaient le nouveau siècle ?*）の序に示されたリストを参照。

＊40 H. Juin, *Le Livre de Paris 1900, op. cit.*, p. 54.

＊41 «La Fin de l'Exposition», *Le Petit Parisien*, 14 novembre 1900.

＊42 T. Joyeux, *1900 une année en stuc, op. cit*.

＊43 Jean Frollo, «L'Atelier familial», *Le Petit Parisien*, 10 novembre 1900.

＊44 «Fin de rêve», *Le Figaro*, 13 novembre 1900.

逃げてゆく時

＊1 E. Gentile, *L'Apocalypse de la modernité*, *op. cit*.

＊2 Virginia Woolf, «Mr. Bennett and Mrs. Brown», *Collected Essays*, Londres, The Hogarth Press, [1924] 1966, p. 320.

＊3 「そのあらゆる絶頂感は，長い興奮の期間を経てもなお来ていなかったため，パリの枠をはるかに超えて世界を震撼させた。それは1913年のことだった」。Roger Shattuck, *The Banquet Years. The Origins of the Avant-Garde in France, 1885 to World War I*, New York, Anchor Books, 1958, p. 27.

＊4 Liliane Brion-Guerry (dir.), *L'Année 1913. Les formes esthétiques de l'œuvre d'art à la veille de la Première Guerre mondiale*, Paris, Éd. Klincksieck, 3 vol., 1971–1973 ; *1913. Exposition organisée à l'occasion du 70e anniversaire de la Fondation des Amis de la Bibliothèque Nationale*, Paris, SABN, 1983 ; «L'année 1913 en France», 1895, hors-série, 1993 ; Jean-Michel Rabaté, *1913. The Craddle of Modernism*, Oxford, Blackwell Publishing, 2007 ; Florian Illies, *1913, Der Sommer des Jahrhunderts*, Francfort-sur-le-Main, Fischer Verlag, 2012 ; Colette Camelin et Marie-Paule Berranger, *1913 : cent ans après. Enchantements et désenchantements*, Paris, Hermann, 2015.

＊5 Jacques Rivière, «Le roman d'aventure», *Nouvelle Revue Française*, nº 53–55, mai-juillet 1913.

＊6 Jean-Pierre Camard et Lynne Thornton, *L'Art et la vie en France à la Belle Époque*, Bendor, Fondation Paul Ricard, 1971.

＊7 Béatrice Joyeux-Prunel, *Les Avant-gardes artistiques 1848–1918 : une histoire transnationale*, Paris, Gallimard, 2015.

*8 Claude Roy, *Descriptions critiques*, Paris, Gallimard, 1949, p. 206.

*9 Paul Valéry, *La Crise de l'esprit*, Paris, Robert Laffont, [1919] 2000, p. 407.

*10 François Azouvi, *La Gloire de Bergson. Essai sur le magistère philosophique*, Paris, Gallimard, 2007.

*11 Marcel Proust, « Vacances de Pâques », *Le Figaro*, 25 mars 1913.

*12 *Paris du temps perdu. Eugène Atget, Marcel Proust*, introduction d'Arthur D. Trottenberg, Paris, Hoebecke Éditions, 2012.

*13 Jeanne Beausoleil et Pascal Ory (dir.), *Albert Kahn? Réalités d'une utopie, 1860–1940*, Boulogne, Musée Albert Kahn, 1995.

*14 Pascal Cordereix, « Les Archives de la parole », *Culture et recherche*, n° 124, 2010–2011, p. 31.

*15 E. Gentile, *op. cit.*; voir aussi les deux chapitres consacrés à « la guerre imaginée » dans Jean-Jacques Becker *et al.* (dir), *Guerre et cultures, 1914–1918*, Paris, A. Colin, 1994, p. 49–63.

*16 Jacques-Émile Blanche, *Journal inédit*, Bibliothèque de l'Institut, cité par J. Neutres, *Du côté de chez Jacques-Émile Blanche, op. cit.*, p. 19.

「ダンスをしていたから，もう何も重要じゃなかった」

*1 André Warnod, *Visages de Paris*, Paris, Firmin-Didot, 1930, p. 313.

*2 André de Fouquières, *Cinquante ans de panache*, Paris, Horay, 1951, p. 58.

*3 Hervé Guillemain et Stéphane Tison, *Du front à l'asile 1914–1918*, Paris, Alma, 2013, p. 352.

*4 次の前掲書に引用。Cité par E. Gentile, *L'Apocalypse…, op. cit.*, p. 20.

*5 A. Warnod, *Visages de Paris, op. cit.*, p. 311.

*6 André Warnod, *Fils de Montmartre. Souvenirs*, Paris, Fayard, 1955, p. 220–221.

*7 A. de Fouquières, *Cinquante ans…, op. cit.*, p. 165.

*8 A. Warnod, *Visages de Paris, op. cit.*, p. 311–312.

*9 Sophie Jacotot, *Danser à Paris dans l'Entre-deux-guerres*, Paris, Nouveau Monde, 2013.

*10 Fabrice Montebello, *Le Cinéma en France depuis les années 1930,* Paris, Armand Colin, 2005, p. 22; Dimitri Vezyroglou, *Le Cinéma en France à la veille du parlant*, Paris, CNRS Editions, 2011.

*11 J.-M. Guieu, *Gagner la paix, op. cit.*, p. 390; Pascale Goetschel, *La*

«crise du théâtre»: une histoire de controverses, de goûts et de représentations (milieu xviiie siècle–fin des années 1930), mémoire d'habilitation, Université Paris 1, 2016, chap. 6, p. 31–32.

＊12 Ludovic Tournes, «L'électrification des sensibilités: le disque, l'enregistrement électrique et la mutation du paysage sonore en France (1925–1939)», *French Cultural Studies*, n° 16/2, 2005, p. 135–149.

＊13 Sisley Huddleston, *Bohemian Literary and Social Life in Paris: Salons, Cafes, Studios*, Londres, Harrap & Co., Ltd., 1928.

＊14 BNF, Arts du spectacle, WNA-216, 1924, *programme de la revue New-York Montmartre*, cité par Mathilde Terral, *Paris à la Belle Epoque: deux études sur la construction d'un imaginaire*, master d'histoire, Université Paris 1 Panthéon-Sorbonne, 2014, p. 17.

＊15 Marcel de Bare, «Les meunières du Moulin Rouge. Anecdotes et souvenirs inédits sur le bal célèbre», *Les œuvres libres*, juin 1925, p. 330 et 356, cité in ibid., p. 31.

＊16 Yvette Guilbert, *La Chanson de ma vie: mes mémoires*, Paris, Grasset, 1927.

＊17 BNF, Arts du spectacle, WNA-216, 1927–29, cité par M. Terral, *op. cit.*, p. 30.

＊18 *Ibid.*

＊19 Léon Werth, *Danse, danseurs, dancings*, Paris, Rieder, 1924, p. 92.

＊20 Alice Bravard, *Le Grand monde parisien, 1900–1939. La persistance du modèle aristocratique*, Rennes, Presses universitaires de Rennes, 2013.

＊21 J.-M. Guieu, *Gagner la paix…, op. cit.*, p. 176.

＊22 Emmanuelle Retaillaud, *La Figure de la Parisienne*, mémoire d'habilitation, Université Paris 1, 2016.

＊23 Maurice de Waleffe, *Quand Paris était un paradis. Mémoires 1900–1939*, Paris, Denoël, 1947, p. 480; A. de Fouquières, op. cit., p. 240.

＊24 Limore Yagil, *Au nom de l'art, 1933–1945. Exils, solidarités et engagements*, Paris, Fayard, 2015.

＊25 *Comoedia*, 27 janvier 1925. Repris dans *Les Berceaux de la jeune peinture. Montmartre, Montparnasse*, Paris, Albin Michel, 1925, p. 7.

＊26 André Warnod, *Fils de Montmartre. Souvenirs*, Paris, Fayard, 1955, p. 259–260.

＊27 「1930年。われわれはこれらの回想をここでやめますが，おそらくいつかまた続けるでしょう」。André Warnod, *Fils de Montmartre. Souvenirs*,

Paris, Fayard, 1955, p. 286.

＊28　Camille MAUCLAIR, *La Farce de l'Art vivant*, t. 1 : *Une campagne picturale 1928–1929* ; t. 2 : *Les métèques contre l'art français*, Paris, Éd. De la Nouvelle Revue Critique, 1929–1930.

＊29　Gertrude STEIN, *Paris France*, New York, Norton & Cie, 1940, p. 24.

＊30　Nancy GREEN, *Les Américains de Paris : hommes d'affaires, comtesses et jeunes oisifs, 1880–1941*, Paris, Belin, 2014, p. 37.

＊31　Maria DELAPÉRRIÈRE et Antoine MARÈS（dir.）, *Paris capitale culturelle de l'Europe centrale. Les échanges intellectuels entre la France et les pays de l'Europe médiane, 1918–1939*, Paris, Institut d'études slaves, 1997.

＊32　A. WARNOD, *Visages de Paris, op. cit.*, p. 321.

＊33　これは次の著書の一部分のタイトルである。*Souvenirs des milieux littéraires, politiques, artistiques et médicaux*, Paris, Nouvelle librairie nationale, 1920–1926.

＊34　次の修士論文による。Samuel MILOUX-COMTE, *Entre deux-siècles, entre l'hier et l'aujourd'hui. La Belle Epoque dans les romans de l'entre-deux-guerres*, master d'histoire, Université Paris 1 Panthéon-Sorbonne, 2012.

＊35　Maurice LEBLANC, « La dame à la hache », dans *Les Huit coups de l'horloge*, Paris, Lafitte, 1923.

＊36　Charles MORICE, *Par le sang de la France*, Paris, Plon, 1921, 55.

＊37　Félicien CHAMPSAUR, *Nuit de fête*, Paris, Nouvelle revue critique, 1926, p. 112.

＊38　Camille MARBO, *La Revue du mois*, 10 novembre 1919 ; Fernand VANDÉREM, « Le temps perdu de M. Marcel Proust », *La Revue de Paris*, 1919, p. 429–431 ; Binet-VALMER, *Comoedia*, 5 octobre 1919. 引用は次を参照。Léo MAHÉ, *Marcel Proust et la Belle Epoque*, master 1 d'histoire, Université Paris 1, 2016.

＊39　Robert DESNOS, *Le Soir*, 26 février 1927.

＊40　Jean PRÉVOST, « Roger Martin du Gard romancier », *Europe*, n° 73, 1929, p. 104.

＊41　Daniel ARANDA, « Maurice Leblanc et la résurgence de la "série" dans la littérature romanesque française », *Revue d'histoire littéraire de la France*, n° 103, 2003, p. 111–121.

＊42　Francis CARCO, *La Belle Époque au temps de Bruant*, Paris, Gallimard, 1954, p. 162.

＊43　Catherine DUTHEIL-PESSIN, *La Chanson réaliste, sociologie d'un genre*,

Paris, L'Harmattan, 2004.

＊44 Nicole et Alain LACOMBE, *Fréhel*, Paris, Belfond, 1990, p. 159–163.

＊45 *Où est-il donc ?*, paroles d'André Decaye et Lucien Carol, musique de Vincent Scotto, Paris, Fortin, 1926.

＊46 Léopold FLAMENG, *Paris qui s'en va et Paris qui vient*, Paris, Cadart, 1860 ; Charles VIRMAÎTRE, *Paris qui s'efface*, Paris, Savine, 1887 ; Paul BELLON et Georges PRICE, *Paris qui passe*, Paris, Savine, 1883.

＊47 Elie RICHARD, *Paris qui meurt. Saint-Julien-le-Pauvre. Le Roman de la Bièvre. La Cité et Notre-Dame*, Paris, Figuière, 1923.

＊48 Y. GUILBERT, *op. cit.* ; Mayol, *Mes Mémoires*, Paris, Louis Querelle, 1929 ; H. FURSY, *Mon petit bonhomme de chemin. Souvenirs de Montmartre et d'ailleurs*, Paris, Louis Querelle, 1929.

＊49 Francis CARCO, *De Montmartre au Quartier Latin*, Paris, Albin Michel, 1927, p. 11–12.

＊50 *Ibid.*, p. 91.

＊51 H. FURSY, *Mon petit bonhomme de chemin. Souvenirs de Montmartre et d'ailleurs*, Paris, Louis Querelle, 1929, p. 97.

＊52 Ruth FIORI, *L'Invention du vieux Paris. Naissance d'une conscience patrimoniale dans la capitale*, Wavre, Mardaga, 2012.

＊53 Christine BARD, *Les Garçonnes. Modes et fantasmes des Années folles*, Paris, Flammarion, 1998.

＊54 Léo MALET, *Le Soleil nait derrière le Louvre* [1954], Paris, Robert Laffont, 2006 p. 85.

「一九〇〇年」の発明

＊1 A. WARNOD, *Visages de Paris, op. cit.*, p. 223.

＊2 *Ibid.*, p. 223–224.

＊3 *Ibid.*, p. 239.

＊4 *Ibid.*, p. 240.

＊5 *Paris-Soir*, 1er décembre 1930.

＊6 *Le Temps*, 17 novembre 1930.

＊7 Paul POIRET, *En habillant l'époque*, Paris, Grasset, 1930, p. 14.

＊8 *Ibid.*, p. 29.

＊9 Paul MORAND, *1900*, Paris, Flammarion, 1931, p. 107.

＊10 *Ibid.*, p. 157.

＊11 *Ibid.*, p. 143 et 205.

＊12 *Ibid.*, p. 206.

＊13 *Ibid.*, p. 209.

＊14 *Entretien avec Paul Morand,* Archives du XXe siècle, Rambouillet, enregistrement vidéo, France région 3, 1er août 1970, 53 min. 38 s.

＊15 P. MORAND, *1900*, *op. cit.*, p. 207.

＊16 *Ibid.*, p. 14.

＊17 *Le Figaro*, 26 mai 1931.

＊18 *Le Matin*, 24 mai 1931.

＊19 *Le Figaro*, 24 mai 1931 ; 18 mai 1931.

＊20 *Comoedia*, 30 mai 1931.

＊21 *Le Temps*, 29 mai 1931 ; *Le Petit Parisien*, 23 juin 1931.

＊22 *Les Nouvelles littéraires*, 22 août 1931.

＊23 Benjamin CRÉMIEUX, NRF, 1931, CCXIV, p. 151.

＊24 *Les Marges. Revue de littérature et d'art*, no 90, juin 1932.

＊25 Louis CHÉRONNET, *À Paris... vers 1900*, Paris, Éditions des chroniques du jour, 1932.

＊26 Jose SHERCLIFF, *Jane Avril of the Moulin Rouge*, Londres, Macrae Smith, 1952. ジャンヌ・アヴリルについては次を参照。François CARADEC, *Jane Avril*, Paris, Fayard, 2001.

＊27 *Paris-Midi*, 16 août 1933.

＊28 *Ibid.*

＊29 *Paris-Midi*, 7 août 1933.

＊30 Claude-André PUGET, *Valentin le désossé*, comédie inédite en 4 actes, *Les Œuvres libres*, 141, Paris, Fayard, mars 1933.

＊31 Caroline OTERO, *Souvenirs et vie intime*, Paris, Le Calame, 1926 ; Y. Guilbert, *op. cit.* ; Eugénie BUFFET, *Ma vie, mes amours, mes aventures*, confidences recueillies par Maurice Hamel, Paris Figuière, 1930.

＊32 M. de WALEFFE, *Quand Paris...*, *op. cit.*, p. 180. Les mémoires de Boni de CASTELLANE : *Comment j'ai découvert l'Amérique. Mémoires*, Paris, Crès, 1924 ; *L'Art d'être pauvre, Mémoires*, Paris, Crès, 1925.

＊33 Georges DUHAMEL, « Remarques sur les mémoires imaginaires », *Nouvelle Revue Française*, no 240, septembre 1933, p. 382. テキスト後半は1933年10月241号に掲載され，テキスト全体は翌年の『メルキュール・ド・フランス』に再掲された。

＊34 Marie SCHEIKÉVITCH, *Souvenirs d'un temps disparu*, Paris, Plon, 1935.

＊35 Jean Cocteau, *Portraits-Souvenir, 1900-1914*, Paris, Grasset, p. 62 ; p. 56 ; p. 152.

＊36 Roland Dorgeles, *Quand j'étais Montmartrois*, Paris, Albin Michel, Roland Dorgeles, *Quand j'étais Montmartrois*, Paris, Albin Michel, 1936.

＊37 Alfred Sauvy, *Mythologie de notre temps*, Paris, Payot, 1965, p. 26.

＊38 R. Dorgeles, *Quand j'étais Montmartrois*, *op. cit.*, p. 12.

＊39 *Ibid.*, p. 27.

＊40 Léon-Paul Fargue, *Le Piéton de Paris*, Paris, Gallimard, 1939 ; *D'après Paris*, Paris, Éd. de la Nouvelle Revue Française, 1931.

＊41 L.-P. Fargue, *Le Piéton*, *op. cit.*, p. 247.

＊42 *Ibid.*, p. 30 ; p. 45.

＊43 *Ibid.*, p. 43 ; p. 29.

＊44 Louis Bourgeois-Borgex, « La fin d'un siècle », *Les Cahiers Libres*, n° 195, septembre 1937, p. 79-124.

＊45 Bryher, *Paris 1900*, Paris, La Maison des amis du livre, 1938, p. 62.

＊46 Pascale Goetschel, « Le Paris du spectacle vivant », dans M. Tsikounas (dir.), *Imaginaires urbains, du Paris romantique à nos jours*, Paris, Le Manuscrit, 2011, p. 101.

＊47 Francis Carco, *La Belle Époque au temps de Bruant*, Paris, Gallimard, 1954, p. 162.

＊48 S. Miloux-Comte, *Entre-deux-siècles*, *op. cit.*

＊49 Roger Martin du Gard, *Les Thibault*, t. 3, *La Belle Saison*, Paris, Gallimard, [1923] 1972, p. 150.

＊50 Roger Martin du Gard, *L'Été 14*, Paris, Gallimard, [1936] 1955, p. 633.

＊51 Jules Romains, *Les Hommes de bonne volonté*, t. 1, *Le 6 octobre*, Paris, Robert Laffont, [1932] 1988, p. 91.

＊52 *La Revue des vivants*, n° 1, 1935, p. 89.

＊53 Préface aux *Cloches de Bâle*, in *Œuvres romanesques croisées d'Elsa Triolet et de Louis Aragon*, t. VII, Paris, Robert Laffont, 1965, p. 23.

＊54 Eugène Dabit, « Compte rendu des *Cloches de Bâle* », *Europe*, n° 14, février 1935, p. 297-299.

＊55 J. Cocteau, *Portraits-Souvenir*, *op. cit.*, p. 110.

＊56 Céline, *Mort à crédit*, Paris, Denoël, 1936, p. 327-8.

＊57 J. Cocteau, *Portraits-Souvenir*, *op. cit.*, p. 15-16.

＊58 R. Dorgeles, *Quand j'étais Montmartrois*, *op. cit.*, p. 10.

＊59 Juliette Rennes, « L'argument de la décadence dans les pamphlets

d'extrême droite des années 1930», *Mots. Les langages du politique*, n° 58, 1999, p. 153–164.

*60 Bryher, *Paris 1900*, *op. cit.*, p. 20.

*61 Robert Musil, *L'Homme sans qualités*, Paris, Seuil, [1930] 2004.

*62 *Les Marges. Revue de littérature et d'art*, n° 90, juin 1932, p. 9.

*63 Roger Martin du Gard, «Discours de Stockholm», *Nouvelle Revue Française*, n° 77, mai 1959, p. 960.

*64 Jean Valdois, «1900 vu par 1933», *Cinémagazine*, février 1933.

*65 *La Poule*, *op. cit.*

*66 Henri Duvernois, *La Poule, roman*, Paris, Grasset, 1931; *La Poule*, de René Guissart, avec: Dranem, Arlette Marchal, Marguerite Moreno, André Luguet, sortie sur les écrans le 20 mai 1933.

*67 この表現は次を参照。Jean Bourbon, *Lyrica*, 1er janvier 1936.

*68 このシャンソンの詞は本書（45）頁を参照。

*69 この映画が公開された当時に発表された記事や批評を中心に構成された「失楽園ファイル（Dossier Paradis perdu）」がフランス国立図書館（BNF）のロンデル・コレクションに保管されている。

第二部
「あぁ，ベル・エポック！」

占領されたパリ，「ベル・エポック」のパリ？

*1 Hervé Le Boterf, *La Vie parisienne sous l'Occupation*, Paris, France-Empire, 1974, p. 235.

*2 *Où sortir à Paris ? Le Guide du soldat allemand*, présenté par Laurent Lemire, Paris, Alma, 2014.

*3 Stéphanie Corcy, *La Vie culturelle sous l'Occupation*, Paris, Perrin, p. 240. 次も参照。André Halimi, *Chantons sous l'Occupation*, Paris, Orban, 1976 et Myriam Chimènes (dir.), *La Vie musicale sous Vichy*, Bruxelles, Complexe, 2001.

*4 Gérard Régnier, *Jazz et société sous l'Occupation*, Paris, L'Harmattan, 2009, p. 83; H. Le Boterf, *La Vie parisienne*, *op. cit.*, p. 235.

*5 Alan Riding, *And the Show went on. Cultural Life in Nazi Occupied Paris*, New York, Knopf, 2010, p. 9.

＊6　Agnès CALLU, «Les music-halls et cabarets ou les petites entreprises du "Gai Paris"», *in* Agnès CALLU, Patrick EVENO et Hervé JOLY (dir.), *Culture et médias sous l'Occupation : des entreprises dans la France de Vichy*, Paris, Éditions du CTHS, 2009, p. 217–232.

＊7　H. LE BOTERF, *La Vie parisienne*, *op. cit.*, p. 236–238.

＊8　Hélène ECK (dir.), *La Guerre des ondes. Histoire des radios de langue française pendant la Deuxième guerre mondiale*, Paris, Colin, 1985.

＊9　Myriam CHIMÈNES et Yannick SIMON (dir.), *La Musique à Paris sous l'Occupation*, Paris, Fayard, 2013.

＊10　*Les Ondes*, nº 25, 25 mai 1941.

＊11　AN, F21 8106 : Déclaration devant le Comité national d'épuration des professions d'artistes dramatiques, lyriques et musiciens exécutant, 20 novembre 1945.

＊12　*Le Figaro*, 18 février 1938.

＊13　*Les Ondes*, nº 26, 19 octobre 1941.

＊14　*Les Ondes*, nº 25, 25 mai 1941.

＊15　M. DEFLEURY, dans *Les Ondes*, nº 74, 27 septembre 1942.

＊16　*Les Ondes*, 25 avril 1943.

＊17　*Les Ondes*, nº 04, 25 avril 1943 ; no 133, 14 novembre 1943 ; no 148, 27 février 1944. 放送局の戦略については次を参照。Cécile MEADEL, «Pauses musicales ou les éclatants silences de Radio-Paris», dans Myriam CHIMÈNES (dir.), *La Vie musicale sous Vichy*, Bruxelles, Complexe, 2001, p. 242–243.

＊18　A. RIDING, *And the Show...*, *op. cit.*, p. 92.

＊19　*Le Figaro*, 10 novembre 1941.

＊20　A. HALIMI, *Chantons...*, *op. cit.*, p. 318.

＊21　*Le Petit Parisien*, 15–16 novembre 1941.

＊22　*La Semaine à Paris*, nº 998, 4–10 février 1942.

＊23　*Le Matin*, 24 novembre 1941.

＊24　BNF Arts du spectacle, WNA 331, このプログラムは次を参照。M. TERRAL, *op. cit.*, p. 34.

＊25　*Paris-Soir*, 25 novembre 1941.

＊26　Roger SARDOU, *La Semaine à Paris*, nº 990, 26 novembre – 2 décembre 1941.

＊27　*L'Œuvre*, 20 novembre 1941.

＊28　*Le Petit Parisien*, 23 mars 1943.

＊29 *Le Matin*, 15 juin 1843 ; *La Semaine à Paris*, nos 1016 à 1026, 24 mars – 6 avril 1943, 25 août au 7 septembre 1943.

＊30 *Le Matin*, 16 mars 1944.

＊31 *Le Petit Parisien*, 7 août 1943.

＊32 H. Le Boterf, *op. cit.*, p. 236.

＊33 M. de Waleffe, *Quand Paris était un paradis*, *op. cit.*, p. 535.

＊34 Serge Added, « Le succès du théâtre dans Paris occupé », dans Jean-Pierre Rioux (dir.), *La Vie culturelle sous Vichy*, Bruxelles, Complexe, 1990, p. 315–350 ; Julian Jackson, *France : The Dark Years, 1940–1944*, Oxford University Press, 2001, p. 210.

＊35 A. Halimi, *Chantons…*, *op. cit.*, p. 81.

＊36 G. Régnier, *Jazz et société*, *op. cit.*, p. 85.

＊37 René-Gustave Nobécourt, *Les Secrets de la propagande en France occupée*, Paris, Fayard, 1962, p. 65.

＊38 Cité par Karine Le Bail, « Radio-Paris ou Radio-Vichy? Le milieu artistique français face au nouveau marché des ondes », *in* A. callu *et al.*, *Culture et médias sous l'Occupation*, *op. cit.*, p. 333.

＊39 このプログラムは次の文献に再掲。Isabelle Magne, *Le Music-hall à Paris sous l'occupation allemande*, maîtrise d'histoire, Université Paris 1, 2003, p. 206.

＊40 *Les Ondes*, n° 168, 16 juillet 1944, cité par M. Terral, *op. cit.*

＊41 Cité par Jean Defrasne, *L'Occupation allemande en France*, Paris, Presses universitaires de France, 1985, p. 113.

＊42 Germaine Tillion, *Une opérette à Ravensbrück*, Paris, La Martinière, [1944] 2005.

＊43 Isabelle Backouche, *Paris transformé, le Marais 1900–1980. De l'îlot insalubre au secteur sauvegardé*, Paris, Créaphis, 2016.

＊44 A. Riding, *And the Show…*, *op. cit.*, p. 119.

＊45 以下を参照。Rita Thalmann, *La Mise au pas. Idéologie et stratégie sécuritaire dans la France occupée*, Paris, Fayard, 1992.

＊46 A. Riding, *And the Show…*, *op. cit.*, p. 34.

解放されたパリ，「ベル・エポック」のパリ

＊1 Gilles Schlesser, *Le Cabaret « rive gauche » (1946–1974)*, Paris, L'Archipel, 2006, p. 25.

＊2　Peter NOVICK, *L'Épuration française, 1944–1949*, Paris, Balland, 1985, p. 222.

＊3　AN, F21 8106, dossier Alléhaut, Comité national d'épuration des professions d'artiste dramatique, lyrique et musicien exécutant, 20 novembre 1945.

＊4　*Ibid.* この資料は (46)-(47) 頁に再掲。

＊5　*Ibid.*

＊6　http://www.radioscope.fr/grilles/inter/inter1951.htm;http://andrelimoges.unblog.fr/2010/02/25/la-troupe-de-radio-alger/.

＊7　Rosemary WAKEMAN, *The Heroic City: Paris, 1945–1958*, Chicago, The University of Chicago Press, 2009.

＊8　Ferran CANYAMERES, *Joseph Ollier: l'homme de la Belle Époque*, Paris, Éditions Universelles, 1946.

＊9　*Ibid.*, 引用は以下の頁。p. 11, 70 et 142.

＊10　Lucien FRANÇOIS, *Les Élégances de Paris*, Paris, Commissariat Général au Tourisme, 1946, non paginé.

＊11　Nicole VÉDRÈS, *in* Georges-Michel BOVAY, *Cinéma, un œil ouvert sur le monde*, Paris, La Guilde du Livre, 1952.

＊12　Nicole VÉDRÈS, *Un siècle d'élégance française*, Paris, Éd. du Chêne, 1943; *Images du cinéma français,* Paris, Éd. du Chêne, 1945.

＊13　Cité par Annick PEIGNÉ-GIULY, «Nicole Védrès, de *Paris 1900* à nos jours», *Images documentaires*, n° 63, 2008, p. 9–13.

＊14　André BAZIN, «Paris 1900. À la recherche du temps perdu», *L'Écran français*, 30 septembre 1947. 以下に再録。*Qu'est-ce que le cinéma ?*, t. i, Paris, Cerf, 1958. および *Le Cinéma français de la libération à la Nouvelle Vague (1945–1958)*, Paris, Cahiers du cinéma, 1983, p. 167–168.

＊15　«Marker mémoire», Cinémathèque française, 7 janvier - 1er février 1998, p. 5.

＊16　Annick PEIGNÉ-Giuly, *loc. cit.*

＊17　Pascal ORY, *L'Aventure culturelle française*, Paris, Flammarion, 1989, p. 135.

＊18　Carl EINSTEIN, *Die Kunst des 20. Jahrhunderts*, Berlin, Propyläen, 1926; Laurence CAMPA, «1913 en abyme», *in* C. CAMELIN et M.-P. BERRANGER, *1913...*, *op. cit.*, p. 369.

＊19　Serge GUILBAUT, «Comment la ville lumière s'est fait voler l'idée d'art moderne», dans Philippe GUMPLOWICZ et Jean-Claude KLEIN, *Paris 1944–*

1954. Artistes, intellectuels, publics: la culture comme enjeu, Paris, Autrement, 1995, p. 45–60.

＊20　P. ORY, *L'Aventure culturelle ..., op. cit.*

＊21　André SALMON, *L'Air de la Butte. Souvenirs sans fin*, Paris, Éd. de la nouvelle France, 1945. 次の回想録の刊行は 1961 年まで続いた。Blaise CENDRARS, *L'Homme foudroyé*, Paris, Denoël, 1945; *La Main coupée*, Paris, Denoël, 1946.

＊22　Fernand GREGH, *L'Âge d'or. Souvenirs d'enfance et de jeunesse*, Paris, Grasset, 1948. 1951 年に次の文献の刊行が続いた。*L'Âge d'airain (Souvenirs 1905–1925)*, Paris, Grasset.

＊23　Claude COSTE, « 1913 : un mythe musical », in *ibid.*, p. 482.

＊24　L.V., « Le Sacre du printemps de M. Strawinsky (sic.) », *Revue Française de Musique*, juillet 1913, p. 601–603.

＊25　Maurice BRILLANT et Bernard CHAMPIGNEULLE, *L'Art du ballet : des origines à nos jours*, Paris, Éd. du Tambourinaire, 1952; Lynn GARAFOLA, « The Legacies of the Ballets Russes », *Experiments*, n° 17–1, 2011, p. 31–46.

＊26　André BRETON, *Entretiens avec André Parinaud*, Paris, Gallimard, [1952] 1969, p. 22.

＊27　Michael KELLY, *The Cultural and Intellectual Rebuilding of France after the Second World War*, Basingstoke, Palgrave Macmillan, 2004.

＊28　Robert FRANK, *La Hantise du déclin. La France de 1914 à 2014*, Paris, Belin, [1994] 2014; René GIRAULT et Robert FRANK, *La Puissance française en question (1945–1949)*, Paris, Publications de la Sorbonne, 1988.

＊29　Pascal ORY, « Introduction à l'ère du doute. La puissance française dans les représentations culturelles vers 1948 », dans R. GIRAULT et R. FRANK, *La Puissance française en question, op. cit.*, p. 409.

＊30　Philip H. GORDON, *A Certain Idea of France. French Security Policy and Gaullist Legacy*, Princeton, Princeton University Press, 1993, p. 15.

＊31　Charles DE GAULLE, *Mémoires de guerre,* t. 1, *L'Appel, 1940–1942*, Paris, Pocket, [1954] 1999, p. 8.

＊32　Nadine NIESZAWER, *Peintres juifs à Paris 1905–1939*, Paris, Denoël, 2000; Willi Jaspers, *Hôtel Lutétia, un exil allemand à Paris*, Paris, Michalon, 1995.

＊33　Cité par Limore YAGIL, *Au nom de l'art, 1933–1945. Exils, solidarités et engagements*, Paris, Fayard, 2015, p. 21.

＊34　Denis PESCHANSKI, *Les Camps français d'internement (1938–1946)*, thèse

d'État, Université Paris 1 Panthéon-Sorbonne, 2000.

＊35 Arthur KOESTLER, *La Lie de la terre*, Paris, Charlot, [1941] 1946.

＊36 L. YAGIL, *Au nom de l'art*, *op. cit.* ; Serge GUILBAUT, « Comment la ville lumière... », art. cit.

＊37 Marie SCOT, « L'impérialisme des idées et de la culture française », dans C. CHARLE et L. JEANPIERRE (dir.), *La Vie intellectuelle en France*, vol. 2, *De 1914 à nos jours*, Paris, Seuil, 2016, p. 360.

＊38 Elisa CAPDEVILA, *Les Artistes américains à Paris de l'après-Seconde Guerre mondiale à la fin des années 1960*, thèse d'histoire, Sciences-Po, 2011.

精彩を放つ「半世紀」

＊1 Albert KEIM, *Le Demi-siècle : Souvenirs de la vie littéraire et politique, 1876–1946*, Paris, Albin Michel, 1950.

＊2 *L'Aurore*, 23–34 juin 1951.

＊3 HUGO, *Vingt ans maître d'hôtel chez Maxim's*, Paris, Amiot-Dumont, 1951, p. 15.

＊4 BNF Arts du S, WNA-216, 1948–1951. 以下に引用。M. TERRAL, *op. cit.*

＊5 Archives du Moulin Rouge, programmes 1926–1955. 以下に引用。M. TERRAL, *op. cit.*, p. 64.

＊6 *La Presse-Magazine*, 26 octobre 1954.

＊7 *Libération*, 5–6 avril 1952.

＊8 *La Presse-Magazine*, 26 octobre 1954.

＊9 *La Presse*, 21 novembre 1951 ; *La Presse-magazine*, 22 octobre 1950 ; *Franc-Tireur*, 11 avril 1956.

＊10 Anne DE BERCY et Armand ZIWES, *À Montmartre le soir : cabarets et chansonniers d'hier*, Paris, Grasset, 1951.

＊11 例として次を参照。サーカスおよびミュージック・ホール・アカデミーによる *Histoire du music-hall*, Paris, Éditions de Paris, 1954 または Jean CHARLES, *Cent ans de music-hall. Histoire générale du music-hall des origines à nos jours*, Genève, Éditions Jeheber, 1956. この時期については次を参照。Jacques CHEYRONNAUD, « De quoi nos histoires du music-hall sont-elles l'histoire ? », *in* J. CHEYRONNAUD, S. HUREAU, V. READ (dir.), *Les Mondes du music-hall,* Marseille, Centre national du patrimoine de la chanson, des variétés et des musiques actuelles, 2011.

＊12 Pierre LA MURE, *Moulin Rouge,* Paris, Presses de la Cité, 1951.

*13 Jean RENOIR, entretien avec François Truffaut, *Cahiers du cinéma*, n° 78, Noël 1957.

*14 A. SALMON, *op. cit.*, p. 178.

*15 André WARNOD, *Ceux de la Butte*, Paris, Julliard, 1947, p. 105.

*16 *Ibid.*, p. 95.

*17 Max AGHION, *Hier à Paris*, Paris, Marchot, 1947, p. 71.

*18 André WARNOD, *Fils de Montmartre. Souvenirs*, Paris, Fayard, 1955, p. 29.

*19 M. AGHION, *Hier à Paris*, *op. cit.*, p. 70.

*20 A. SALMON, *Souvenirs sans fin*, *op. cit.*, p. 31.

*21 *Ibid.*, p. 183.

*22 A. WARNOD, *Fils de Montmartre*, *op. cit.*, p. 72.

*23 R. DORGELÈS, *Au beau temps de la butte*, p. 60–61.

*24 André BILLY, *La Terrasse du Luxembourg*, p. 265.

*25 A. SALMON, *op. cit.*, p. 58.

*26 M. AGHION, *Hier à Paris*, *op. cit.*

*27 A. WARNOD, *Ceux de la Butte*, *op. cit.*, p. 92.

*28 A. de FOUQUIÈRES, *Cinquante ans*, *op. cit.*, p. 6.

*29 *Ibid.*, p. 164.

*30 Robert MONTESQUIOU, *Les Pas effacés, Mémoires*, Paris, Émile-Paul, 1923; Philippe JULLIAN, *Robert de Montesquiou: un prince 1900*, Paris, Perrin, 1965.

*31 A. de FOUQUIÈRES, *Cinquante ans, op. cit.*, p. 469.

*32 *Ibid.*, p. 57–58.

*33 *Ibid.*, p. 92.

*34 Pauline DE PANGE, *Comment j'ai vu 1900. Confidences d'une jeune fille*, Paris, Grasset, 1965.

*35 Éric MENSION-RIGAU, *Aristocrates et grands bourgeois. Éducation, traditions, valeurs*, Paris, Plon, 1994.

*36 Nicole PELLEGRIN (dir.), *Histoires d'historiennes*, Publications de l'Université Saint-Étienne, 2006, p. 339–340.

*37 Cléo DE MÉRODE, *Le Ballet de ma vie*, Paris, Horay, 1955, p. 155–156.

*38 A. de FOUQUIÈRES, *op. cit.*, p. 261.

*39 M. de WALEFFE, *Quand Paris était un paradis, op. cit.*, p. 136.

*40 A. de FOUQUIÈRES, *op. cit.*, p. 211.

*41 M. de WALEFFE, *op. cit.*

＊42 Georges DE LAURIS, *Souvenirs d'une belle époque*, Paris, Amiot-Dumont, 1948.

＊43 *Ibid.*, p. 146.

＊44 *Ibid.*, p. 255.

＊45 Gabriel-LOUIS PRINGUÉ, *Trente ans de diners en ville*, Paris, Éd. Revue Adam, 1948

＊46 Maurice DONNAY, *J'ai connu 1900*, Paris, Fayard, 1951.

＊47 Maurice CHEVALIER, *Ma route et mes chansons*, Paris, Julliard, 1946, p. 108.

＊48 A. de FOUQUIÈRES, *Cinquante ans, op. cit.*, p. 23.

＊49 C. DE MÉRODE, *Le Ballet..., op. cit.*, p. 191.

＊50 *Ibid.*, p. 192.

＊51 André WARNOD, *Fils de Montmartre. Souvenirs*, Paris, Fayard, 1955, p. 158–159.

＊52 C. DE MÉRODE, *Le Ballet..., op. cit.*, p. 193.

＊53 Francesco DORIGO, « Nostalgia per la Belle Époque », *L'Altro cinema : rivista del cinema d'amatore*, n° 73, fév. 1960, p. 83–91.

＊54 主な「ベル・エポック」映画の一覧は，(56)-(58) 頁を参照。

＊55 *L'Aurore*, 24 mai 1950.

＊56 *L'Aurore*, 12 mars 1951.

＊57 *Positif*, n° 13, mars-avril 1955.

＊58 *L'Express*, 18 septembre 1954.

＊59 *L'Aurore*, 27 juin 1951 ; *Le Canard Enchaîné*, 3 décembre 1958.

＊60 *France-Soir*, 30 septembre 1950.

＊61 Dossier Sadoul 454 B30, fiche filmographique 195, IDHEC, archives de la cinémathèque de Bercy, 次に引用。Alice SIMON, *La Belle Époque cinématographique des années 1950*, master d'histoire, Université Paris 1, 2013.

＊62 Alain FERRARI, « La Belle Époque du vaudeville et de la chanson », *Positif*, n° 548, octobre 2006.

＊63 *L'Aurore*, 1er décembre 1951.

＊64 Jean-Louis BORY, « Au cinéma Frou-Frou », *L'Express*, 7 décembre 1955.

＊65 *L'Humanité*, 2 septembre 1953.

＊66 1966年にジャック・リヴェット監督がルノワールに捧げた映画のタイトルによる。

＊67 *Positif*, n° 14–15, 1955.

＊68 Geneviève SELLIER, « The "Belle Époque". Genre in Post-War French

Cinema : a Woman's Film à la Française ? », *Studies in French Cinema*, vol. 3, n° 1, 2003, p. 47–53.

＊69 Martin O'Shaughnessy, « The *Belle Époque* films of Jean Renoir », *in* Kay Chadwick et Timothy Unwin, *New Perspectives on the Fin de Siècle in Nineteenth and Twentieth-Century France,* Lewiston, The Edwin Mellon Press, 2000, p. 215–228.

＊70 *Le Canard Enchaîné*, 4 mai 1955.

＊71 Jean Renoir, *Entretiens et Propos*, Paris, Éditions de l'Étoile / Cahiers du cinéma, 1979, p. 314–315.

＊72 次に引用。Valérie Vignaux, « *Casque d'or* » *de Jacques Becker*, Neuilly, Atlande, 2009, p. 132.

＊73 « Pavane pour des apaches défunts », *Cahiers du cinéma*, n° 13, juin 1952, p. 71.

＊74 Noël Herpe, « La belle époque cinématographique de Feydeau（1945-1955）», *in* Violaine Heyraud（dir.）, *Feydeau. La plume et les planches*, Paris, Presses Sorbonne nouvelle, 2014, p. 160–166.

＊75 *L'Aurore*, 26 mai 1950.

＊76 Rémy Pawin, « Retour sur les "Trente Glorieuses" et la périodisation du second XXe siècle », *Revue d'histoire moderne et contemporaine*, n° 60–61, 2013, p. 155–175.

＊77 *L'Express*, 29 mars 1957.

＊78 『舞姫ザザ』は1942年にレナート・カステリーニ監督によるイタリア映画の題材にもなった。

＊79 Vanessa Schwartz, « The Belle Époque that never ended », in *It's so French ! Hollywood, Paris and the Making of Cosmopolitism Film Culture*, Chicago, University of Chicago Press, 2007, p. 19–53.

＊80 本書付録に掲載される一覧を参照。

＊81 ここでは次の刺激的な分析による。V. Schwartz, *op. cit.*

＊82 Jacques Chastenet de Castaing, *La France de M. Fallières. Une époque pathétique*, Paris, Fayard, 1949.

＊83 Jacques Chastenet, *La Belle Époque : la société sous M. Fallières*, Paris, Fayard, 1951. この時代を対象とした他のフレスコ画〔多くの資料が掲載された文献〕は次に続く。*Histoire politique de la Troisième République*, t. III : *La République triomphante 1893–1906*, Paris, Hachette, 1955 ; t. IV : *Jours inquiets et sanglants 1906–1918*, Paris, Hachette, 1957.

＊84 R. Burnand, *Paris en 1900*, *op. cit.*

＊85　Jacques CASTELNAU, *Belle Époque*, Paris, Perrin, 1962.

＊86　Gilbert GUILLEMINAULT (dir.), *Le Roman vrai de la IIIe République*, Paris, Denoël, 1956–1965（続編は以下。*Roman vrai de la IVe République* puis *de la Ve*, rééd. Paris, Laffont, 1991）.

＊87　Charles-OLIVIER CARBONNEL, *Histoire et historiens, une mutation idéologique des historiens français, 1865–1885*, Toulouse, Privat, 1976.

＊88　Jacques BANVILLE, *La Troisième République*, Paris, Fayard, 1935.

＊89　André SIEGFRIED, *Tableau politique de la France de l'Ouest sous la IIIe République*, Paris, Colin, 1913; *Id.*, *Tableau des partis en France*, Paris, Grasset, 1930; Auguste SOULIER, *L'Instabilité ministérielle sous la IIIe République (1871–1938)*, Paris, Librairie du Recueil Sirey, 1939.

＊90　Robert DE JOUVENEL, *La République des camarades*, Paris, Grasset, 1914; Daniel HALÉVY, *La République des comités: essai d'histoire contemporaine (1895–1934)*, Paris, Grasset, 1934; Alexandre ZÉVAÈS, *Histoire de la Troisième République de 1870 à 1925*, Paris, Éditions Georges-Anquetil, 1926.

＊91　Joseph REINACH, *Histoire de l'affaire Dreyfus*, Paris, Éd. de la Revue blanche, 1901–1911; Émile BOURGEOIS, *Les Origines et les responsabilités de la Grande Guerre: preuves et aveux*, Paris, Hachette, 1922; Pierre RENOUVIN, *Les Origines immédiates de la guerre*, Paris, Costes, 1925.

＊92　Charles SEIGNOBOS, *L'Évolution de la IIIe République 1875–1914*, Paris, Hachette, 1921. これは以下のシリーズの第8巻である。*Histoire de France contemporaine* dirigée par Ernest LAVISSE; Georges BOURGIN, *La Troisième République*, Paris, Armand Colin, 1939.

＊93　Pierre RENOUVIN, *La Crise européenne et la Grande Guerre (1904–1918)*, Paris, Alcan, 1934; Maurice BAUMONT, *L'Essor industriel et l'impérialisme colonial* (1878–1904), Paris, Presses universitaires de France, 1937; Pierre RENOUVIN, Edmond PRÉCLIN et Gaston HARDY, *La Paix armée et la Grande Guerre* (1871–1919), Paris, Presses universitaires de France, 1939; Georges BOURGIN, *La Troisième République*, Paris, Armand Colin, 1939.

＊94　Olivier DUMOULIN, « L'histoire contemporaine », *in* André BURGUIÈRE (dir.), *Dictionnaire des sciences historiques*, Paris, Presses universitaires de France, 1986, p. 154–156.

＊95　Jules ISAAC, *1914. Le problème des origines de la guerre: un débat historique*, Paris, Rieder, 1933.

＊96　Georges BONNEFOUS (André Daniel), *Histoire politique de la Troisième République*, Paris, Presses universitaires de France, 1955; Jacques GOUAULT, *Comment la France est devenue républicaine*, Paris, Armand Colin, 1955; Pierre RENOUVIN (dir.), *Histoire des Relations internationales*, t. VI, 1871–1914, Paris, Hachette, 1955.

＊97　André BILLY, *L'Époque 1900. 1885–1905*, Paris Tallandier, 1951.

＊98　*1900: La Belle Époque à Bordeaux et dans le Sud-Ouest*, exposition tenue du 19 octobre au 19 novembre 1957, catalogue de Jean-Gabriel Lemoine, Musée des Beaux-Arts de Bordeaux, 1957, p. 1.

＊99　*Le Figaro littéraire*, 22 juillet 1961.

＊100　Alfred SAUVY, *Mythologie de notre temps*, Paris, Payot, 1965, p. 27.

＊101　Gérard BAÜER, « La Belle Époque », *Réalités*, nº 54, juillet 1950.

＊102　A. de FOUQUIÈRES, *op. cit.*, p. 57–58.

＊103　« La Belle Époque. Panorama et réhabilitation des années 1900 », *Le Crapouillot*, nº 29, 1955.

＊104　Paul PRIST, *1900. Souvenirs littéraires*, Bruxelles, Office de publicité, 1949, p. 46.

＊105　M. DE WALEFFE, *Quand Paris…*, *op. cit.*, p. 243.

＊106　J. CHASTENET, *op. cit.*, M. AGHION, *op. cit.*, p. 23.

＊107　Alain CORBIN, « Paris-Province », *in* P. NORA, *Les Lieux de mémoire,* III, *Les France,* t. 1, 1992, p. 802.

＊108　C. OTERO, *Souvenirs…*, *op. cit.*, p. 159.

＊109　P. POIRET, *En habillant l'époque*, *op. cit.*, p. 73.

＊110　S. ZWEIG, *op. cit.*, p. 230.

＊111　HUGO, *op. cit.*, p. 8.

＊112　Francis DE MIOMANDRE, « Heureuse Époque !… », *Le Temps*, 14 janvier 1942.

＊113　A. LANOUX, *Amours 1900*, *op. cit.*, p. 141.

＊114　L. CHÉRONNET, *À Paris… vers 1900*, *op. cit.*

＊115　*Le Crapouillot*, 1955, p. 54.

＊116　M. DURANT, *Le Canard Enchaîné*, 3 décembre 1958.

＊117　Christian CORVISIER, *Cléo de Mérode et la photographie. La première icône moderne*, Paris, Éd. du patrimoine, 2007.

＊118　Michael D. GARVAL, *Cléo de Mérode and the Rise of Modern Celebrity Culture*, Farnham, Ashgate, 2012, p. 185.

＊119　A. LANOUX, *Amours 1900*, *op. cit.*, p. 361.

*120　Hugo, *Vingt ans chez Maxim's*, *op. cit.*, p. 132.
*121　« Viens, Poupoule ! », chanson d'Adolf Spahn, 1902.
*122　A. Warnod, *Fils de Montmartre*, *op. cit.*, p. 158–159.
*123　M. de Waleffe, *Quand Paris...*, *op. cit.*, p. 154.
*124　A. de Fouquières, *op. cit.*, p. 57–58.

第3部
「世紀末の試練」

「ベル・エポック」はもはやかつてのそれではない

*1　François Truffaut, « Une certaine idée du cinéma français », *Les Cahiers du cinéma*, nº 31, janvier 1954.
*2　Georges Darien, *Le Voleur*, Paris, Gallimard, [1997] 1990, p. 339. ダリアンは1900年にサヴィーヌ出版から『美しいフランス（*La Belle France*）』を出版したが，これは当時の社会に対するおそらく最も暴力的なパンフレットだったことを想起しよう。
*3　Anne Wiazemsky, *Un an après*, Paris, Gallimard, 2015.
*4　François Guérif, *Le Cinéma policier français*, Paris, H. Veyrier, 1983, p. 145.
*5　Isabelle Veyrat-Masson, *Quand la télévision explore le temps. L'histoire au petit écran, 1953–2000*, Paris, Fayard, 2000.
*6　Jean-Michel Guy, *Les Publics de la danse*, Paris, La Documentation française, 1991, p. 245.
*7　Adeline Cordier, *Post-War French Popular Music: Cultural Identity and the Brel-Brassens-Ferré Myth*, Ashgate, 2014.
*8　Libération, 1er février 1961. 以下に引用。A. Cordier, *Post-War French Popular Music*, *op. cit.*, p. 124.
*9　*Le Canard Enchaîné*, 26 avril 1950.
*10　*Les Lettres françaises*, 20 octobre 1966.
*11　Maurice Rheims, *L'Objet 1900*, Paris, Arts et Métiers Graphiques, 1964, p. 9.
*12　Jean Mollet, *Les Mémoires du baron Mollet*, Paris, Gallimard, 1963.
*13　Hervé Lauwick, *Jupons et hauts-de-formes, La vie secrète de la Belle Époque*, Paris, Plon, 1964.

＊14　*Les Grandes énigmes de la Belle Époque...*, présentées par Bernard Michal, Paris, Éditions de Saint-Clair, 1966–1967.

＊15　John Ashbery, «Toulouse-Lautrec», 13 octobre 1964, in *Reported Sighting: Art Chronicles 1957–1987*, Manchester, Carcanet, 1989, p. 131.

＊16　André Warnod, *Fils de Montmartre. Souvenirs*, Paris, Fayard, 1955, p. 272.

＊17　パリ史は膨大にある。総合的な分析は次を参照。Bernard Marchand, *Paris. Histoire d'une ville, XIXe–XXe siècles*, Paris, Seuil, 1993.

＊18　Philippe Thiébaut, *Guimard. L'Art Nouveau*, Paris, Gallimard/ RMN, 1992, p. 110.

＊19　Lettre de René Clair à Marcel Allain, 21 mai 1969, citée dans P. Souvestre et M. Allain, *Fantômas*, t. 1, Paris, R. Laffont, 1987, p. 1013.

＊20　Louis Chevalier, *L'Assassinat de Paris*, Paris, Calmann-Lévy, 1977, p. 18.

＊21　Henri Mendras, *La Fin des paysans*, Paris, Sedes, 1967; *La Seconde Révolution française*, Paris, Gallimard, 1988.

＊22　Archives INA, http://www.ina.fr/contenus-editoriaux/articles-editoriaux/georges-pompidou/.

＊23　H. Juin, *Le Livre de Paris 1900, op. cit.*, p. 13.

＊24　Gil Delannoi, *Les Années utopiques, 1968–1978*, Paris, La Décou- verte, 1990.

＊25　いくつかの例は次を参照。Robert Brécy, *Le Mouvement syndical en France, 1871–1921*, Paris-La Haye, Mouton, 1963; Georges Lefranc, *Le Mouvement socialiste en France sous la troisième République*, Paris, Payot, 1963; Claude Willard, *Le Mouvement socialiste en France (1893–1905): les guesdistes*, Paris, Éd. sociales, 1965; Rolande Trempé, *Les Mineurs de Carmaux, 1848–1914*, Paris, Éd. ouvrières, 1971; Jacques Julliard, *Fernand Pelloutier et les origines du syndicalisme d'action directe*, Paris, Seuil, 1971; Michelle Perrot, *Les Ouvriers en grève*, Paris-La Haye, Mouton, 1973; Madeleine Rebérioux, *Jaurès et la Classe ouvrière*, Paris, Maspero, 1975; Yves Lequin, *Les Ouvriers de la région lyonnaise (1848–1914)*, Lyon, Presses universitaires de Lyon, 1977.

＊26　*La Belle Époque, 1900–1910*, préface de Guy Duboscq, catalogue de Jean-Pierre Babelon, Paris, Archives Nationales, 1972.

＊27　*Histoire 1848–1914*, manuel de Première, Paris, Bordas, 1978.

＊28　Marcel Gauchet, *La Condition historique. Entretiens avec François Azouvi et Sylvain Piron*, Paris, Stock, 2003, p. 294–295.

＊29　Jean MAITRON（dir.）, *Dictionnaire biographique du mouvement ouvrier français*, Paris, Éditions ouvrières, 1964–1997 : les tomes 10 à 15（1973–1977）. 世紀転換期については同編者の以下を参照。*Histoire du mouvement anarchiste en France (1880–1914)*. これは，1951年のものが1975年にマスペロ社で再版されている。

＊30　Marcel MERLE, *L'Anticolonialisme européen de Las Casas à Karl Marx*, Paris, Armand Colin, 1969 ; Charles-Robert AGERON, *L'Anticolonialisme en France de 1871 à 1914*, Paris, Presses universitaires de France, 1973.

＊31　Daniel GUÉRIN, *Ni Dieu, Ni Maître. Anthologie de l'anarchisme, Paris, Maspero, 1965 ; L'Anarchisme. De la doctrine à l'action*, Paris, Gallimard, 1965.

＊32　Jean-Paul CRESPELLE, *Les Maîtres de la Belle Époque*, Paris, Hachette, 1966.

＊33　Jean-Pierre CAMARD et Lynne THORNTON, *L'Art et la vie en France à la Belle Époque*, Bendor, Fondation Paul Ricard, 1971.

＊34　Élisabeth et Michel DIXMIER, *L'Assiette au beurre : revue satirique illustrée, 1901–1912*, Paris, Maspero, 1974 ; *La Belle Époque et son envers. Quand la caricature écrit l'histoire*, préface de Michel Mélot, texte de Jean-Pierre Béchu, Monte-Carlo, André Suret, 1980.

＊35　Anaëlle ANGEBAUD, *Exposer les illustrations de presse des années 1900, la construction d'un patrimoine*, mémoire de master 1, Université Paris 1, 2014.

＊36　Rachel MESCH, *Having it all in the Belle Époque. How French Women's Magazine invented the Modern Women*, Stanford University Press, 2013.

＊37　Jennifer WAELTI-WALTERS, *Feminist Novelist of the Belle Époque, Love as a lifestyle*, Bloomington, Indiana University Press, 1990.

＊38　Steven C. HAUSE, *Hubertine Auclert : The French Suffragette*, New Haven, Yale University Press, 1987.

＊39　Christine BARD, *Les Filles de Marianne. Histoire des féminismes, 1914–1940*, Paris, Fayard, 1995 ; H. OLLION, « Le féminisme et le vote des femmes », *Revue Apologétique : Doctrine et Faits Religieux*, 1925, p. 346.

＊40　Claude MAIGNIEN et Charles SOWERWINE, *Madeleine Pelletier:une féministe dans l'arène politique*, Paris, Éditions ouvrières, 1992 ; Christine BARD, *Madeleine Pelletier (1874–1939). Logique et infortunes d'un combat pour l'égalité*, Paris, Côté-Femmes, 1992.

＊41　Paul LORENZ, *Sapho 1900. Renée Vivien*, Paris, Julliard, 1977 ; Nicole G.

Albert, « De la topographie invisible à l'espace public et littéraire : les lieux de plaisir lesbien dans le Paris de la Belle Époque », *Revue d'histoire moderne et contemporaine*, nº 80–4, 2006, p. 87–103.

＊42 *Le Crapouillot*, nº 29, 1955, p. 39–42.

＊43 Pierre Masson, *Le disciple et l'insurgé, roman et politique à la Belle Époque*, Lyon, Presses universitaires de Lyon, 1987.

＊44 William Kenneth Cornell, *The Symbolist Movement*, New Haven, Yale University Press, 1951, et *The Post-Symbolist Period : French Poetic Currents, 1900–1920*, New Haven, Yale University Press, 1958. 同年に次の研究が刊行された。Alfred E. Carter, *The Idea of Decadence in French Literature, 1830–1900*, Toronto, University of Toronto Press, 1947 et le maître livre de Roger Shattuck, *The Banquet Years. The Arts in France, 1885–1918. Alfred Jarry, Henri Rousseau, Erick Satie, Guillaume Apollinaire,* New York, Harcourt, Brace, 1958.

＊45 Michel Decaudin, *La Crise des valeurs symbolistes : vingt ans de poésie française (1895–1914)*, Toulouse, Privat, 1960 ; Jacques Lethevé, « Le thème de la décadence dans les lettres françaises à la fin du 19e siècle », *Revue d'histoire littéraire de la France*, vol. LXIV, 1963 ; Bonner Mitchell, *Les Manifestes littéraires de la Belle Époque, 1896–1914, anthologie critique*, Paris, Seghers, 1966 ; Émilien Carassus, *Le Snobisme et les lettres françaises de Paul Bourget à Marcel Proust, 1884–1914*, Paris, Armand Colin, 1966 ; Noël Richard, *Le Mouvement décadent : dandys, esthètes et quintessents*, Paris, Nizet 1968.

＊46 Jean Pierrot, *L'imaginaire décadent (1880–1900)*, Paris, Presses universitaires de France, 1977.

＊47 このシリーズで刊行されたのは次の４巻のみである。Béatrix Dussane, *Dieux des planches*, 1964 ; Simon Arbellot, *La Fin du boulevard*, 1965 ; René Jeanne, *Cinéma 1900*, 1965 ; Jacques Charles, *Caf Conc'*, 1966.

＊48 Paris, Seghers, 1972.

＊49 Pascal Ory, *L'Entre-deux-mai. Histoire culturelle de la France, mai 68–mai 81*, Paris, Seuil, 1983, p. 118.

＊50 René Rémond, *La République souveraine. La vie politique en France, 1879–1939*, Paris Fayard, 2002, p. 12 ; Arnaud-Dominique Houte, *Le Triomphe de la République, 1871–1914*, Paris, Seuil, 2015.

ベル・エポックのフランス全土

＊1　Pascal ORY, *L'Entre-deux-mai...*, *op. cit.*, p. 107.

＊2　この表現はダニエル・ファーブルのもの。次の著者の序文に見られる。D. FABRE (dir.), *Émotions patrimoniales,* Paris, Éd. de la MSH, 2013, p. 13–98.

＊3　Jean-Luc BODIGUEL, *L'Implantation du ministère de la culture en région. Naissance et développement des directions régionales des affaires culturelles*, Paris, Comité d'histoire du ministère de la culture, 2000.

＊4　Alban BENSA et Daniel FABRE (dir.), *Une histoire à soi. Figuration du passé et localités,* Paris, Éditions de la MSH, 2001, p. 2.

＊5　*Ibid.*, p. 11.

＊6　P. ORY, *L'Entre-deux-mai, op. cit.*, p. 108 ; P. ORY, *L'Aventure culturelle française, op. cit.*, p. 225–227 ; Mathias BERNARD, *Les Années Mitterrand. Du changement socialiste au tournant libéral*, Paris, Belin, 2015, p. 211–253.

＊7　Ludivine BANTIGNY, *La France à l'heure du monde. De 1981 à nos jours*, Paris, Seuil, 2013, p. 341.

＊8　Nicolas OFFENSTADT, *14–18 aujourd'hui. La Grande Guerre dans la France contemporaine*, Paris, Odile Jacob, 2010.

＊9　Roger d'ARTEUIL, *Nancy à la Belle Époque*, Nancy, impr. G. Thomas, 1960 ; Paul-Henri PAILLOU, *Mon village à la Belle Époque*, Aurillac, Éditions du Centre, 1962 ; André CANIVEZ, *Escaudain, mon village, petite histoire et souvenirs de jeunesse et de la Belle Époque,* Douai, G. Sannier, 1966.

＊10　Annie FETTU et Yves LECOUTURIER, *Découvrir la Normandie à la Belle Époque*, Cully, Orep, 2011.

＊11　書籍の一覧は，(59)–(67) 頁を参照。

＊12　Serge ZEYONS, *La Belle Époque. Les années 1900 par la carte postale*, Paris, Larousse, 1990.

＊13　Ado KYRIOU, *L'Âge d'or de la carte postale*, Paris, Balland, 1966 ; Daniel BÉNARD, Bruno GUIGNARD et Alan SUTTON, *La Carte postale : des origines aux années 1920*, Saint-Cyr-sur-Loire, Mémoires en images, 2010, p. 144.

＊14　Naomi SCHOR, « "Cartes Postales" : Representing Paris 1900 », *Critical Inquiry*, vol. 18, n° 2, 1992, p. 217.

＊15　*Le Figaro illustré*, n° 175, octobre 1904.

＊16　*Images de la Belle Époque, regard d'aujourd'hui*, Albi, Éd. Grand Sud,

2013.

＊17 Joëlle et Gérard NEUDIN, *Argus international des Cartes postales*, chez les auteurs, 1975. Suivi par André FILDIER, *Catalogue des cartes postales anciennes de collection*, 1978 ; Annie et François BAUDET, *Nouvelle encyclopédie illustrée internationale de la carte postale*, 1979 ; Serge ZEYONS (actuel Président du Cercle Français des Collectionneurs de Cartes Postales), *Guide de la Carte Postale*, Hachette, 1979.

＊18 Aline RIPERT, Claude FRÈRE, Sylvie FORESTIER, *La Carte postale : son histoire, sa fonction sociale*, Paris, CNRS Éditions, 1983.

＊19 J. et G. NAUDIN, « Une bonne année cartophile », *Le Collectionneur français*, janvier 1985, p. 13–14 ; Yves DI MARIA, *Le Guide pratique de la carte postale*, hors série du *Collectionneur français*, chez l'auteur, 1981.

＊20 Claude Frere MICHELAT, « En voyant ces merveilles... Les collectionneurs de cartes postales », *Ethnologie française*, t. 13, nº 3, 1983, p. 283–290.

＊21 Beatrix FORISSIER, *25 ans d'actualités à travers la carte postale : 1889–1914*, Paris, Éditions de l'Amateur, 1976.

＊22 Serge ZEYONS, *La France paysanne : les années 1900 par la carte postale*, Paris, Larousse, 1992 ; Vincent Brugere TRELAT, *C'était la France. Chronique de la vie quotidienne des Français avant 1914 racontée par la photographie*, Paris, Chêne-Camara, 1976 ; James EVEILLARD, *Insolites images d'une France disparue*, Rennes, Éd. Ouest-France, 2013.

＊23 J. EVEILLARD, *Insolites images, op. cit.*, p. 8.

＊24 René-Charles PLANCKE, *Brie-Comte-Robert et le Val d'Yerres à la Belle Époque*, Le Mée-sur-Seine, Éditions Lys Presse / Éditions Amattéis, 1993, p. 10–11.

＊25 *Le Soir*, 10 décembre 1982.

＊26 A. BENSA et D. FABRE, *op.cit.*, p. 24.

＊27 叢書の目録と解説は，本書 (50)–(51) 頁を参照。

＊28 Liane DE POUGY, *Mes Cahiers bleus*, Paris, Plon, 1977.

＊29 Lucien A. BOULY DE LESDAIN, *Souvenirs de la Belle Époque et de ses lendemains*, 1894–1924, Rexpoëde, chez l'auteur, 1972 ; *Moi, Jules Couasnault, syndicaliste de Fougères : le contrat social dans la capitale française de la chaussure à la « Belle Époque »*, Rennes, Éditions Apogée, 1995 ; Marcel VOISIN, *C'était le temps de la « Belle Époque ». Une enfance pénible – une vie de lutte*, Claix, La Pensée sauvage, 1978 ; Pierre TRIMBACH, *Quand on tour-*

nait la manivelle ou les mémoires d'un opérateur à la Belle Époque, Paris, CEFAG, 1970 ; Paul Dimoff, *La Rue d'Ulm à la Belle Époque, 1899–1903, mémoires d'un normalien supérieur*, Nancy, Impr. G. Thomas, 1970 ; *Un amour bigouden ou On l'appelait Marlène*, Brest, Éditions de la Cité, 1972.

＊30 M. Voisin, *op. cit.*, p. 2.

＊31 Jean Contrucci, *Ça s'est passé à Marseille*, Marseille, Autres temps, 1992–1999, 5. vol ; *Marseille de la Belle Époque*, Marseille, Autres temps, 2005.

＊32 Gérard Guicheteau, *Histoire anecdotique de la Belle Époque*, Paris, Le Pré aux Clercs, 1984 ; *Les Années 1900*, Paris, Sélection du *Reader's digest*, 1991 ; Jean-Claude Simoën, *Histoires vraies du xxe siècle. 1. Les années d'enthousiasme 1895–1909 ; 2. Les années radieuses (1909–1914)* ; 3. Les années sanglantes（14–18）, Paris, Fayard, 2005.

＊33 Bruno Fuligni, *Les frasques de la Belle Époque : les plus belles unes du Petit journal,* Paris, Albin Michel, 2012.

＊34 Javier Figueiro et Marie-Hélène Carbonel, *La véritable biographie de la Belle Otero et de la Belle Époque*, Paris, Fayard, 2003 ; Christiane Peugeot, *On a retrouvé le journal d'une cocotte de la Belle Époque, Madame Steinheil, ma grand-tante*, Unicité, 2012. François Caradec, *Jane Avril*, Paris, Fayard, 2001. Claude Dufrene, *Trois grâces de la Belle Époque*, Paris, Bartillat, 2003.

＊35 Nigles Gosling, *Paris 1900–1914 : the Miraculous Years*, Londres, Weidenfield & Nicolson, 1978 ; Franco Borsi et Ezio Godoli, *Paris 1900*, New York, Rizzoli, 1977, p. 9. 次も参照。Raymond Rudorff, *Belle Époque. Paris in the Nineties*, Londres, Hamilton, 1972.

＊36 *Belle Époque ? Le chaudron de l'apocalypse*, textes choisis et présentés par Jean-Pierre Guéno, Paris, Triartis, 2014.

＊37 Mary Mcauliffe, *Dawn of the Belle Époque : The Paris of Monet, Zola, Bernhardt, Eiffel, Debussy, Clemenceau, and Their Friends*, Lanham, Rowman & Littlefield, 2011 ; *Twilight of the Belle Époque : The Paris of Picasso, Stravinsky, Proust, Renault, Marie Curie, Gertrude Stein and Their Friends trough the Great War*, Lanham, Rowman & Littlefield, 2014.

＊38 Patrick Waldberg, *Eros modern style*, Paris, Pauvert, 1964.

＊39 これは，1897 年 2 月から 4 月にかけて発行された「色恋の（galant）」週刊誌のタイトルである。

＊40 Philippe Sollers, *Photos licencieuses de la Belle Époque*, Paris, Les

Éditions 1900, 1987, p. 7.

＊41 Jean Pierre BOURGERON, Christian BOURDON, Jean AGÉLOU, *De l'académisme à la photographie de charme*, Paris, Éditions Marval, 2006; Jo & Paul, richardson, *Quand la femme pose... L'Âge d'or de la photographie érotique*, Boulogne-Billancourt, Éditions Du May, 2009.

＊42 Stevens MARTIN, *French Postcards. An Album of Vintage Erotic*a, New York, Rizzoli International Publications Inc., 2006; *French vintage nude. Cartes postales érotiques des années 1900*, Neuilly, Ragage, 2008.

＊43 Robert LEBECK, *Die erotische Postkarte*, Schaffhausen, Stemmle, 1988; Paul HAMMOND, *French Undressing Naughty Postcards from 1900–1920*, Londres, Bloomsbury Books, 1988; Farina FERRUCCIO, *Die verbotene Venus. Erotische Postkarten 1895–1925*, Stuttgart, Parkland Verlag, 1989.

＊44 *La Casa de Cita: Mexican photographs from the Belle Époque*, New York, Quartet Books, 1986.

＊45 Maxence RODEMACQ, «L'industrie de l'obscénité à Paris (1855–1930)», *Romantisme*, n° 167, 2015, p. 13–20.

大きく広がる「ベル・エポック」

＊1 http://www.belvue.be/sites/default/files/pedagogicaltool/pdf/Mus%C3%A9e%20BELvue%20%20histoire%20de%20la%20Belgique%20%20textes%20des%20salles.pdf.

＊2 Paul PRIST, *1900. Souvenirs littéraires*, Bruxelles, Office de publicité, 1949.

＊3 Yolande OOSTENS-WITTAMER (dir.), *Les Affiches de la Belle Époque*, Bruxelles, Association royale des demeures historiques et jardins de Belgique, 1961.

＊4 Christophe VERBRUGGEN, Daniel laqua et Gita deneckere, «Belgium on the Move: Transnational History and the Belle Époque», *Revue Belge de Philologie et d'Histoire*, t. 90, n° 4, 2012, p. 1213–1326.

＊5 Hermann SCHREIBER, *Die Belle Époque: Paris 1871–1900*, Munich, Paul List, 1990; Roger SHATTUCK, *Die Belle Époque. Kultur und Gesellschaft in Frankreich, 1885–1918*, Munich, Piper, 1963.

＊6 Mike JAY et Michael NEVE (dir.), *1900. A Fin-de-siècle Reader*, Londres, Penguin Books, 1999. しかしフランスでは「世紀末」を1914年までとする定義もいくつか見受けられる。たとえば次を参照。Jean ROMAN, *Paris*

fin de siècle, Paris, Robert Delpire, 1958.

＊7 R. Rudorff, *Belle Époque*, *op. cit.*, p. 13.

＊8 Jill Forbes et Michael Kelly, *French Cultural Studies. An Introduction*, Oxford, Oxford University Press, 1995, p. 37–38.

＊9 Suzanne Gourdon, *La Jugend de Georg Hirth: la Belle Époque munichoise entre Paris et Saint-Pétersbourg,* Strasbourg, Centre d'Études germaniques, 1997; Bernard Michel, *Prague Belle Époque,* Paris, Aubier, 2008; Jacques le Rider, *Arthur Schnitzler ou la Belle Époque viennoise,* Paris, Belin, 2003.

＊10 Angiolo Biancotti, *Ai tempi di Addio Giovinezza: cronache e profili della "Belle époque"*, Milan, Gastaldi, 1954.

＊11 Giuseppe Chiassi, *La Roma dei miei vent'anni: La nostra "Belle Époque"*, Rome, Fratelli Palombi, 1957.

＊12 F. Dorigo, «Nostalgia per la Belle Époque», art. cité.

＊13 Manlio Miserocchi, *Un personaggio della Belle Époque*, Venisz, Alfieri, 1961.

＊14 Tom Antongini, *La Belle Époque*, Milan, Longanesi, 1965.

＊15 Bruno Coceani, *Trieste della belle époque*, Trieste, Libreria Universitas, 1971; Bruno de Cesco, *Una città con le ghette: Verona Belle Époque (1882–1914)*, Vérone, Bertani, 1981; Livio Jannattoni, *Roma Belle Époque*, Rome, Multigrafica, 1986; Alfredo Giovine, *Bari Belle Époque*, Fasano, Schena, 1989; Lucio Lami, *Le passioni del dragone: cavalli e donne: Caprilli campione della Belle Époque*, Milan, Mursia, 2009; Salwa Ursula (dir.), *La Belle Époque a Milano*, Naples, Intra moenia, 2011; Roberta Cordani (dir.), *Milano verso il Sempione: la città di Napoleone e della Belle Époque: viaggio nella storia, nell'arte e nel paesaggio*, Milan, CELIP, 2006; Franco Fava (dir.), *Milano nella Belle Époque*, Gênes, De Ferrari, 2003; Fosco Rocchetta (dir.), *Riccione estivo: agosto 1894, origini del turismo riccionese al tempo della Belle Époque*, Riccione, Comune, 2009.

＊16 Vittorio Paliotti, *Il Salone Margherita e la belle époque: Napoli tra fine Ottocento e primo Novecento*, Rome, Benincasa, 1975; Paolo Sommaiolo, *Il café-chantant: artisti e ribalte nella Napoli belle époque*, Naples, Tempolungo, 1998; Vittorio Paliotti, *Salone Margherita: una storia napoletana: il primo café chantant d'Italia: dalle follie della belle époque all'avanspettacolo e oltre*, Naples, Altrastampa, 2001.

＊17 Luigi Persone, *Il teatro italiano della belle époque. Saggi e studi*,

Florence, L.S. Olschki, 1972 ; Francesca CAGIANELLI, Dario MATTEONI (dir.), *La Belle époque : arte in Italia, 1880–1915,* Milan Silvana, 2008 ; Lucia MONACIS, *Genio, follia e criminalita nella belle époque,* Lecce, Pensa multimedia, 2009 ; Stefano PIVATO, *La bicicletta e il Sol dell'avvenire : sport e tempo libero nel socialismo della Belle Époque,* Florence, Ponte alle Grazie, 1992 ; Giovanni ANSALDO, *Gli anarchici della Belle Époque,* Florence, Le lettere, 2010.

＊18 Daniela ROSSINI, *Le Americane. Donne e immagini di donne fra Belle Époque e fascismo*, Rome, Biblink, 2008, p. 17.

＊19 Nino VALERI, *Dalla belle époque al fascismo : momenti e personaggi*, Bari, Laterza, 1975 ; *Il Tirolo e l'Italia : dall'invasione napoleonica alla Belle Époque*, actes du colloque dirigé par Mario Allegri, Rovereto, octobre-décembre 1999.

＊20 N. VALERI, *Dalla belle époque al fascismo*, *op. cit.*, p. 3.

＊21 Willy HAAS, *Die Belle Époque*, Munich, Kurt Desch, 1967.

＊22 F. DORIGO, « Nostalgia per la Belle Époque », art. cit.

＊23 Franco FAVA (dir.), *Milano nella Belle Epoque*, Gênes, De Ferrari, 2003, p. 9.

＊24 Giovanni CASTELANI, *La Belle Époque : storia segreta,* Milan, Pan, 1977.

＊25 Eleonora BAIRATI, Philippe JULLIAN, Malcolm FALKUS, Paolo MONELLI, Jànos RIEZ, Brunello VIGEZZI, *La belle époque : l'ingannevole euforia di un quindicennio della storia d'Europa*, Milan, Mondadori, 1977 ; traduit en anglais : *La Belle Époque. Fifteen Euphoric Years of European History*, New York, William Morrow and C., 1978 ; puis en français : *La Belle Époque : les illusions délicieuses de l'Europe durant quinze ans de son existence*, Paris, Nathan, 1978.

＊26 Carlos MAUL, *O Rio da Bella Epoca*, Rio de Janeiro, Sao Jose, 1967.

＊27 Jaime Larry BENCHIMOL, *Pereira Passos : um Hausmann tropical*, Rio de Janeiro, Biblioteca Carioca, 1990.

＊28 Jeffrey D. NEEDELL, *A Tropical Belle Époque : Elite Culture and Society in Turn-of-the-Century Rio de Janeiro*, Cambridge, Cambridge University Press, 1987 ; Marcia CAMARGOS, « Uma Republica nos moldes franceses », *Revista USP*, n° 59, 2003, p. 134–143.

＊29 Conde MAITE, *Consuming Visions : Cinema, Writing, and Modernity in Rio de Janeiro*, Charlottesville, University of Virginia Press, 2012.

＊30 Amara Silva DE SOUZA ROCHA, « A seduçao da luz. Electrificaçao e imagi-

nario no Rio de Janeiro da Belle Époque», http://www.revistas2.uepg.br/index.php/rhr/article/viewFile/2042/1524.

＊31 Diana Dorothea DANON, Benedito LIMA DE TOLEDO, *São Paulo «Belle Époque»*, São Paulo, Companhia Editora Nacional, 1974.

＊32 Sebastião Rogério PONTE, *Fortaleza belle époque: reformas urbanas e controle social, 1860–1930*, Fortaleza, Fundaçao Democrito Rocha, 1993.

＊33 Sandra Jatahy PESAVENTO, «Um novo olhar sobre a cidade: a nova historia cultural e as representacoes do urbano», in *Porto Alegre na virada do veculo 19: cultura e sociedade*, Porto Alegre, Éd. UFRGS, 1994.

＊34 Ana Maria DAOU, *A belle époque amazônica*, Rio de Janeiro, Jorge Zahar Editor, 2000.

＊35 Sidney CHALHOUB, *Trabalho, lar e botequim: o cotidiano dos trabalhadores no Rio de Janeiro da Belle Epoque*, São Paulo, Brasiliense, 1986; Monica Pimenta VELLOSO, *As tradicoes populares na Belle Epoque*, Rio de Janeiro, Funarte, 1988; Hermengarda Leme LEITE TAKESHITA, *Um grito de liberdade: uma família paulista no fim da belle-époque*, São Paulo, Alvorada, 1998.

＊36 André Luiz PAULILO, *Os artificios da metropole: anotacoes sobre a transformacao de vida urbana depois da Belle Epoque*, Campinas, Educação & Sociedade, 2004.

＊37 Ary VASCONCELOS, *Panorama da música popular brasileira na «belle époque»*, Rio de Janeiro, Liv Sant'Anna, 1977.

＊38 Danielle KIFFER, «O Rio de Janeiro da Belle Époque é retratado em vídeos-documentários para estudantes», http://www.faperj.br/?id=2880.2.5.

＊39 Elias Thome SALIBA, *Raizes do Riso. A representacao humoristica na historia brasileira: da Belle Époque aos primeiros tempos do radio*, Sao Paulo, Companhia das Letras, 2002.

＊40 Rachel SOIHET, *A subversao pelo riso: o carnaval carioca da belle epoque ao tempo de Vargas*, Fundação Getulio Vargas, 1998.

＊41 R. J. OAKLEY, *The Case of Lima Barreto and Realism in the Brazilian "Belle époque"*, Lewiston, The Edwin Mellen Press, 1998.

＊42 Vicente de Paula ARAÚJO, A *bela epoca do cinema brasileiro*, São Paulo, Perspectiva, 1976; *A Belle Epoque Carioca em revista*, 9e coloque de Modan, Université de Rio de Janeiro, 2013.

＊43 Juan SOMOLINOS, *La «Belle époque» en México*, México, Sep/Setentas,

1971.

＊44　María Eugenia ARAGÓN RANGEL, *Casas escasas: el art nouveau en la ciudad de México*, México, Instituto Nacional de Antropología e Historia, 2011.

＊45　Jose Maria RIVAROLA MATTO, *La Belle Époque y otras hodas*, Asunción, Arte Nuevo, 1980.

＊46　Alfredo CASTELLANOS, *La «Belle époque» montevideana. Vida social y paisaje urbano*, Montevideo, Arca, 1981.

＊47　Alberto SANCHEZ, *Valdelomar o la belle époque*, México, Fondo de cultura económica, 1969; José OCHOA MONTERO *et al.*, *La pluma en la Belle Epoque*, Lima, Universidad de San Martín de Porres, 1999.

＊48　Pedro José MUÑOZ, *Imagen afectiva de Caracas: la «Belle époque» caraqueña*, Caracas, Municipalidad de Caracas, 1972; Cristian G. WERCKENTHIEN, *El Buenos Aires de la belle époque: su desarrollo urbano, 1880–1910*, Buenos Aires, Vinciguerra, 2001; Leandro LOSADA, *La alta sociedad en la Buenos Aires de la belle époque: sociabilidad, estilos de vida e identidades*, Buenos Aires, Siglo XXI, 2008; Alberto ROA SALDARRIAGA, Benjamín VILLEGAS JIMÉNEZ Y ANTONIO CASTAÑEDA BURAGLIA, *Casa Republicana: Colombia's Belle époque,* Bogotá, Villegas Editores, 1996; Manuel VICUÑA URRUTIA, *La Belle époque que Chilena: alta sociedad y mujeres de elite en el cambio de siglo*, Editorial Sudamericana, 2001; Jorge Salomo FLORES, *La belle époque viñamarina: a través de la caricatura de Mundo*, Valparaíso, Pontificia Universidad Católica de Valparaíso, 2011.

＊49　ホセ・モンテロ・アロンソ（José MONTERO ALONSO, *Madrid y su «Belle Époque»*, Madrid, Editorial Master, 1994）は，1913年から1930年にかけて，ギャルソンヌのファッションや建築の革新（Circulo de Bellas Artes, Palacio de *Comunicaciones*, Ramal）が急増した陽気な都市を形容するためにこの表現を使用した。ポルトガル語については次を参照。Luis VIDIGAL, *O jovem Aquilino Ribeiro: ensaio biografico e antoloogico na Lisboa da «belle époque» (1903–1908)*, Lisbonne, Livros Horizonte, 1986.

＊50　Arthur SCHÄRLI, *Höhepunkt des schweizerischen Tourismus in der Zeit der «Belle Époque» unter besonderer Berücksichtigung des Berner Oberlandes: kulturgeschichtliche Regionalstudie*, Bern/New York, P. Lang, 1984; Anita ULRICH, *Bordelle, Strassendirnen und bürgerliche Sittlichkeit in der Belle Époque: eine sozialgeschichtliche Studie der Prostitution am Beispiel der Stadt Zürich*, Zurich, Druckerei Schulthess, 1985; Werner ROSS, *Bohe-*

miens und Belle Époque: als München leuchtete, Berlin, Siedler, 1997; Jerzy S. MAJEWSKI, *Warszawa niedobudowana: metropolia belle époque*, Vaisoire, Wydawn Veda, 2003; Giannēs SPANDŌNĒS, *Stēn Athēna tēs "Bel Epok"*, Athènes, Informecanica, 2007.

＊51 Mercedes VOLAIT, «La «Belle Époque»: registres, rhétoriques et ressorts d'une invention patrimoniale», *Égypte/Monde arabe*, 3e série, nº 5–6, 2009, http://ema.revues.org/2891; Trevor Mostyn, *Egypt's Belle Époque: Cairo 1869–1952*, Londres, New York, Quartet Books, 1989.

＊52 Amanda Stuart MACKENZIE, *Empress of Fashion. A Life of Diana Vreeland*, Londres, Thames & Hudson, 2013.

＊53 *La Belle Époque*, New York, Metropolitan Museum of Art, 1982, p. 3.

＊54 1977年に初めて次の文献に掲載された。E. BAIRATI *et al.*, *La Belle Époque, op. cit.*

＊55 John DUKA, «La Belle Europe reigns again at Met Museum», *New York Times*, 7 décembre 1982; Charlotte CURTIS, «Diana Vreeland's Way», *New York Times*, 14 septembre 1982.

＊56 *Paris Belle Époque: 1880–1914. Faszination einer Weltstadt*, Recklinghausen, Aurel Bongers, 1994.

＊57 いくつかの例は次を参照。Ebria FEINBLATT, Bruce DAVIS, *Toulouse-Lautrec and his contemporaries: posters of the Belle Époque from the Wagner Collection*, Exposition Los Angeles County Museum of Art, 1985; Constance SCHWARTZ et Franklin Hill PERREL, *La Belle Époque and Toulouse-Lautrec*, Roslyn Harbor, New York, Nassau County Museum of Art, 2003; *Toulouse-Lautrec and Montmartre*, Washington, National Gallery of Arts, mars-mai 2005, puis Chicago; *Toulouse-Lautrec and the Belle Époque in Paris and in Athens*, Athènes, Herakleidon Museum, 2008.

＊58 *Schilderkunst uit la belle époque*, 4 juillet–16 septembre 1964, catalogue édité par Maria Van Es et C.J.M. Van Pampus, Laren, Singer Memorial Foundation, 1964.

＊59 *Europa 1900*, 3 juin–30 septembre 1967, Kursaal d'Ostende, Éditions de la connaissance, 1967.

＊60 *La Belle Époque: Belgian posters, watercolors and drawings from the collection of L. Wittamer-De Camps*. Introduction et catalogue par Yolande Oostens-Wittamer, préface d'Émile Langui, New York, Grossman, 1970.

＊61 *Affiches «Belle Epoque»*, Anvers, Museum Vleeshuis, 1979.

＊62 *The Belle Époques. Fashionable Life in Paris*, London and New York,

1870–1914. 目録の作成および編纂は以下による。Bohdan-Hamilton et Associés, novembre-décembre 1981, New York, Stair's Incurable Collector, 1981 ; *La Belle Époque : Masterworks by Combaz, Leo Jo and Livemont. A Loan Exhibition from the collection of L. Wittamer-De Camps*. 解説と目録は以下による。Yolande OOSTENS-WITTAMER, préface d'Alan FERN, diffuse par l'International Exhibitions Foundation, 1970–1971, New York, Grossman, 1980–1981 ; *Masterpieces of the Poster from the Belle Époque*, 45点のカラーリトグラフの選択と編纂は以下による。Hayward et Blanche Cirker, New York, Dover publications, 1983 ; Constance SCHWARTZ et Franklin HILL PERREL, *La Belle Époque,* Roslyn Harbor, New York, Nassau County Museum of Art, 1995 ; 1900 : *la Belle Époque des arts*, exposition à la Royal Academy of Art de Londres (16 janvier–3 avril 2000) ; *Portraits of the Belle Époque*, exposition de la CaixaForum de Barcelone, puis de Valence 2011 ; Tomás LLORENS SERRA, *Portraits of the Belle Époque*, Consorci de Museus de la Comunitat Valenciana / undación "la Caixa", Valence, El Viso, 2011 ; *Affiches de la Belle Époque. Entre plaisirs et spectacles*, Ixelles, 2015.

＊63　Nikola DOLL, *Signes des temps : œuvres visionnaires d'avant 1914*, Bruxelles, Racine, 2014.

＊64　W. Boyd RAYWARD, *Information Beyond Borders:International Cultural and Intellectual Exchange in the Belle Époque*, Farnham, Ashgate, 2014.

＊65　Hebe DORSEY, *The Belle Époque in the Paris Herald*, New York, Thames & Hudson, 1986, p. 52.

＊66　*Ibid.*, p. 14.

＊67　*Encyclopedia of the Age of Imperialism, 1800–1914*, Westport, Greenwood Press, 2008, vol. 1, p. 79–80.

＊68　*La Belle Époque*, syllabus du cours de Thomas Ertman, New York University, 2012.

＊69　Philippe THIÉBAUT (dir.), *1900,* Paris, RMN, 2000.

＊70　Jeanne GEYER, *Belle Époque à l'affiche, 1885–1914*, Strasbourg, Musée des Beaux-arts, 1981.

＊71　それぞれのテレビ映画の制作は以下による。Michel Boisrond en 1991, Luc Béraud en 1995, Ange Casta en 1980 ou Jean-Daniel Verhaeghe en 2005, Daniel Jeannau en 2011.

＊72　*Les Lautrec de Lautrec. Toulouse-Lautrec : les estampes et affiches de la Bibliothèque nationale*, Queensland Art Gallery, Brisbane, et National

Galery of Victoria, Melbourne, Paris, BNF, 1992, p. 18.

＊73　*Un Amour de Swann*, de Volker Schlöndorff (1984), *Le Temps retrouvé* de Raul Ruiz (1999) ; *Le Grand Meaulnes* de Jean-Daniel Verhaeghe (2006) ; *Jean de Florette*, puis *Manon des sources*, de Claude Berri (1986), *La Gloire de mon père*, et *Le Château de ma mère*, d'Yves Robert (1990) ; *Les Thibault* de Jean-Daniel Verhaeghe (2003).

＊74　Kolleen M. GUY, «Wine, Champagne and Making of French Identity in the Belle Époque», in Peter SCHOLLIERS (dir.), *Food and Identity in Europe*, Providence, Berg Press, 2000, p. 163–177 ; *When Champagne Became French : Wine and the Making of a National Identity*, Baltimore, Johns Hopkins University, 2002.

＊75　Kali ARGYRIADIS et Sandra LE MENESTREL, *Une culture guinguette? Analyse d'une revitalisation esthétique*, Rapport d'enquête, Mission du patrimoine ethnologique, 2000.

＊76　C. DUTHEIL-PESSIN, *La Chanson réaliste, op. cit.*, p. 309–310.

＊77　100周年記念レヴューの「フォルミダーブル」は，1992年12月31日にフランス3放送局で中継放映された。関連書は多数ある。Jacques PESSIS et Jacques CRÉPINEAU, *Le Moulin Rouge*, Paris, Hermé, 1989, rééd. La Martinière, 2002 ; Françoise DORIN, *Nini pattes en l'air*, Paris, Laffont, 1990 ; Evane HANSKA, *La Romance de la Goulue*, Paris, Librairie générale française, 1990 ; Michel SOUVAIS, *Les Cancans de la Goulue*, sl, Copienette, 1991 ; Jacques HABAS, *Les Secrets du Moulin Rouge*, Paris, Belle Gabrielle 2010 ; Jean CASTEREDE, *Le Moulin Rouge, reflet d'une époque,* Paris, France-Empire, 2001 ; François CARADEC et Jean NOHAIN, *Le Pétomane au Moulin Rouge*, Mazarine, 2000 ; François CARADEC, *Jane Avril*, Fayard, 2001 ; Christophe MIRAMBEAU, *Moulin Rouge*, Paris, Assouline, 2003 ; Alain WEILL, *120 ans de Moulin Rouge*, Paris, Éd. Seven, 2010.

＊78　次に引用。M. TERRAL, *op. cit.*, p. 92.

＊79　いくつかの例は次を参照。ミシェル・ロワは，世紀初頭のオートクチュールの堕落した社会を対象に，1900年に21歳だったクレマンティーヌ・ド・マルワの恋愛物語を描いた（*Ils étaient une fois*, St-Georges d'Orques, Éditions Causse, 1998, 3 vol.)。ジャン・グリュオーは，映画化を視野に入れてトリュフォーと共作で，動く舗道の発明者であるリュシアン・ラシュネの経歴を辿り，同時代の多様な側面を描いた（*Belle Époque*, Paris, Gallimard, 1996)。カトリーヌ・ギゴンは，「小さな砂糖職人」〔ニックネーム〕のマックス・ルボディの地獄への転落を追った（*Le Maudit de la Belle*

Époque, Paris, Seuil, 2013)。

＊80　Anne-Marie Garat, *Dans la main du diable*, Paris, Actes Sud, 2006. 本書は1913年を舞台に始まり，第二次世界大戦直後まで続く三部作を開始する。

＊81　Kate Cambor, *Gilded Youth. Three Lives in France's Belle Époque*, New York, Farrar, Straus and Giroux, 2009. 本書は大戦に先立つ数年間のジャンヌ・ユゴー，レオン・ドーデ，ジャン＝マルタン・シャルコーの運命をたどる。

＊82　Jean-Christophe Sarrot et Laurent Broche, *Le Roman policier historique*, Paris, Nouveau Monde, 2009, p. 315.

＊83　同書，87頁に引用。

＊84　Jean Contrucci, *Les Nouveaux mystères de Marseille*, Paris, (J.-C. Lattès, 2001–2015 ; Jacques Neireynck, *Le Crime du prince de Galles* ; *La Mort de Pierre Curie* ; *La Faute du Président Loubet*, Paris, 10/18, 2007–2008 ; Renée Bonneau, *Nature morte à Giverny*, Quimper, Quadri Signe, 1999 ; *Sanguine sur la Butte*, Quimper, Quadri Signe, 2002 ; *Danse macabre au Moulin Rouge*, Paris, Nouveau Monde 2007 ; *Piège de feu à la Charité*, Arles, Actes Sud, 2008 ; *Meurtre au cinéma forain*, Paris, Nouveau Monde, 2011 ; Marc Rolland, *Le Sioux des grands boulevards*, Paris, Éd. du 28 août, 2006 ; Hervé Jubert, *La Trilogie de Blanche*, Paris, Albin Michel, 2005–2007.

＊85　Gradimir Smudja, *Vincent et Van Gogh*, Paris, Delcourt, 2003 ; Gradimir Smudja, *Le Cabaret des muses*, 4 vol., Paris, Delcourt, 2004–2008 ; Julie Birmant et Clément Oubrerie, *Pablo*, 4 vol., Paris, Dargaud, 2012–2014 ; Olivier Bleys et Yomgui Dumont, *Toulouse-Lautrec*, Paris, Glénat, 2015.

＊86　Florent Calvez et Fred Duval, *L'Homme de l'année 1894 : l'Homme à l'origine de l'Affaire Dreyfus*, Paris, Delcourt, 2014 ; Leo Henry et Stéphane Perger, *Sequana*, 3 vol., Paris, Emmanuel Proust, 2008–2010 ; Gité et Perc, *Les aventures d'Alex Médoc et Belle Époque*, 2 vol., Paris, Éditions Tarmeye, 1987 ; Olivier Bocquet et Julie Rocheleau, *La colère de Fantômas*, Paris, Dargaud, 3 vol., 2013–2015.

＊87　Christian Lacroix, préface à John Peacock, *20th Century Fashion*, Londres, Thames & Hudson, 1993, p. 6.

＊88　Tom Tierney, *Great Fashion Designs of the Belle Époque : Paper Dolls in Full Color*, New York, Dover Publications, 1982.

＊89　Stephen Gundle, «Mapping the Origins of Glamour : Giovanni Boldini,

Paris and the Belle Époque », *Journal of European Studies*, nº 23/3, 1999, p. 269–295.

＊90　Claude CONYERS, « Courtesans in Dance History : les Belles de la Belle Époque », *Dance Chronicle*, nº 26–2, 2003, p. 219–243.

＊91　M. DONNAY, *J'ai vécu 1900, op. cit.*, p. 119.

＊92　Colette Windish, « Arsène Lupin, une certaine idée de la France », *French Cultural Studies*, vol. 12, nº 35, 2001, p. 149–160.

＊93　Evelyne SAEZ, *Cafés, restaurants et salons de thé de la Belle Époque à Paris*, Rennes, Ouest-France, 2013.

＊94　« Montmartre bute sur Starbucks », *Libération*, 18 janvier 2013.

＊95　GAULT-MILLAU, *La Belle Époque à table*, Paris, Éd. Jour d'azur / Gault-Millau, 1981 ; Shirley KING, *Dining with Marcel Proust. A Practical Guide to French Cuisine of the Belle Époque*, Londres, Thames & Hudson, 1979.

＊96　*La Belle Époque : Twenty-Six Paintings of Parisian Life*, New York, Sotheby Parke Bernet, 1979 ; *Sotheby's Belle Époque Sculpture and Furniture*, Londres, 1991 ; *La Belle Époque Paintings and Sculptures*, New York, Sotheby's, 1999 ; *Sotheby's New York la Belle Époque, including « the Age of Innocence »*, New York, 2000.

＊97　「家具および骨董品の取引を対象としたベル・エポックの調査」，ソフィー・レルミット（パリ第一大学，19 世紀史センター）の実施による。

＊98　次を参照。Francis VALÉRY, *La Cité entre les mondes*, Paris, Denoël, 2000 ; Fabrice COLIN et Mathieu GABORIT, *Confession d'un automate mangeur d'opium*, Paris, Éd. du Rocher, 1999 ; Johann HELIOT, *La Lune seule le sait*, Paris, Mnemos, 2000 ; Fabien CLAVEL, *Feuillets de cuivre*, Paris, Actu SF, 2015.

＊99　歴史ロールプレイング・ゲームについては次を参照。Olivier CAÏRA, *Jeux de rôle. Les forges de la fiction*, Paris, CNRS éditions, 2007 ; Olivier CAÏRA et Jérôme LARRÉ (dir.), *Jouer avec l'Histoire, Villecresnes*, Pinkerton Press, 2009.

エピローグ　混ざり合う時間

＊1　Malcolm CHASE et Christopher SHAW, « The Dimensions of Nostalgia », in *The Imagined Past : History and Nostalgia*, Manchester, Manchester University Press, 1989, p. 1.

＊2　これらの問題に関する近年の見解は次を参照。Henry ROUSSO, *Face au*

passé. Essai sur la mémoire contemporaine, Paris, Belin, 2016.

＊3 A. LANOUX, *Amours 1900, op. cit.*, p. 11.

＊4 C. LÉRIBAULT, « Au comptoir de la fantaisie », *op. cit.*, p. 17 ; C. DUFRENE, *Trois grâces de la Belle Époque, op. cit.*, p. 7.

＊5 Adrien GENOUDET, *Dessiner l'histoire. Pour une histoire visuelle*, Paris, Le Manuscrit, 2015, p. 184.

＊6 Ann COLLEY, *Nostalgia and Recollection in Victorian Culture*, Basingstoke/New York, Macmillan St. Martin's Press, 1998 ; Kate MITCHELL, *Victorian Afterimages. History and Cultural Memory in Neo-Victorian Fictions*, Londres, Palgrave, 2012.

＊7 R. DORGELES, *Quand j'étais Montmartrois, op. cit.*, p. 38.

＊8 Walter BENJAMIN, *Sur le concept d'histoire*, Paris, Payot, [1935–1937] 2013 ; Françoise PROUST, *L'Histoire à contretemps. Le temps historique chez Walter Benjamin*, Paris, Cerf, 1994.

＊9 J. NEUTRES, *Préface à Du côté de chez Jacques-Émile Blanche, op. cit.*, p. 19.

＊10 Marc GAILLARD, *Paris à la Belle Époque. Au temps de Proust, Etrepilly*, Presses du village, 2003, p. 5.

＊11 R. C. PLANCKE, *Brie-Comte-Robert…, op. cit.*, p. 5.

＊12 Giorgio AGAMBEN, *L'Homme sans contenu*, Saulxures, Circé, [1970] 1996, p. 175–176.

＊13 私はこの表現を次の文献から取り入れた。Patrick BOUCHERON, *L'Entretemps. Conversations sur l'histoire*, Lagrasse, Verdier, 2012.

資　料

『あぁ！ 美しい時代《ベル・エポック》』1936年

なぜ，今そんなにためらうの？
滑稽だから　このご時世
今どきじゃない，断言できる
古めかしい時代の流儀が私にはある
あぁ！　美しい時代《ベル・エポック》，往年の日々
あの時代を茶化すのは，崇めているから
本能のままに誠実で
愚かに見えることなく，魅力に溢れていた
興味深くも，若い娘は目を伏せ
男は悠然と称えた
臆することなく，宣誓した
あぁ！　美しい時代《ベル・エポック》，古き良き時代
あぁ！　美しい時代《ベル・エポック》，古き時代
滑稽ではない，はるかに節度があった
親愛を込め，わずかに震えながら
白い手袋をはめて娘にプロポーズした
今や品格は廃れ
白い手袋はもうしない
互いに好き好きと言って，幸せを味わい尽くそうとする
初めから茶化し，冷めている
あぁ！　美しい時代《ベル・エポック》　昔の方が良かった

『雌鶏』，アンリ・デュヴェルノワ，アンドレ・バルド作の3幕4景のオペレッタ，アンリ・クリスティーネ作曲，パリ，ドレル印刷，1936年

LA BELLE EPOQUE!
(Avec Citations)
Paroles de
André ALLÉHAUT
Musique de
Max d'YRESNE
Te sou_viens-tu, Mi_mi, du ma_
tin de printemps Où je t'ai murmu_ré ti_mi_dement:"je t'ai_me?" Ainsi
qu'un col_lé_gien j'a_vais le cœur bat_tant, Mais tu m'as é_cou_té a_vec
un trouble ex_trê_me De cet ins_tant bé_ni, je me sou_
_viens tou_jours "Car le plus jo_li rê_ve est le rê_ve d'a_mour."
Ah! la belle é_po_que que c'était là! On é_tait joyeux, et le cœur en
fê_te On al_lait chantant Tra la la, la la la Car on n'avait pas de sou_cis en
tê_te; Et un souri_re, Doux et câ_lin, Semblait me di_re Soir et ma_tin:
Ah! quell'belle é_po_que nous avons là! Rappel_le-toi, Mi_mi, toutes les mé_lo_
_dies Qui chan_tèrent si bien notre a_mour ra_di_eux "J'ai rê_vé de t'ai_
_mer" "Vous ê_tes si jo_li_e" "Une é_
_toi_le d'a_mour" "Fer_me tes jo_lis yeux" Tendre et dou_
Copyright by Editions Marcel Labbé 1944
EDITIONS MARCEL LABBÉ
20, Rue du Croissant, Paris. 2e
Imprimé en France
M.L. 41.385

『ベル・エポック！』1944年

『ベル・エポック！』1944年

覚えているかい，ミミ　あの春の朝
私が「愛してる？」とはにかみながら君にささやいたときのこと
まるで少年のように，心臓は高鳴っていた
君は戸惑いながら耳を傾けた
この満ち足りた瞬間を，いつも思い出す
「最もすてきな夢は，愛の夢だから」
あぁ！　なんて美しい時代《ベル・エポック》だったことか！　私たちは喜び，心はときめいた
トララ ラララララと歌った。私たちに心配は何もなかったから。君の笑顔は，柔らかく愛らしい。夜も朝も私にこう言うのだ。あぁ！　なんて美しい時代《ベル・エポック》を過ごしたことでしょう！
覚えているかい，ミミ，私たちの輝く愛を歌ったメロディーを。「君を愛することを夢見た」「君はとてもきれいだ」「愛の星」「可愛い目を閉じて」かつての空気に閉じ込められた優しくて甘い想いを喚起すれば，あなたに何かをもたらすでしょう
あぁ，なんて美しい時代《ベル・エポック》だったことか！　私たちは喜び，心はときめいた
トラ ラララララと歌った！
私たちに心配は何もなかったから。君の笑顔は，柔らかく愛らしい，夜も朝も私にこう言うのだ。あぁ！　なんて美しい時代《ベル・エポック》を過ごしたことでしょう！　あの時代はなんて遠いのだろう，ミミ。私たちの青春時代を楽園にした陽気なボヘミアン！　屈託のない明るさ，生きる喜び，愛そのもの。
それももう私たちから遠く離れて永遠に去ってしまったように思える。無駄とはいえ，心が渇望するのは
微笑みの時代が戻ってくるから！
あぁ！　なんて美しい時代《ベル・エポック》になることでしょう！　私たちは喜び，心はと

きめく
トラ ラララララと歌うでしょう
もう何も心配することはないから
夜も朝も笑い合い，穏やかな心で語り合うことでしょう
あぁ，私たちは何て美しい時代《ベル・エポック》を過ごしたことでしょう！
あぁ，私たちは何て美しい時代《ベル・エポック》を過ごすことになることか！

アンドレ・アレオー作詞，マックス・ディレーヌ作曲，マルセル・ラベ・レコード，1944年（フランス国立文書館 AN, F21, 8106）

「もし1900年が私に語られたなら」
フランス帝国出版，1978–1988年

「家に電気も，水道も，集中暖房も，電話も，テレビもなかった世界を想像するのは困難であろう。辻馬車，箱馬車，二輪馬車が，糞尿の匂いの漂う街路を行き交っていた。灯油ランプ，行火，ふいごといったつましい品物が日常的に使われ，ささやかな快適さを生み出していた。

しかしながらこの時代は，つい先頃のことだ。この時代を生き抜いた男女が，近くて遠いこの時代を証言するのだ。消え去った世界の最後の証人として，彼らの回想には，資料としての価値がある。誰もが1900年に同じように生きたわけではない。だからこそ，これらの作品はそれぞれ，特定の社会階層，職業，地域，国の姿を示すことを目指した。これがクロード・パストゥールとジャン＝クロード・パストゥールが編集した叢書『もし1900年が私に語られたなら』の目的である。」

Bonneval Henri de, *La Vie de château*, Paris, France-Empire, 1978.

Maulny Germaine de, *Les Bottines à boutons*, Paris, France-Empire, 1978.

Dolgoroukova Varvara Aleksandrovna, *Au temps des troïkas*, Paris, France-Empire, 1978.

Tournier Luc, *Il était une fois la montagne*, Paris, France-Empire, 1979.

Perkins-Marechal Loïs, *L'Amérique avant les gratte-ciel*, Paris, France-Empire, 1979.

Dubrecq Adolphe, *Un mineur nommé Patience*, Paris, France-Empire, 1981.

Mainguy Paul, *La médecine à la Belle Époque*, Paris, France-Empire, 1981.

Christophari Théophile, *La Corse de mon enfance*, Paris, France-Empire, 1981.

Falenska Franciska, *Mon village en Pologne*, Paris, France-Empire, 1982.

Lecat Marguerite, *Quand les laboureurs courtisaient la terre*, Paris, France-Empire, 1983.

Forestier, Ignace-Émile, *Gendarmes à la Belle époque*, Paris, France-Empire, 1983.

Curral-Couttet Gaby, *Les Folles années de Chamonix*, Paris, France-Empire,

1983.
BREYER Victor, *La Belle époque à 30 à l'heure*, Paris, France-Empire, 1984.
TREVOU Cécile, *Les Dames de la poste*, Paris, France-Empire, 1984.
LEPRETRE Henri, *Marin pêcheur au temps des voiliers*, Paris, France-Empire, 1984.
THOMAS Georgette, *Il était une fois le Beaujolais*, Paris, France-Empire, 1984.
BRIAIS Bernard, *Au temps des frous-frous : les femmes célèbres de la Belle Époque*, Paris, France-Empire 1985.
RABAUT Jean, *Féministes à la Belle Époque*, Paris, France-Empire, 1985.
VAN GRASDORFF Frans, *Au pays de Verhaeren*, Paris, France-Empire, 1985.
AZZANO Laurent, *Mes joyeuses années au faubourg*, Paris, France-Empire, 1985.
GOURAUD Julie, *Les mémoires d'une poupée*, Paris, France-Empire, 1985.
LE BOURGEOIS Jacques, *Allons revoir ma Normandie*, Paris, France-Empire, 1986.
PASTEUR Claude, *Les femmes à bicyclette à la Belle époque*, Paris, France-Empire, 1986.
CAROULLE Jacqueline/Lecat Marguerite, *Le belle époque des aéroplanes*, Paris, France-Empire, 1986.
FOURISCOT Mick, *Marie la dentellière*, Paris, France-Empire, 1987.
BESSON-Chaniet Céline, *Une fille de la forêt*, Paris, France-Empire, 1987.
QUEREILLAHC Jean-Louis, *Meuniers et moulins au temps jadis*, Paris, France-Empire, 1987.
HARREL-COURTES Christian, *Quand les bourgeois étaient rois*, Paris, France-Empire, 1988.
DEPOORTER Rémi, *Au temps des sapines et des trains de bois*, Paris, France-Empire, 1988.

1900年代の回想録・手記

以下は1920年以降に出版された「ベル・エポック」の立役者や体験者による主要な回想録の一覧である。すべては網羅していないが，この時代の表象の大枠を示すのに十分な著作がまとめられている。出版物の年代は，それ自体が興味深い指標となる。

1920–1929年

Montesquiou Robert, *Les Pas effacés, Mémoires*, Paris, Émile-Paul, 1923.

Castellane Boni de, *Comment j'ai découvert l'Amérique. Mémoires*, Paris, Crès, 1924 ; *L'Art d'être pauvre, Mémoires*, Paris, Crès, 1925.

Gide André, *Si le grain ne meurt*, Paris, prépublication 1920–21, éd. définitive NRF, 1926.

Otero Caroline, *Souvenirs et vie intime par la Belle Otero*, Paris, Le Calame, 1926.

Carco Francis, *De Montmartre au Quartier Latin*, Paris, Albin Michel, 1927.

Guilbert Yvette, *La chanson de ma vie : mes mémoires*, Paris, Grasset, 1927.

Mayol, *Mes Mémoires*, Paris, Louis Querelle, 1929.

Gramont Élisabeth de, *Mémoires*. T.1 : *Au temps des équipages*, Paris, Grasset, 1928 ; T.2 : *Les Marronniers en fleurs*, Paris, Grasset 1929 ; T.3: *Clair de lune et taxi*, 1929.

Ouvrard père, *Elle est toute nue ! La vérité sur la vie des coulisses*, Paris, Bulletin périodique des nouveautés du café-concert et du music-hall, 1929.

Fursy Henri, *Mon petit bonhomme de chemin. Souvenirs de Montmartre et d'ailleurs*, Paris, Louis Querelle, 1929.

1930–1939年

Buffet Eugénie, *Ma vie, mes amours, mes aventures, confidences recueillies par Maurice Hamel*, Paris, Figuière, 1930.

Poiret Paul, *En habillant l'époque*, Paris, Grasset, 1930.

MORAND Paul, *Paris 1900*, Paris, Flammarion, 1931.
AVRIL Jane, *Mes Mémoires, Paris-Midi*, quinze livraisons à compter du 7 avril 1933.
MORAND Paul, *Mes débuts*, Paris, Cahiers libres, 1933.
POLAIRE, *Polaire par elle-même*, Paris, Figuière, 1933.
COCTEAU Jean, *Portraits-Souvenir 1900–1914*, Paris, Grasset, 1934.
SCHEIKÉVITCH Marie, *Souvenirs d'un temps disparu*, Paris, Plon, 1935.
CÉLINE, *Mort à crédit*, Paris, Denoël, 1936.
DORGELÈS Roland, *Quand j'étais Montmartrois*, Paris, Albin Michel, 1936.
BOURGEOIS-BORGEX Louis, «La fin d'un siècle», *Les cahiers libres*, nº 195, septembre 1937, p. 79–124.
BRYHER, *Paris 1900*, Paris, La Maison des amis du livre, 1938.
CARCO Francis, *Montmartre à vingt ans*, Paris, Albin Michel, 1938.
FARGUE Léon-Paul, *Le Piéton de Paris*, Paris, Gallimard, 1939.

1940–1959 年

GHEUSI Pierre-Barthélemy, *Cinquante ans de Paris. Mémoires d'un témoin, 1889–1938*, Paris, Plon, 1941.
FARGUE Léon-Paul, *Refuges*, Paris, Émile-Paul, 1942.
LAVAL Édouard, *Médecine et merveilleux paramédical : Souvenirs, expériences et réflexions d'un médecin de Paris 1900–1939*, Paris, Correa, 1942.
BILLY André, *La Terrasse du Luxembourg*, Paris, Fayard, 1945.
SALMON André, *L'Air de la Butte. Souvenirs sans fin*, Paris, Les Éditions de la Nouvelle France, 1945.
CHEVALIER Maurice, *Ma route et mes chansons*, Paris, Julliard, 1946 (neuf autres volumes suivront, publiés entre 1947 et 1969).
DEVILLIERS René, *Butte, Boul'Mich & Cie. Souvenirs d'un chansonnier*, Nantes, Aux portes du large, 1946.
AGHION Max, *Hier à Paris*, préface de F. Carco, frontispice de Dignimont, Paris, Marchot, 1947.
DORGELÈS Roland, *Bouquet de Bohème*, Paris, Albin Michel, 1947.
MAC ORLAN Pierre, *Les Bandes*, Paris, La Belle Page, 1947.
WARNOD André, *Ceux de la Butte*, Paris, Julliard, 1947.
GREGH Fernand, *L'âge d'or, Souvenirs d'enfance et de jeunesse*, Paris, Grasset, 1947 ; *L'Âge d'airain (Souvenirs 1905–1925)*, Paris, Grasset, 1951.
PRINGUÉ Gabriel-Louis, *30 ans de dîners en ville*, Paris, Éd. Revue Adam, 1948.

WALLEFFE Maurice de, *Quand Paris était un paradis*, Paris, Denoël, 1947.
LAURIS Georges de, *Souvenirs d'une belle époque*, Paris, Amiot-Dumont, 1948.
ZWEIG Stefan, *Le Monde d'hier. Souvenirs d'un Européen (1944)*, Paris, Albin Michel, 1948.
BLANCHE Jacques-Émile, *La Pêche aux souvenirs*, Paris, Flammarion, 1949.
DORGELÈS Roland, *Au beau temps de la Butte*, Paris, Nouvelle libraire française, 1949.
PRIST Paul, *1900. Souvenirs littéraires*, Bruxelles, Office de publicité, 1949.
TESTARD Maurice, *Machine arrière. Au joli temps de la Belle Époque*, Paris, Vigot, 1949.
FARGUE Léon-Paul, *Dans les rues de Paris au temps des fiacres*, Paris, Éditions du Chêne, 1950.
HUGO, *Vingt ans maître d'hôtel chez Maxim's*, Paris, Amiot-Dumont, 1951.
FOUQUIÈRES André de, *Cinquante ans de panache*, Paris, Flore, 1951.
GUILHERMET Georges, *Souvenirs d'un avocat de la belle époque*, Paris, Les Éditions universelles, 1952.
MAUREGARD Léna de, *Impressions d'une fille de la Belle époque*, slnd, c.1954.
CARCO Francis, *La Belle Époque au temps de Bruant*, Paris, Gallimard, 1954.
MÉRODE Cléo de, *Le Ballet de ma vie*, Paris, Horay, 1955.
WARNOD André, *Fils de Montmartre. Souvenirs*, Paris, Fayard, 1955.
SALMON André, *Souvenirs sans fin, première époque (1903–1908)*, Paris, Gallimard, 1955 ; *Deuxième époque (1908–1920)*, Paris, Gallimard, 1956 ; *Troisième époque (1920–1940)*, Paris, Gallimard, 1961.
ARAGON, *Le roman inachevé. Poème,* Paris, Gallimard, 1956.
GUILHERMET Georges, *Souvenirs et histoires vécues. Suite des «Souvenirs d'un avocat de la belle époque»*, Paris, Aux Carrefours du monde, 1956.
LACAZE-DUTHIERS Gérard, *C'était en 1900. Souvenirs et impressions (1895–1905). Les Laideurs de la Belle Époque*, Paris, Bibliothèque de l'aristocratie, 1957.

1960–1980年

CLIFFORD BARNEY Natalie, *Souvenirs indiscrets*, Paris, Flammarion, 1960.
SOUPAULT Philippe, *Profils perdus*, Paris, Mercure de France, 1963.
MOLLET Baron, *Les mémoires du baron Mollet*, Paris, Gallimard, 1963.
PANGE Pauline de, *Comment j'ai vu 1900. Confidences d'une jeune fille*, Paris, Grasset, 1965.
GALLIET Charles, *Notre étrange jeunesse. 1. De la Belle Époque à Verdun, 1912–*

1916, Paris, Roux, 1966.
GRAMONT Élisabeth, *Souvenirs du monde de 1890 à 1940*, Paris, Grasset, 1966.
DIMOFF Paul, *La Rue d'Ulm à la Belle époque, 1899–1903, mémoires d'un normalien supérieur*, Nancy, Impr. G. Thomas, 1970.
TRIMBACH Pierre, *Quand on tournait la manivelle ou les mémoires d'un opérateur à la Belle Époque*, Paris, CEFAG, 1970.
BOULY de LESDAIN Lucien A., *Souvenirs de la Belle époque et de ses lendemains, 1894–1924*, Rexpoëde, chez l'auteur, 1972.
JAQUEZ-HÉLIAS Pierre, *Le cheval d'orgueil*, Paris, Plon, 1975.
GRAFTEAUX Serge, *Mémé Santerre*, Paris, Éditions du jour, 1975 (née en 91).
POUGY Liane de, *Mes Cahiers bleus*, Paris, Plon, 1977.
VOISIN Marcel, *C'était le temps de la «Belle Époque». Une enfance pénible – une vie de lutte*, Claix, La Pensée sauvage, 1978.

1980 年以降

GENEVOIX Maurice, *Trente mille jours*, Paris, Seuil, 1980.
BOUVIER Jeanne, *Mes Mémoires*, Paris, Maspéro, 1983.
Moi, Jules Couasnault, syndicaliste de Fougères : le contrat social dans la capitale française de la chaussure à la «Belle Époque», présenté par Claude Geslin, Rennes, Éditions Apogée, 1995.

「ベル・エポック」を対象としたフランス映画（1943–1968年）

これはベル・エポックを対象に1943年から1968年のあいだに制作されたフランス映画の一覧である。ただしこの分野を網羅することはほぼ不可能である。この一覧は，歴史研究の成果*であるが，出会いや，時に偶然の産物でもある。〔邦題がある作品は，括弧内に邦題を付記した〕

Douce〔ドゥース〕, Claude Autant-Lara, 1943.
Félicie Nanteuil〔邦題：呪われた抱擁〕, Marc Allégret, 1945.
Le couple idéal〔理想的なカップル〕, Bernard Roland et Raymond Rouleau, 1946.
Le Journal d'une femme de chambre〔邦題：小間使の日記〕, Jean Renoir, 1946.
Le Silence est d'or〔沈黙は金〕, René Clair, 1946.
Les Malheurs de Sophie〔ソフィーの不幸〕, Jacqueline Audry, 1946.
Monsieur chasse〔氏は狩りをする〕, Willy Rozier, 1946.
Roger la honte〔ロジェの恥〕, André Cayatt, 1946.
Capitaine Blomet〔ブロメ大尉〕, Andrée Feix, 1947.
La Kermesse rouge〔紅のバザール〕, Paul Mesnier, 1947.
Paris 1900〔邦題：パリ1900年〕, Nicole Védrès, 1947.
Pour une nuit d'amour〔一夜の愛のために〕, Edmond Gréville, 1947.
Les aventures des Pieds-Nickelés〔ピエ・ニクレの冒険〕, Marcel Aboulker, 1948.
Gigi〔ジジ（邦題：恋の手ほどき）〕, Jacqueline Audry, 1949.

* Alain Masson (dir.), « La Belle Époque à l'écran », *Positif*, n° 548, octobre 2006; Alice Simon, *La Belle Époque cinématographique des années 1950*, Master d'histoire, Université Paris 1, 2013; Rémy Pithon, « Le cinéma de 1948 entre le rêve à bon marché et la grandeur passée », in René Girault et Robert Frank, *La Puissance française en question (1945–1949)*, Paris, Publications de la Sorbonne, 1988, p. 451-461; Geneviève Sellier, « The "Belle Époque" Genre in Post-War French Cinema : a Woman's Film à la Française? », *Studies in French Cinema*, vol. 3, no 1, 2003, p. 47–53.

Le Roi〔王〕, Marc-Gilbert Sauvageon, 1949.
Mademoiselle de la Ferté〔ド・ラ・フェルテ嬢〕, Roger Dallier et Georges Lacombe, 1949.
Miquette et sa mère〔ミケットとその母〕, Henri-Georges Clouzot, 1949.
Occupe-toi d'Amélie〔アメリーを頼む〕, Claude Autant-Lara, 1949.
Le Mystère de la Chambre jaune〔黄色い部屋の謎（邦題：黄色の部屋）〕, Henri Aisner, 1949.
Le Parfum de la dame en noir〔黒衣婦人の香り〕, Louis Daquin, 1949.
Chéri〔シェリ〕, Pierre Billon, 1950.
L'Ingénue libertine〔気ままな生娘〕, Jacqueline Audry, 1950.
La dame de chez Maxim's〔マキシムの婦人〕, Marcel Aboulker, 1950.
La Ronde〔邦題：輪舞〕, Max Ophüls, 1950.
Les petites cardinal〔可愛い枢機卿〕, Gilles Granger, 1950.
Minne l'ingénue libertine〔放縦で無邪気なミンヌ〕, Jacqueline Audry, 1950.
Le Trésor des Pieds-Nickelés〔ピエ・ニクレの財宝〕, Marcel Aboulker, 1950.
La Maison Bonnadieu〔ボナデュー館〕, Carlo Rim, 1951.
Le Dindon〔七面鳥〕, Claude Barma, 1951.
Le Plaisir〔邦題：快楽〕, Max Ophüls, 1951.
Olivia〔オリヴィア（邦題：処女オリヴィア）〕, Jacqueline Audry, 1951.
Albert Schweitzer〔アルベルト・シュヴァイツァー〕, André Haguet, 1952.
Belles de nuit〔邦題：夜ごとの美女〕, René Clair, 1952.
Casque d'or〔黄金の兜（邦題：肉体の冠）〕, Jacques Becker, 1952
Procès au Vatican〔バチカン裁判〕, André Haguet, 1952
Trois femmes〔邦題：三人の娘〕, André Michel, 1952.
M. et Mme Curie〔キュリー夫妻〕, Georges Franju, 1953.
Le Grand Méliès〔邦題：偉大なるメリエス〕, Georges Franju, 1953.
Madame de...〔邦題：たそがれの女心〕, Max Ophüls, 1953.
Mamzelle Nitouche〔かまとと娘〕, Yves Allégret, 1953.
Bel ami〔美しい男友達（ベラミ）〕, Louis Daquin, 1954.
C'est la vie parisienne〔これがパリ生活だ〕, Alfred Rode, 1954.
French Can Can〔邦題：フレンチ・カンカン〕, Jean Renoir, 1954.
La Belle Otero〔ラ・ベル・オテロ〕, Richard Pottier, 1954.
Scènes de Ménage〔夫婦喧嘩〕, André Berthomieu, 1954.
Un fil à la patte〔恋は足手まとい〕, Guy Lefranc, 1954.
Frou-Frou〔邦題：フルフル〕, Augusto Genina, 1955.
La Madelon〔ラ・マドロン〕, Jean Boyer, 1955.

Les Grandes manœuvres〔大演習（邦題：夜の騎士道）〕, René Clair, 1955.
Si Paris nous était conté〔邦題：パリ語りなば〕, Sacha Guitry, 1955.
Zaza〔ザザ〕, René Gaveau, 1955.
Elena et les hommes〔エレナと男たち（邦題：恋多き女）〕, Jean Renoir, 1956.
Mitsou〔ミツ〕, Jacqueline Audry, 1956.
Les Aventures d'Arsène Lupin〔怪盗ルパンの冒険（邦題：怪盗ルパン）〕, Jacques Becker, 1957.
Christine〔クリスティーヌ（邦題：恋ひとすじに）〕, Pierre Gaspard-Huit, 1958.
L'École des cocottes〔雌鶏たちの学校〕, Jacqueline Audry, 1958.
Maxime〔マキシム〕, Henri Verneuil, 1958.
J'Accuse〔私は弾劾する〕, José Ferrer, 1958.
Signé Arsène Lupin〔アルセーヌ・ルパンの署名〕, Yves Robert, 1959.
Messieurs les ronds de cuir〔官僚たち〕, Henri Diamant-Berger, 1959.
La famille Fenouillard〔フェヌイヤール家〕, Yves Robert, 1961.
Rocambole〔邦題：怪盗ロカンボール〕, Bernard Borderie, 1962.
Jules et Jim〔ジュールとジム（邦題：突然炎のごとく）〕, François Truffaut, 1962.
Judex〔邦題：ジュデックス〕, Georges Franju, 1963.
Le Voleur〔泥棒（邦題：パリの大泥棒）〕, Louis Malle 1967.
Le Grand Meaulnes〔モーヌの大将（邦題：さすらいの青春）〕, Jean-Gabriel Albicocco, 1967.
La Bande à Bonnot〔ボノ一味〕, Philippe Forestier, 1968.

ベル・エポックのわが町

1. ブリュッセルの出版社ソディムおよびリブロ・シアンスが公刊した「ベル・エポック」叢書

Agde à la Belle époque, par François Mouraret, Bruxelles, Sodim, 1975.
L'Aéronautique à la Belle époque, par Georges Naudet, Bruxelles, Sodim, 1976.
Aix-en-Provence à la Belle époque, par Thérèse Henrot-Brouhon, Bruxelles, Sodim, 1975.
Alençon à la Belle époque, par Hubert Chantemelle, Bruxelles, Sodim, 1976.
L'Alsace à la Belle époque, par le Dr. Robert Hunkler, Bruxelles, Sodim, 1976.
Angers à la Belle Époque, par Jean de Saint-Martin, Bruxelles, Sodim, 1974.
Angoulême à la Belle Époque, par Philippe Capitaine, Bruxelles, Sodim, 1974.
Annecy à la Belle époque, par Noël Thorne, Bruxelles, Sodim, 1975.
Annonay à la Belle époque, par Michel Pin et J. Jacques Dard, Bruxelles, Sodim, 1976.
Arles à la Belle époque, par Léon Dufilet, Bruxelles, Sodim, 1976.
L'Automobile à la Belle époque, par Thierry Wirth, Bruxelles, Sodim, 1975.
L'Auvergne et le Bourbonnais à la Belle époque, par Thierry Wirth, Bruxelles, Sodim, 1976.
Belfort à la Belle époque, par P.-M. Brouhon, Bruxelles, Sodim, 1975.
Biarritz à la belle époque, par Jean Casenave, Bruxelles, Libro-Sciences, 1974.
Bollène à la Belle époque, par Jacques Pradal., Bruxelles, Sodim, 1976.
Bourges à la Belle époque, par Victor Michotte, Bruxelles, Sodim, 1976.
La Bretagne à la Belle époque, Georges-Michel Thomas, Bruxelles, Sodim, 1975.
Brive à la Belle époque, par L. de Viljoy, Bruxelles, Sodim, 1976.
Brunoy à la Belle époque, par Michel Hudelot, Bruxelles, Sodim, 1975.
Cahors à la Belle époque, par J.-F. Pechmèze, Bruxelles, Sodim, 1975.
Castres à la Belle époque, par Jules Duvally, Bruxelles, Sodim, 1976.

Chambéry à la Belle époque, par Eugène Prouville, Bruxelles, Sodim, 1976.
Chartres à la Belle époque, par Bernard Macé, Bruxelles, Libro-Sciences, 1973.
Châteauroux à la Belle époque, par Ambroise Rady, Bruxelles, Sodim, 1976.
Château-Thierry à la Belle époque, par Michelle et Jacques Verdier, Bruxelles, Sodim, 1976.
Chatou, Croissy, Carrières, Montesson à la Belle époque, Bruxelles, Sodim, 1977.
Clermont-Ferrand à la Belle époque, par Constant Pandazeau, Bruxelles, Sodim, 1974.
Colmar à la Belle époque, par le Dr. Robert Hunkler, Bruxelles, Sodim, 1975.
Compiègne à la Belle époque, Claudette Paul et Jean-Claude Lecuru, Bruxelles, Libro-Sciences, 1973.
La Côte fleurie à la Belle époque, par Jean Chennebenoist, Éditions Libro-Sciences, 1976.
Crépy-en-Valois à la Belle époque, par Robert Barrier, Bruxelles, Sodim, 1975.
Deauville, Bénerville, Blonville, Villers, Houlgate, Dives, Cabourg, par Jean Chennebenoist, Bruxelles, Libro-Sciences, 1976.
Douarnenez à la Belle époque, par René Pichavant, Bruxelles, Sodim, 1975.
Épinal en 1900, par Jacques Gamot, Bruxelles, Sodim, 1976.
Eu, Le Tréport, Mers-les-Bains à la Belle époque, par le Dr. René Delorière, Bruxelles, Sodim, 1976.
Évreux à la Belle époque, Charles Ducellier, Bruxelles, Sodim, 1976.
Fécamp à la Belle époque, par Jack Daussy, Bruxelles, Sodim, 1976.
La Flandre, l'Artois et la Picardie à la Belle époque, par C. Bocquet et G. Sauvage, Bruxelles, Sodim, 1976.
La Lorraine à la Belle époque, par Thierry Wirth, Bruxelles, Sodim, 1976.
Laval à la Belle époque, par P.-M. Brouhon et Th. Henrot-Brouhon, Bruxelles, Sodim, 1975.
Le Luxembourg belge à la Belle Époque, par Micheline Tiberghien, Bruxelles, Libro-Sciences, 1978.
Lunéville à la Belle époque, par Jean Pabst, Bruxelles, Sodim, 1976.
Mâcon à la Belle époque, par Lucien Moulinsart, Bruxelles, Sodim, 1976.
Le Maine, l'Anjou et la Touraine à la Belle époque, par Thierry Wirth, Bruxelles, Sodim, 1977.
Le Mans à la Belle Époque, par Théodore Fourreur Bruxelles, Sodim, 1974.
Marseille à la Belle Époque, par Constant Pandazi, Bruxelles, Sodim, 1974.

Le Mont-Saint-Michel à la Belle époque, par Henry Decaëns, Bruxelles, Sodim, 1975.
Montauban à la Belle époque, par Emeric Raes, Bruxelles, Sodim, 1976.
Montluçon à la Belle époque, par Jean-Charles Varennes, Bruxelles, Libro-Sciences, 1974.
Montmartre à la Belle époque, par André Fildier, Bruxelles, Libro-Sciences, 1973.
Moulins à la Belle époque, par Henriette Dussourd, Bruxelles, Libro-Sciences, 1973.
Nancy à la Belle époque, Constant Pandazeau, Bruxelles, Sodim, 1974.
Narbonne à la Belle époque, par Thérèse Henrot-Brouhon, Bruxelles, Sodim, 1976.
La Normandie à la Belle époque, par Pierre Grosfillex, Bruxelles, Sodim, 1975.
Orange à la Belle époque, par les Amis d'Orange, Bruxelles, Sodim, 1976.
Orléans à la Belle Époque, par François Deparis, Bruxelles, Sodim, 1974.
Paris, les Halles et le Marais à la Belle époque, par André Fildier, Bruxelles, Libro-sciences, 1979.
Le Pays basque à la Belle époque, par Jean Casenave, Bruxelles, Sodim, 1975.
Le Phonographe à la Belle époque, par Paul Charbon, Bruxelles, Sodim, 1977.
Périgueux à la Belle Époque, par Guy et Jacqueline Pénaud, Bruxelles, Sodim, 1975.
Poitiers à la Belle Époque, par Elisabeth et Jean-Guy Lavaud, Bruxelles, Sodim, 1975.
Pontivy à la Belle époque, par Jo Le Tinier et Jean-Michel Le Roux, Bruxelles, Sodim, 1976.
La Provence, la Côte d'Azur à la Belle époque, par Thierry Wirth, Bruxelles, Sodim, 1976.
Rambouillet à la Belle époque, par André Chaperon, Bruxelles, Sodim, 1976.
Reims à la Belle époque, par J.-P. Procureur, Bruxelles, Libro-Sciences, 1973.
Saint-Brieuc à la Belle époque, par Emeric Raes, Bruxelles, Sodim, 1976.
Saint-Germain-en-Laye à la Belle Époque, par Constant Pandazopoulos, Bruxelles, Sodim, 1974.
Sartrouville à la Belle Époque, par Constant Pandazopoulos, Bruxelles, Libro-Sciences, 1974.
Les Spectacles à la Belle Époque, par Claude Dohet, Bruxelles, Sodim, 1976.
Le Téléphone à la Belle époque, Bruxelles, Libro-Sciences, 1976.

Les Vacances à la Belle époque, par Thérèse Henrot-Brouhon, Bruxelles, Sodim, 1976.
Valenciennes à la Belle époque, par R. Salengrau, Bruxelles, Sodim, 1976.
Vannes à la Belle époque, par J.-P. Leclair, Bruxelles, Sodim, 1976.

2. 他の出版社が公刊した著作

Abbeville à la Belle époque, par Émile Delignières, Inval-Boiron, Éd. la Vague verte, impr. 2008.
Aix à la Belle époque, par René Borricand, Aix-en-Provence, Borricand, 1973.
Aix-les-Bains à la Belle époque, par Johannès Pallière, Les Marches, Fontaine de Siloé, 1992.
Les Alpes-Maritimes à la Belle époque, Nice, Archives départementales, 1991.
Amiens «belle époque». Vie culturelle et artistique, Hervé Cultru Amiens, Encrage, 1994.
Angers à la Belle époque, par Nadia Romain, Montreuil-Bellay, Éd. CMD, cop. 2000.
Arbois à la Belle époque, 1890–1914, par Roger Gibey, Arbois, Pasteur patrimoine arboisien, 2015.
La Belle époque à Armentières, Dunkerque, Westhoek, 1986.
Asnières et Bois-Colombes à la Belle-Époque, par Lucienne Jouan, Asnières, L. Unal, 1980.
Au pays de Retz à la Belle époque, Laval, Siloë, 2004.
Aubais à la Belle époque, par Arthur Mabelly, Nîmes, Lacour, 1988.
Autun d'autrefois, une évocation du passé à travers les photos et les cartes postales anciennes, Francisco Belchior, Autun, chez l'auteur, 1989.
Les Avenières à la Belle époque, Les Avenières, 1983.
Bagnères-de-Luchon à la Belle époque, par Patrick Turlan, Pau, P. Turlan, 1999.
Bastia à la Belle époque, Bastia, Centre culturel Una Volta, 2008.
Berneval-le-Grand à la Belle Époque, par Dominique Corrieu-Chapotard, Déville-lès-Rouen, Reflex, 2011.
La Belle époque à Bordeaux, par Albert Rèche, Bordeaux, Sud-Ouest, 1991.
Bordeaux et Arcachon à la Belle époque, par Dominique Lormier, Montreuil-Bellay, Éd. CMD, cop. 1998.
Autrefois Bordeaux : le port de la Lune à la Belle Époque, par Serge Pacaud, Anglet, Atlantica, 2003.

Bourth à la Belle époque, par Michel Lesueur, Commune de Bourth, impr. 2000.
La Belle époque à Brest, par François Péron, Rennes, Ouest-France, 1983.
Brie-Comte-Robert et le Val d'Yerres à la Belle Epoque, René-Charles Plancke, Le Méesur-Seine, Éditions Lys Presse / Éditions Amattéis, 1993.
Caen à la Belle époque, Caen, Amis du Musée de Normandie, DRAC de Basse-Normandie, 2003.
La Belle époque à Calais, par Raymond Fontaine, Dunkerque, Éd. des Beffrois, 1983.
Cannes, ma ville : au XIXe siècle et à la Belle époque, par Alex Baussy, péracèdes, Éd. Tac motifs, 2001.
Capbreton à la Belle époque, par Jackie et Jean-Paul Prat, Capbreton, Prat, 1984.
Carbonne à la Belle époque, Carbonne, Histoire et traditions carbonnaises, 1992.
Castelnau de Montratier à la Belle époque, André Buzenac, Castelnau-Montratier, A. Buzenac, 1986.
Cayeux-sur-Mer à la Belle époque, par Ch. Galbruner, Inval-Boiron, Éd. la Vague verte, 2008.
La Belle époque à Chalonsur-Saône, Chalon-sur-Saône, Musée Nicéphore Niépce, 1988.
Chambéry à la Belle époque, par Monique Dejammet, André Palluel-Guillard, Montmélian, la Fontaine de Siloé, 2003.
Chaumont à la Belle époque, par Bruno Théveny, Langres, D. Guéniot, cop. 2008.
Chaumont à la belle époque, par Robert Collin, Chaumont, R. Collin, 1970.
Cholet et les Choletais après la Belle Époque, par Augustin Jeanneau, Cholet, Éd. du choletais, 1974.
La Corrèze à la Belle époque, Tulles, Archives départementales de la Corrèze, 1983.
La Côte d'Opale à la Belle époque, par Raymonde Menuge-Wacrenier, Dunkerque, Éd. des Beffrois, 1986.
Creil à la Belle époque, par Dominique Nybelen, Nogentsur-Oise, D. Nybelen, 1988.
Le Département de la Creuse à la Belle Époque, Guy Avizou, Guéret, Archives départementales de la Creuse, 1983.
Le Crotoy à la Belle époque, par Paul Eudel, Inval-Boiron, Éd. la Vague verte, 2008.

Autrefois Dax : la ville à la Belle époque, par Serge Pacaud, Biarritz, Atlantica, impr. 2007.
Dijon, la côte des vins et Beaune à la Belle époque, par Jean Lazare, Grenoble, Éditions des 4 Seigneurs, 1979.
La Belle Époque à Dunkerque, Jean Denise Dunkerque, Éd. des Beffrois, 1986–1989.
Écouché à la Belle époque, par Jean-Claude Gouyet, Écouché, Mairie d'Écouché, 1990.
La Ferté-Gaucher et ses environs à la Belle époque, par René-Charles Plancke, Le Méesur-Seine, Amattéis, 1993.
Fêtes et spectacles à Limoges à la Belle Époque, 1900–1914, par Jean-Louis Dutreix, Jean Jouhaud, Le Palais-sur-Vienne, Flanant, 2003.
Les Folies, fantaisies architecturales de la Belle Époque à Nice, Luc Thévenon, Nice, Serre, 1999.
Fontaine-lès-Dijon à la Belle Époque, par Sigrid Pavèse, Fontaine- lès-Dijon, les Amis du Vieux-Fontaine, 2014.
Fougères au temps de la Belle époque, Fougères, Me A. Bérel, 1969.
Fourmies à la Belle Epoque, Fourmies Club cartophile Fourmies-Thiérache, 1987.
Gaillac à la Belle époque, Albi, J.-C. Souyri, 1997.
Gannat à la Belle-Époque: album de souvenirs, présenté par G. Blanchard, Gannat, le Pays gannatori, 1977–1979.
Le Pays de Gex et la vallée de la Valserine à la Belle Époque, par André Baud *et al.*, Ferney-Voltaire, Association philatélique et numismatique du Pays de Gex, 1990.
Gramat à la Belle époque, par Bernard et Jacques Vialatte, André Grimal, Gramat, Association Gramat Belle époque, 1987.
La Guyane à la Belle Époque, par Guy Delabergerie, Cayenne, Éditions Guy Delabergerie, 1986.
La Haute-Bretagne à la Belle époque, par Gilles Avril, Paris, J.-P. Gisserot, 1998.
Le Havre à la Belle époque, par Claude Briot et Jacques Défrène, Le Havre, Éd. du Havre de Grâce, 2005.
Les environs du Havre à la Belle époque, par Yvette Coroyer *et al.*, Le Havre, Éd. du Havre de Grâce, 2007.
Honfleur et son canton à la Belle époque, par Alain Dorey, Le Poiré-sur-Vie,

IGO, 1985.
Hornoy à la Belle Époque, par Alain Lefebvre, Leudeville, A. Lefebvre, 2013.
Images de la Belle Époque, regard d'aujourd'hui, Albi, Éd. Grand Sud, 2013.
Joinville-le-Pont à la Belle époque, par Pierre Aubry, Michel Arlès, Limeil Brevannes, Société nouvelle de presse d'Îlede-France, 1990.
Lamalou-les-Bains à la Belle époque, par Bernard Riac, Paris, Ria, 1985.
Le Loiret à la Belle époque, par Guy Delabergerie, Chambray-lès-Tours, CLD, 1996.
Le Lot-et-Garonne à la Belle époque, par Jean-Claude Souyri, Albi, Cartophiles et historiens tarnais, 2006.
Lectoure à la Belle époque, Lectoure, Syndicat d'initiative, 1984.
Lille et les Lillois à la Belle époque, par Carlos Bocquet, Dunkerque, Éd. des Beffrois, 1985.
Loctudy à la Belle époque, par Serge Duigou, Quimper, Ressac, 1991.
Lourmarin à la Belle époque, par Henri Meynard, Aix-en-Provence, la Provence libérée, 1968.
Lyon autour de 1900 : Vécu, par Gustave Girrane, préf. d'Éd. Herriot, Lyon, Éd. de Lyon, 1984.
Lys à la Belle époque, Lys-lez-Lannoy, Éd. du Cercle d'études historiques de Lys-lez-Lannoy, 1990.
Marmande à la fin de la Belle époque, par Jean Condou, Nîmes, C. Lacour, 2003.
Marseille de la Belle Époque, Jean Contrucci Marseille, Autres temps 2005.
En Mayenne à la Belle époque, Archives départementales de la Mayenne, 2000.
Mazamet à la Belle époque, Jean-Claude Souyri, Albi, Éditions des Presses Midi-Pyrénées, 1978.
Melun à la Belle époque, par René-Charles Plancke, Le Méesur-Seine, Amattéis, 1992.
Menton à la Belle époque, par Charles Martini de Châteauneuf, Breil-sur-Roya, Éd. du Cabri, 1990.
Mon village à la Belle époque, Paul-Henri Paillou Aurillac, Éditions du Centre, 1962.
Mont-Saint-Aignan à la Belle époque, par Claude Boudin, Patrice Macqueron, Mt-Saint-Aignan, Maury impr., 1989.
Mormant et ses environs à la Belle Époque, par René-Charles Plancke, Le Mée-sur-Seine, Éd. Amattéis, 1994.

Le Morvan à la Belle époque, par André Bourgogne, Vitteaux, A. Bourgogne, 1981.
Moûtiers, Salins, Brides-les-Bains et leurs environs à la Belle époque, par Michel Jaulmes, Marius Hudry, Moûtiers, 1983.
Nancy à la belle époque, par Roger d'Arteuil, Nancy, impr. G. Thomas, 1960.
Nancy à la Belle époque, par Frédéric Maguin, Nancy, Éd. Koidneuf, 2002.
Nangis et son canton à la Belle époque, par René-Charles Plancke, Le Mée-sur-Seine, Éd. Amattéis, 1994.
Nantes à la Belle époque, par Monique Sclaresky, Rennes, Ouest-France, 1986.
Nîmes à la Belle époque, par Georges Martin, Nîmes, C. Lacour, 1990.
Nogent-sur-Oise à la Belle époque, par Nybelen Dominique, Nogent-sur-Oise, D. Nybelen, 1988.
Normandie à la Belle époque, par Annie Fettu et Yves Lecouturier, Cully, Orep, 2011.
Noyon à la Belle époque, par Thierry Hardier, Guy Tertieaux, Noyon, Sté archéologique, historique et scientifique de Noyon, 1992.
Orléans à travers les cartes postales de la Belle époque, par Patrick Levaye, Blois, P. Levaye, 1974.
Paris au fil des jours dans la carte postale ancienne, Yves Bizet Paris, Éd du Gerfaut, 2003.
La Vie quotidienne au Pays basque à la Belle époque, par Jean Casenave, Paris, Delta expansion, 1977.
Le Pays-Haut à la Belle époque, par Jean-Jacques Jouve, Longwy, Éditions Impact, 1980.
Perpignan à la Belle époque, par Jean-Louis Roure, Canet, Trabucaire, 2006.
Pyrénées à la Belle époque, par Éric Lacroix, Bordeaux, É. Lacroix, 1992.
Quimper à la Belle époque, par Les Amis du vieux Quimper, 1984.
Rennes à la Belle Epoque, par Alain-François Lesacher, Rennes, Ouest-France, 1981.
Rocamadour et ses environs à la Belle époque, par J.-F. Pechmèze, Paris, Éd. Delta expansion, 1977.
Royan à la Belle époque, par Giro S.l., Giro, 1994.
Ruaux à la Belle-Epoque, par Marcel Valzer, Charmes 1991.
Saint-Cast, Belle époque et Années folles, par Christian Fauvel, Sables-d'Or-les-Pins, Astoure, 2005.
Saint-Valéry-sur-Somme à la Belle Époque, par A. France, M. Percheval, H.

Potez, Inval-Boiron, Éd. la Vague verte, 2012.
Salons à la Belle époque, par Raymond Jaussaud, Marseille, J. Laffitte, 1985.
Samois et Valvins à la Belle-Époque, par Anne Ganachaud-Lallemand, Paris, Nolin, 1998.
Serves à la Belle époque, Paris, chez A. Le Rat, 1987.
Soissons et ses environs à la Belle Époque, par Guy Lafleur, Soissons, G. Lafleur, 1983.
La Somme à la Belle Époque, vie politique et religieuse, Xavier Boniface, Amiens, Encrage, 1994.
Tonnerre et son canton à la Belle époque, par Jean-Pierre Fontaine, Tonnerre, Sté d'archéologie et d'histoire du Tonnerrois, 1994.
Toulouse à la Belle Époque, 1890–1910, Jacques Arlet, Portet-Sur-Garonne, Loubatières, 1999.
Promenade dans Toulouse à la Belle Époque, 1890–1914, par Jacques Arlet, Albi, Éd. Grand Sud, 2013.
Vannes à la Belle époque, par Francis Decker, Archives municipales de Vannes, 1997.
Versailles à la Belle époque, par Jacques Villard, Paris, les Presses franciliennes, 2003.
Le Canton de Vézelay à la Belle époque, par Pierre Haase, Avallon CIDAC, 1986.
Villas de la Belle Époque, l'exemple de Vichy, Fabienne Pouradier Duteil, Saint-Pourçain-sur-Sioule, Bleu autour, 2007.
Villeneuve-sur-Lot à la belle Époque, par Jean-Claude Souyri, Albi, Éditions des Presses Midi-Pyrénées, 1979.
Vrigne-aux-Bois à la Belle époque, par Lucien Munier, Charleville-Mézières, L. Munier, 1983.
Wimereux à la Belle époque, Boulogne-sur-Mer, ÉDICO, 1982.

索引

ア行

アーン　Reynaldo HAHN　76–77, 142
アインシュタイン　Carl EINSTEIN　122
アヴリル　Jane AVRIL　49, 75, 130, 216
アギオン　Max AGHION　139
アサイヤス　Olivier ASSAYAS　249
アジェ　Eugène ATGET　42, 60, 68
アッシュベリー　John ASHBERY　191
アデル　Clément ADER　5
アドリア海　Adriatique　139, 222
アビシニア　Abyssinie　86
アフリカ　Afrique　185, 228
アブルケル　Marcel ABOULKER　147
アポリネール　Guillaume APOLLINAIRE　15, 38, 43, 123, 125, 135–37, 190
アマゾニア　Amazonie　225
アメリカ合衆国　États-Unis　86, 127, 133, 159, 161, 201, 218, 231
アラール　Allard　246
アラゴン　Louis ARAGON　82–83, 86, 122, 189, 198
アラン　Marcel ALLAIN　242, 249
アラン＝フルニエ　Alain-Fournier　77, 237
アリストファネス　Aristophane　66
アルザス　Alsace　111
アルジェ　Alger　114
アルジェリア　Algérie　92, 151, 158
アルデンヌ　Ardennes　43
アルトー　Antonin ARTAUD　123
アルトマン　Robert ALTMAN　236
アルビ　Albi　209
アルモニック　Émile HARMONIC　208
アルレッティ　Arletty　112
アレヴィ　Daniel HALÉVY　165
アレヴィ　Ludovic HALÉVY　123, 148
アレオー　André ALLÉHAUT　16, 99–102, 104–06, 112–14, (49)
アレクサンドラ王妃　Alexandra, reine de Grande-Bretagne　230
アレクサンドル　Arsène ALEXANDRE　29
アレグレ　Marc ALLÉGRET　116, 155
アレン　Woody ALLEN　21
アンジェ　Angers　210
アンジュノ　Marc ANGENOT　28
アンツィジェール　Charles HUNTZIGER　96
アンドレアッキオ　Mario ANDREACCHIO　236
アントワープ　Anvers　233
イヴェール　Colette YVER　200
イエール　Yerres　207, 259
イギリス　Angleterre/Bretagne/Grande-Bretagne　38, 75, 218, 221, 232, 250
イザーク　Jules ISAAC　166
遺産　Patrimoine　203, 238–46
イズネ　Claude IZNER　242
イタリア　Italie　184, 221–24
インドシナ　Indochine　151
ヴォーダブル　Louis VAUDABLE　128
ヴァイヤン　Jacques VAILLANT　138

ヴァシェ　Joseph Vacher　185
ヴァラドン　Suzanne Valadon　136
ヴァランタン　Albert Valentin　80
ヴァランタン　Valentin le Désossé　49, 76, 130
ヴァルガス　Getúlio Vargas　226
ヴァルデロマル　Pedro Valdelomar　227
ヴァルドベルグ　Patrick Waldberg　217
ヴァルドワ　Jean Valdois　15, 87
ヴァルナ　Henri Varna　79
ヴァルノー　André Warnod　45–46, 51, 53, 62–64, 68, 77, 129, 134–35, 137–39, 145
ヴァルミ　Jean Valmy　105
ヴァレフ　Maurice de Waleffe　142–43, 169
ヴァレリー　Paul Valéry　37–38, 41, 45, 70–71, 85, 222
ヴァレンティノ　Rudolph Valentino　47
ヴァロットン　Félix Vallotton　235
ヴァン・ドンゲン　Kees Van Dongen　135, 138
ヴァン・パリス　Georges Van Parys　79, 152
ヴァン・モッペ　Maurice Van Moppès　60
ヴァンスノ　Claude Vincenot　205
ヴァンデール　Maurice Vandair　114
ヴァンデレム　Fernand Vandérem　55
ヴィアン　Boris Vian　112, 188
ウィーン　Vienne　45, 146, 149, 221, 224
ヴィヴィアン　Renée Vivien　200
ヴィシー　Vichy　4, 110, 121, 124–25, 127, 154, 170, 247
ヴィラン　Raoul Villain　83
ヴィリー　Willy　201, 206, 217
ヴィルメッツ　Albert Willemetz　48, 98
ウヴラール　Eloi Ouvrard　186
ウヴラール　Gaston Ouvrard　186
ウーデ　Wilhelm Uhde　51
ウェーバー　Eugen Weber　11
ウェーバー（ラ・グリュ）　Louise Weber, dite la Goulue　49, 130
ヴェネール　Sylvain Venayre　91
ヴェブレン　Thorstein Veblen　6
ウェリントン　duc de Wellington　162
ヴェルヴィエ　Verviers　247
ウェルズ　H. G. Wells　250
ヴェルト　Léon Werth　49, 70
ヴェルヌ　Jules Verne　250
ヴェルヌイユ　Henri Verneuil　150
ヴェルネ　Vernet　127
ヴェローナ　Vérone　222
ヴォーケール　Cora Vaucaire　188
ウォルト　Charles Frederick Worth　245
ウクライナ　Ukraine　127
ヴュイヤール　Édouard Vuillard　232
ヴラマンク　Maurice de Vlaminck　138
ヴリーランド　Diana Vreeland　230, 244
映画　Cinéma　53, 73–75, 80, 89–90, 116–21, 146–61, 182–86, 236, 245, 249–50
エコール・ド・パリ　École de Paris　51, 123
エジプト　Égypte　228
エッセン　Essen　231
エニック　Léon Hennique　70
絵葉書　Cartes postales　206–12, 217–18
エリュー　Paul-César Helleu　12, 245
エル・ガロン　El Garron　136
エルジェ　Georgette Elgey　163
エルトフ　Willy de Hertogh　206

エルマン　Abel HERMANT　68
エロー　Hérault　211
オークレール　Hubertine AUCLERT　200
オーストエンデ　Ostende　232
オーストリア　Autriche　208
オーストリア＝ハンガリー　Autriche-Hongrie　218
オータン＝ララ　Claude AUTANT-LARA　116, 147
オートゥイユ　Auteuil　60
オードリー　Jacqueline AUDRY　147, 153
オーリヤック　Aurillac　207
オジュレ　Marc OGERET　189
オスマン　Franck AUSSMAN　132
オスマン　Georges Eugène HAUSSMANN　21, 58–59, 110, 191, 224
オディア　Pierre AUDIAT　75
オテロ　Caroline OTERO　76, 104, 143, 149, 216, 222, 245
オフュルス　Max OPHÜLS　80, 147, 149–50, 157
オブレスピ　Martial AUBRESPY　211
オランダ　Pays-Bas　232
オルヴァル　Claude ORVAL　80
オルロフ　Chana ORLOFF　127
オレー　I Roca Josep OLLER　115

カ 行

カーン　Albert KAHN　42, 118
カーンヴァイラー　Daniel-Henry KAHNWEILER　51
カイエンヌ　Cayenne　240
回想録・手記　Mémoires et souvenirs　58–59, 62–67, 76–79, 134–46, 212–15
解放　Libération　111–28
カイヤット　André CAYATTE　147
カイヨー　Henriette CAILLAUX　164
カヴァリエリ　Lina CAVALIERI　223
ガヴァルニ　Paul GAVARNI　12
カヴァロッティ　Felice CAVALLOTTI　222
カサッティ　Luisa CASATI, MARQUISE　140
カザンブロ　Jacques de CASEMBROOT　100
カジミール＝ペリエ　Claude CASIMIR-PÉRIER　77
カスー　Jean CASSOU　122, 199
カステラーヌ　Boniface CASTELLANE　76, 129, 141
カステルノー　Jacques CASTELNAU　163
カニャメール　Ferran CANYAMERES　115
カネッティ　Jacques CANETTI　189
カピュス　Alfred CAPUS　201
カプリ　Capri　222
カミュ　Albert CAMUS　112
カミングス　Edward Estin CUMMINGS　52
カラカス　Caracas　227
カラン・ダッシュ　Caran d' Ache　199
カルコ　Francis CARCO　59, 77, 79, 129, 134, 137
ガルシュ　Garches　105
カルダン　Pïerre CARDIN　230
ガルティエ＝ボワシエール　Jean GALTIER-BOISSIÈRE　60
カルパンティエ　Georges CARPENTIER　15, 48
カルマン　Raymond CALLEMIN　184, 189
カルメット　Gaston CALMETTE　54, 173
ガレ　Émile GALLÉ　7, 190
ガロ　Roland GARROS　5
カワード　Noël COWARD　85
ガンス　Abel GANCE　89
カンディンスキー　Vassily KANDINSKY　122
カンヌ　Cannes　4, 121, 168, 226
キアッシ　Giuseppe CHIASSI　222

ギカ　Vladimir GHIKA　144
キスリング　Moïse KISLING　51
ギゾー　François GUIZOT　27
ギッサール　René GUISSART　16, 87
ギッシュ　Gustave GUICHES　71
ギトリ　Sacha GUITRY　143, 147, 151, 157, 159, 191
ギマール　Hector GUIMARD　7, 130, 190, 192–93, 216, 246, 248
ギャルソン・ブシェ　GARÇONS BOUCHERS　240
キャロン　Leslie CARON　161
キューカー　George CUKOR　159
ギーユミノー　Gilbert GUILLEMINAULT　163
キュリー　Marie CURIE　5, 117, 151, 159, 217, 236
ギュルス　Gurs　127
共和国　République　4, 6, 34, 125, 129, 140, 173, 194–95, 234
ギルベール　Yvette GUILBERT　49, 57, 59, 76, 130
グオー　Jacques GOUAULT　166
グッゲンハイム　Peggy GUGGENHEIM　51
クテ　Gaston COUTÉ　188
クノー　Raymond QUENEAU　112, 123
クラウス　Karl KRAUS　45
グラス＝ミック　Augustin GRASS-MICK　235
グラフト　Serge GRAFTEAUX　214
グラモン　Élisabeth de GRAMONT　76
クラレティ　Jules CLARETIE　31
クランシエ　Georges-Emmanuel CLANCIER　198
グランジュアン　Jules GRANDJOUAN　199
グリーユ・デグー　GRILLE d'Égout　49
グリ　Juan GRIS　138
クリスティーネ　Henri CHRISTINÉ　16, 48, 88, (45)
クリムト　Gustav KLIMT　236
クルーゾー　Henri CLOUZOT　15
クルーゾー　Henri-Georges CLOUZOT　147, 155, 168
グルゲ　Jean GOURGUET　117
クルス　Oswaldo CRUZ　225
狂乱の時代　Folles Années　44–61
クールトリーヌ　Georges COURTELINE　148
クルル　Germaine KRULL　64
クレール　René CLAIR　53, 147, 149, 156–57, 193
グレコ　Juliette GRECO　112
クレスペル　Jean-Paul CRESPELLE　199
グレッグ　Fernand GREGH　123
クレピ＝アン＝ヴァロワ　Crépy-en-Valois　206
グレフュール　Comtesse Greffulhe　12, 140, 230
クレマンソー　Georges CLEMENCEAU　218, 222
クレミュー　Benjamin CRÉMIEUX　69
クレルモン＝トネール　Élisabeth de CLERMONT-TONNERRE　144
ケストラー　Arthur KOESTLER　127
ゲッベルス　Joseph GOEBBELS　111
ゲバラ　Ernesto GUEVARA, DIT CHE　184
ゲラン　Daniel GUÉRIN　198
ゴーガン　Paul GAUGUIN　236
ゴーティエ　Pierre-Léon GAUTHIER　73
ゴーティエ　Jean GAUTIER　259
ゴーティ　Lys GAUTY　57, 79
コート・ダジュール　la Côte d'Azur　88
コーネル　William Kenneth CORNELL　201
コクトー　Jean COCTEAU　50, 77, 84, 157, 168
ゴダール　Jean-Luc GODARD　184
ゴドワ　Manuel GODOY　162

コポー　Jacques COPEAU　38
コリーヌ　Paul COLLINE　130
コルダ　Alexander KORDA　73–75, 87
コルディ　Annie CORDY　131
コルニュオー　Jérôme CORNUAU　249
コルノー　Alain CORNEAU　185
コルラ　Maurice COLRAT　71
コレット　Colette　54, 148, 153, 160, 200, 237
ゴンクール　Edmond de GONCOURT　54, 163
コンスタン　Louis, CONSTANT　214
コント　Arthur CONTE　215
コントルッシ　Jean CONTRUCCI　215, 242–43
コンブレー　Combray　42

サ　行

サーリンズ　Marshall SAHLINS　25
サヴィニオ　Alberto SAVINIO　224
サガン公　Hélie TALLEYRAND (Duc de Sagan)　16, 87, 140
ザッキン　Ossip ZADKINE　51
サドゥル　Jacques SADOUL　150, 155
サルドゥ　Roger SARDOU　104
サルモン　André SALMON　60, 123, 135–38
サン・パウロ　Sao Paulo　225
サン＝グラニエ　Saint-Granier　143
サン＝テティエンヌ　Saint-Étienne　215
サン＝ブリュー　Saint-Brieuc　208
サンティアゴ・デ・チレ　Santiago de Chile　227–28
サンドラール　Blaise CENDRARS　38, 55–56, 123
ジーグフリード　André SIEGFRIED　165
ジヴェルニー　Giverny　243
シェイケヴィッチ　Marie SCHEIKÉVITCH　76
シェルクリフ　Jose SHERCLIFF　75
シェンデルフェール　Pierre SCHOENDOERFFER　184
シェーンベルク　Arnold SCHÖNBERG　38, 123
ジェニーナ　Augusto GENINA　147
ジェラール　Frédéric GÉRARD　135
シェル　Chelles　207
シェレ　Jules CHÉRET　130, 235
ジェローム　Jean-Léon GÉRÔME　39
シェロンネ　Louis CHÉRONNET　71–72, 92
シカゴ　Chicago　21
ジッド　André GIDE　37, 54
シットウェル　Osbert SITWELL　86
シナトラ　Frank SINATRA　133, 160
シャガール　Marc CHAGALL　7, 51
ジャコブ　Max JACOB　59, 123, 135, 138
シャストゥネ　Jacques CHASTENET　162
シャタック　Roger SHATTUCK　39, 201, 221
シャネル　Gabrielle CHANEL, DITE CHANEL COCO　50, 244
ジャリ　Alfred JARRY　7, 136
ジャルー　Edmond JALOUX　68
シャルル　Jean CHARLES　49
ジャンケレヴィッチ　Vladimir JANKÉLÉVITCH　91
シャンソール　Félicien CHAMPSAUR　54
シャンソン　Chansons　16, 28, 56–58, 60, 62, 79, 88, 101, 103, 105–06, 108, 114–15, 117, 130, 152, 167, 182, 186, 188–89, 238
ジャンソン　Henri JEANSON　74–75
シャンパーニュ　la Champagne　206
ジュアン　Hubert JUIN　12, 36, 195, 202
シュヴァイツァー　Albert SCHWEITZER　151
シュヴァリエ　Louis CHEVALIER　193

シュヴァリエ　Maurice CHEVALIER　8, 48, 97, 105, 108, 112, 114, 133, 134, 144, 160–61, 186
ジュヴネル　Henry de JOUVENEL　70
ジュヴネル　Robert de JOUVENEL　165
ジュヌヴォワ　Maurice GENEVOIX　214
シュタインハイル　Marguerite STEINHEIL　164, 173, 185, 216
シュライバー　Hermann SCHREIBER　221
ジュリアン　Camille JULLIAN　231
ジュリアン　Philippe JULLIAN　231
ジュルダン　Louis JOURDAN　160
ショコラ　Chocolat　77
ジョッソー　Henri Gustave JOSSOT　199
ジョルジュ　Yvonne GEORGE　58
ジョルジュス　Georgius　97, 103–04
ジョレス　Jean JAURÈS　83, 86–87, 236
ジルバル　Gaston GIRBAL　106
ジロドゥ　Jean GIRAUDOUX　54
進歩　Progrès　5–6, 8, 33–34, 37, 64, 70, 145, 237, 244
スーヴェストル　Pïerre SOUVESTRE　242, 249
スーティン　Chaïm SOUTINE　51
スーリエ　Auguste SOULIER　165
スタール　Germaine de STAËL　141
スタイン　Gertrude STEIN　51–52, 217
スタロコンスタンチノフ　Starokonstantinov　127
スチームパンク　Steampunk　249–50
スティーグリッツ　Alfred STIEGLITZ　38
ストラヴィンスキー　Igor STRAVINSKY　38, 123, 217
ストラスブール　Strasbourg　235
スペイン　Espagne　15, 86, 184, 227–28
スレーフォークト　Max SLEVOGT　232
世紀末　Fin-de-siècle　9, 14, 26–27, 34, 79, 179, 202, 221
ゼヴァエス　Alexandre ZÉVAÈS　165
セクシュアリティ　Sexualité　7, 124, 143–44, 153, 169, 172–73, 198, 200, 217–18
セザンヌ　Paul CÉZANNE　33
セニョボス　Charles SEIGNOBOS　166
セム　Sem　68, 167
セリーヌ　Louis-Ferdinand CÉLINE　84
セルマージュ　Sermages　205
前衛（アヴァンギャルド）　Avant-garde　7, 37, 39–40, 50, 55, 121–22, 124, 127, 168, 190, 199, 227, 231, 234–35, 257
占領　Occupation　96–128
ソーヴァージュ　Catherine SAUVAGE　112
ソーヴィ　Alfred SAUVY　77, 168
ソーン　Anne-Marie SOHN　197
ソモリノス　Juan SOMOLINOS　227
ゾラ　Émile ZOLA　151, 217, 248
ソリドール　Suzy SOLIDOR　97, 112
ソレル　Albert SOREL　165
ソレル　Cécile SOREL　222
ソレルス　Philippe SOLLERS　218
ソワッソン　Soissons　206

タ 行

ダイイ　Fernand DAILLY　187
タヴェルニエ　Bertrand TAVERNIER　185
ダヴレ　Charles d'AVRAY　188
タクシル　Léo TAXIL　189
タゴール　Rabindranath Tagore　38
タチ　Jacques TATI　192
ダヌンツィオ　Gabriele d' ANNUNZIO　143, 222, 224
ダミア　Damia　57, 75, 79
ダラディエ　Edouard DALADIER　98
ダラン　Georges DALLAIN　106
ダランソン　Émilienne D' ALENSON　7, 16, 87
ダリアン　Georges DARIEN　35
ダリオ　Marcel DALIO　160

プラガ　Marco PRAGA　222
ブラジル　Brésil　224–28
フラスティエ　Philippe FOURASTIÉ　184
ブラック　Georges BRAQUE　138
ブラッサンス　Georges BRASSENS　188
フラマリオン　Camille FLAMMARION　30
ブラロー　Richard BLAREAU　99
ブラン　Louis BLANC　27
プランゲ　Gabriel-Louis PRINGUÉ　143
ブランケンベルヘ　Blankenberg　248
ブランシュ　Jacques-Émile Blanche　40, 44, 235, 243, 245
フランジュ　Georges FRANJU　147
プランション　Roger PLANCHON　236
フランドル　la FLANDRE　206
ブランリ　Édouard BRANLY　5
ブリー＝コント＝ロベール　Brie-Comte-Robert　211
プリスト　Paul PRIST　220
ブリニョー　François BRIGNEAU　164
ブリュアン　Aristide BRUANT　6, 57, 79, 104, 130, 187–89, 239–40
ブリュッセル　Bruxelles　220, 232
ブリュノ　Ferdinand BRUNOT　43
ブリュンヌ　Jean BRUNHES　42
プルイー　Georges PREUILLY　109
プルースト　Marcel PROUST　38, 41–42, 54–56, 76, 119, 123, 142, 216–17, 232, 237, 245
ブルジョワ＝ボルジェ　Louis BOURGEOIS-BORGEX　79
ブルテール　Henri BOURTAYRE　114
ブルトン　André BRETON　82, 123, 125, 201
ブルナ　Bournat　247
フルネ　Jean FOURNET　99
ブルノワ　Brunoy　206
ブルボネ　le BOURBONNAIS　206
プレヴェール　Jacques PRÉVERT　112, 123
プレヴォー　Jean PRÉVOST　56
プレヴォー　Marcel PRÉVOST　101, 143
フレール　Robert de FLERS　66, 148, 157
フレエル　Fréhel　16, 57–58, 79–80, 87, 188
プレール　Micheline PRESLE　89
ブレスト　Brest　206–07
フレチュール＝アン＝コンドロス　Fraiture-en-Condroz　220
ブレリオ　Louis BLÉRIOT　5
ブレル　Jacques BREL　184
ブローンベルジェ　Pierre BRAUNBERGER　118
ブロカ　Henri BROCA　52
ブロック　Jean-Richard BLOCH　45
ブロック　Marc BLOCH　165
フロレル　Florelle　74
フロロ　Philipp AEBISCHER, DIT JEAN FROLLO　36
ブロワ　Léon BLOY　37
文学　Littérature　38, 42, 53–56, 66, 58–59, 65–73, 76–79, 80–87, 123, 134–39, 168, 198–202, 212–15, 241–43
ベーカー　Joséphine BAKER　21, 99
ベーフィンガー　Alfred BÖFINGER　98–99
ペギー　Charles PÉGUY　21, 51, 77
ベクレル　Henri BECQUEREL　5
ベック　Conrad BECK　52
ベッケル　Jacques BECKER　147, 150, 155, 157–58
ベッソン　Luc BESSON　249
ヘミングウェイ　Ernest HEMINGWAY　52
ベリー　le BERRY　52
ペリゴール　Périgord　247
ベリュリエ　BÉRURIER noir　240
ベルギー　Belgique　220, 232, 247
ベルクソン　Henri BERGSON　41–42, 53, 257

ビアンコッティ　Angiolo BIANCOTTI　222
ピエール神父　l'abbé PIERRE　158
ピカソ　Pablo PICASSO　7, 121–23, 135, 138, 168, 183, 216–17, 229, 244
ピカビア　Francis PICABIA　125
ピガル　Pigalle　240
ピカルディー　Picardie　206
ピサロ　Camille PISSARO　232
ピックフォード　Mary PICKFORD　47
ピット　William PITT　162
ヒトラー　Adolf HITLER　96
ビネ＝ヴァルメール　Jean-Gustave BINET-VALMER　55
ピノトー　Claude PINOTEAU　236
ビヤンクール　Billancourt　153
ヒューストン　John HUSTON　133
ピュジェ　Claude-André PUGET　76
ピュジョール　Joseph PUJOL　172, 210
ビュッフェ　Eugénie BUFFET　57, 76
ヒュルスカンプ　Hulstkamp　220
ビュルナン　Robert BURNAND　30, 163
ビュルニエ　Robert BURNIER　16
ビリー　André BILLY　134, 137–38, 202
ピロー　Christian PIROT　202
ファショダ　Fachoda　126
ファリエール　Armand FALLIÈRES　4, 162, 169
ファルーク　Farouk, roi d'Égypte　228
ファルギエール　Jean Alexandre FALGUIÈRE　142
ファルグ　Léon-Paul FARGUE　46, 78, 135, 137
ファン・ゴッホ　Vincent VAN GOGH　159–60, 236, 244
フイエ　Alfred FOUILLÉE　27
フィッツ＝ジェイムズ　Rosalie de FITZ-JAMES　140
フィッツジェラルド　Francis Scott FITZGERALD　52
ブイヨン　Jacques BOUILLON　197
フィリップ＝ジェラール　Philippe-Gérard　132
ブーヴィエ　Jeanne BOUVIER　214
フーコー　Michel FOUCAULT　197
ブーランジェ　Georges BOULANGER　151, 154
ブールジェ　Paul BOURGET　101, 143, 202
ブーレーズ　Pierre BOULEZ　123
フェアバンクス　Douglas FAIRBANKS　47
フェーヴル　Abel FAIVRE　143
フェーヴル　Lucien FEBVRE　165
フェテュ　Annie FETTU　208
フェドー　Georges FEYDEAU　73–74, 143, 148, 157
ブエノスアイレス　Buenos Aires　227
フェミニズム　Féminisme　195, 199, 239, 243
フェレ　Léo FERRÉ　112, 188
フォーラム・デ・アール　le Forum des Halles　192
フォール　Félix FAURE　173
フォラン　Jean-Louis FORAIN　40
フォルタレザ　Fortaleza　225
フォンテス　Fontès　211
フキエール　André de FOUQUIÈRES　44, 46, 50, 134, 139–42, 144, 168
プジー　Liane de POUGY　7, 73, 129, 144, 200, 214
藤田嗣治　Tsugouharu FOUJITA　51
舞台裏　Envers du décor　8, 203
フックス　Paul FUCHS　60
フティット　George FOOTTIT　73
ブトミー　Émile BOUTMY　165
フュルシ　Henri FURSY　59–60
フラ＝レ＝バン　Fourras-les-Bains　247
ブライヤー　Bryher　79

Rochelle　84
トリュフォー　François Truffaut　182–83
トルティヤール　Tortillard　109
トレド　Tolède　96
トレネ　Charles Trenet　97, 108–09, 112, 186
ドレフュス　Alfred Dreyfus　11, 31–32, 33, 54–55, 81, 85, 125–26, 151, 166, 244
トレポール　Le Tréport　206

ナ 行

ナーアム　Jacques Nahum　185
ナドー　Maurice Nadeau　123
ナポリ　Naples　223
ナンシー　Nancy　208
ナント　Nantes　206
ニーム　Nîmes　206
ニコラ・ド・シャンフォール　Sébastien-Roch Nicolas de Chamfort　66
ニューヨーク　New York　21, 34, 38, 48, 68, 123, 127, 149, 229, 230, 232–33, 235, 244, 261
ヌートル　Jérôme Neutres　13
ヌムール　Nemours　207
ノジャン　Nogent　102
ノルマンディー　Normandie　206

ハ 行

ハースト　William Randolph Hearst　34
バーゼル　Bâle　83
バーダー　Andreas Baader　184
バーリ　Bari　222
バール　Raymond Barre　205
バール＝ル＝デュック　Bar-le-Duc　4
ハイ・ライフ　High life　4, 134, 150, 163, 206, 212
バイラーティ　Eleonora Bairati　224
バウエル　Gérard Baüer　168
バウエル　Pierre Bauer　116
バザン　André Bazin　119–20, 183
パスカル　Victor Pascal　100, 102
パストゥール　Claude Pasteur　213, 236
バチカン　le Vatican　151, 194
バックル　Richard Buckle　124
パテ　Charles Pathé　43
パトゥ　Jean Patou　50
ハドルストン　Sisley Huddleston　48
パニョール　Marcel Pagnol　237
パピーニ　Giovanni Papini　222
パラシオ　Jean de Palacio　202
パラベラム　Parabellum　240
ハリウッド　Hollywood　85, 129, 159–61, 230
パリノー　André Parinaud　125
バルザック　Honoré de Balzac　21
バルセロナ　Barcelone　232
バルタール　Victor Baltard　192
バルド　André Barde　16, 88, (45)
バルネ　Natalie Clifford Barney　200
バルバラ　Barbara　188
バルパライソ　Valparaiso　228
バルビュス　Henri Barbusse　70, 86
バルベック　Balbec　42
バルマ　Claude Barma　186
バレット　Lima Barreto　226
バレス　Maurice Barrès　37, 126
バロー　Jean-Louis Barrault　157
万国博覧会　Exposition universelle　11, 53–54, 66, 101, 136, 143, 164, 174, 193, 208, 236, 242, 247
ビアー　Thomas Beer　86
ピアフ　Édith Piaf　21, 97, 132, 187–88
ピアラ　Maurice Pialat　236
ビアリッツ　Biarritz　4, 170

ダルー　Jules DALOU　6
タルディ　Jacques TARDI　243
タルド　Gabriel TARDE　27
ダルベール・ド・リュイヌ　Jeanne-Baptiste D'ALBERT DE LUYNES　140
中央ヨーロッパ　l'Europe centrale　52, 127
中国　Chine　34, 234
中東　Moyen-Orient　228
チューリッヒ　Zurich　228
ツヴァイク　Stefan ZWEIG　145, 169–72
ツェトキン　Clara ZETKIN　83
ディアギレフ　Serge DIAGHILEV　124, 216, 229
ディアス　Porfirio DIAZ　227
ディアマン＝ベルジェ　Henri DIAMANT-BERGER　74, 147
デイヴィス　Mick DAVIS　236
ディミエ　Louis DIMIER　70
ティヨン　Germaine TILLION　110
ディレーヌ　Max d'YRESNE　106, (49)
デグロープ　Pierre DESGRAUPES　185
デスノス　Robert DESNOS　56
デュアメル　Georges DUHAMEL　76, 82
デュヴィヴィエ　Julien DUVIVIER　16, 87, 155
デュヴェルノワ　Henri DUVERNOIS　16, 87–88, (45)
デュシャン　Marcel DUCHAMP　38, 125
デュバス　Marie DUBAS　57
デュフィ　Raoul DUFY　136
デュフェ　Marguerite DUFAY　172
デュベック　Lucien DUBECH　15
デュマイエ　Pierre DUMAYET　185
デュラン　Marguerite DURAND　200
デュラン　Michel DURAND, DIT DURAN MICHEL　151
テリー　Maurice THÉRY　116
デリュック　Louis DELLUC　121
デルピエール　Madeleine DELPIERRE 190
展覧会　Expositions　122, 167, 190, 196, 199, 209, 229–37, 244, 247
ド・ゴール　Charles de GAULLE　126
ド・ロワヌ　Marie-Anne DETOURBAY, COMTESSE DE LOYNES　140
ドイツ　Allemagne　29, 86, 184, 218
ドゥーゼ　Eleonora DUSE　222, 230
ドゥーミック　René DOUMIC　34
トゥーリエ　André THEURIET　101
トゥールーズ　Toulouse　208
トゥールーズ＝ロートレック　Henri de TOULOUSE-LAUTREC　21, 49, 130–31, 133, 199, 216, 229, 231, 236–37, 243–44, 246, 249
トゥールヌール　Maurice TOURNEUR 87
トゥーレ　Paul-Jean TOULET　190
ドゥコー　Alain DECAUX　164
ドゥプーテ　Rémi DEPOORTER　213
ドゥボール　Guy DEBORD　189
トゥルヴィル　Trouville　170
トゥルエバ　Fernando TRUEBA　228
ドゥロー　Georges DELAW　71
ドーヴィル　Deauville　4, 15, 73, 170
ドーデ　Léon DAUDET　53, 67
ドカイエ　André DECAYE　58
ドサイ　Claude DESAILLY　186
ドス・パソス　John DOS PASSOS　52
ドニ　Maurice DENIS　40
ドネ　Maurice DONNAY　37, 134, 143, 191
ドビュッシー　Claude DEBUSSY　7, 123, 216–17
ドラナム　Dranem　73, 104
ドラン　André DERAIN　138
トランスヴァール　Transvaal　34
トリエステ　Trieste　222
ドリゴ　Francesco DORIGO　222, 224
ドリュ・ラ・ロシェル　Pierre DRIEU LA

ベルシー　Bercy　246
ペルティエ　Madeleine PELLETIER　200
ベルトー　Jules BERTAUT　71
ベルトミュー　André BERTHOMIEU　80, 147, 149
ベルトルッチ　Bernardo BERTOLUCCI　185
ベルトン　Pierrer BERTON　148
ベルナール　Michèle BERNARD　188
ベルナール　Sarah BERNHARDT　73, 143, 217, 230
ベルナール　Tristan BERNARD　143
ベルリン　Berlin　85
ペレイラ　Passos Francisco PEREIRA　224
ベロー　Jean BÉRAUD　40, 235
ベロン　Yannick BELLON　118
ヘンドリックス　Jan HENDRIKS　232
ベンヤミン　Walter BENJAMIN　256
ポーヴェール　Jean-Jacques PAUVERT　123
ボーヴォワール　Simone de BEAUVOIR　112, 153
ポーター　Cole PORTER　160, 133
ボーモン　Germaine BEAUMONT　68
ポーリュス　Paulus　104
ボゴタ　Bogota　227
ポダリデス　Bruno PODALYDÈS　250
ボッチョーニ　Umberto BOCCIONI　224
ボヌフー　Georges BONNEFOUS　166
ボノ　Jules BONNOT　184, 189
ボノー　Renée BONNEAU　243
ボフィンガー　Bofinger　246
ボリ　Jean-Louis BORY　152
ポリニャック　prince de POLIGNAC　140
ボルディーニ　Giovanni BOLDINI　143, 224, 245
ポルト・アレグレ　Porto Alegre　225
ボルドー　Bordeaux　167, 194, 206
ポルトガル　Portugal　15, 228
ボロナリ　Joachim-Raphaël BORONALI　139
ボワイエ　Lucienne BOYER　57, 97
ポワレ　Paul POIRET　15, 64, 87, 144, 170, 190, 244–45
ポワンカレ　Raymond POINCARÉ　4, 162
ポンソン・デュ・テライユ　Alexis PONSON DU TERRAIL　242
ポンピドゥー　Georges POMPIDOU　194

マ 行

マイヨール　Félix MAYOL　59, 104
マエ　Henri MAHÉ　130
マクレーヌ　Shirley MACLAINE　133
マコーリフ　Mary MCAULIFFE　217
マシス　Henri MASSIS　45
マスペロ　François MASPERO　198
マタ・ハリ　MATA HARI　216, 223
マティス　Henri MATISSE　37, 138
マナウス　Manaus　225
マリタン　Jacques MARITAIN　45
マリネッティ　Filippo MARINETTI　224
マル　Louis MALLE　184
マルヴィル　Charles MARVILLE　58
マルガリティス　Gilles MARGARITIS　98, 132–33
マルケル　Chris MARKER　120
マルサン　Eugène MARSAN　68
マルジャンヌ　Léo MARJANE　57, 98, 109
マルセイユ　Marseille　206, 215, 242–43
マルタ　Augusto MALTA　225
マルタン・デュ・ガール　Roger MARTIN DU GARD　54, 56, 81, 86–87, 237
マルティヌー　Bohuslav MARTINU　52
マルニ　Jeanne MARNI　200
マルヌ河岸　les bords de MARNE　4, 99, 102, 149–50, 170, 238

マルボ　Camille Marbo　55
マルロー　André Malraux　204
マレ　Léo Malet　61
漫画　Bande dessinée　243
満洲　la Mandchourie　86
マンデス　Catulle Mendès　137
マンドゥラース　Henri Mendras　194
ミオマンドル　Francis de Miomandre　172, 222
ミシュレ　Claude Michelet　205
ミスタンゲット　Mistinguett　21, 49, 79, 97, 99, 105, 108
ミゼロッキ　Manlio Miserocchi　222
ミッテラン　François Mitterrand　205
ミネリ　Vincente Minnelli　159
ミハロヴィッチ　Marcel Mihalovici　52
ミミ・パンソン　Mimi Pinson　104, 136
ミュージック・ホール　Music-hall　46–49, 74, 84, 95–97, 99–100, 103, 105–11, 114–16, 132, 159, 167, 187, 235
ミュールフェルド　Lucien Muhlfeld　201
ミュシャ　Alfons Mucha　246
ミュンヘン　Munich　221, 228
ミラー　Henry Miller　46
ミラノ　Milan　222, 224
ミランド　Yves Mirande　129
ミルボー　Octave Mirbeau　14, 148
ムージル　Robert Musil　85
ムースマン　Daniel Moosmann　185
ムーラン・ルージュ　Moulin-Rouge　21, 48–49, 63, 73, 75–76, 80, 87, 97, 107–08, 115, 128–33, 152, 159–60, 186–87, 191, 223, 237–38, 243, 245, 249
ムラン　Melun　207
ムルージ　Marcel Mouloudji　112, 188–89
メイエール　Jean Meyer　157
メイヤック　Henri Meilhac　148
メーテルランク　Maurice Maeterlinck　143
メキシコ　Mexico/Mexique　218, 226–27
メジャン　Jean Méjean　187
メトアン　Jacques Metehen　132
メトロン　Jean Maitron　198
メラル　André Mairal　186
メリエス　Georges Méliès　121, 151, 158
メルボルン　Melbourne　237
メロード　Cléo de Mérode　7, 141–44, 173, 190–91, 220, 223
モアティ　Serge Moati　198
モークレール　Camille Mauclair　52
モーパッサン　Guy de Maupassant　148, 185
モーラス　Charles Maurras　84
モジリアーニ　Amedeo Modigliani　51, 236
モゼル　la Moselle　111
モニエ　Adrienne Monnier　79
モネ　Claude Monet　217
モノー　Gabriel Monod　164
モラン　Paul Morand　65–73, 76, 89, 172
モリス　Charles Morice　54
モルマン　Mormant　207
モレ　Jean Mollet　190
モレアス　Jean Moréas　136–37
モン・サン＝ミシェル　le Mont Saint-Michel　136
モンテカルロ　Monte-Carlo　4
モンテスキュー　Robert de Montesquiou　140, 245
モンテビデオ　Montevideo　227
モンテユス　Montéhus　188–89
モンテリマール　Montélimar　4
モンパルナス　Montparnasse　46–47, 52, 59–60, 78, 105, 108, 127, 136–37, 192–93, 210

モンフォール　Eugène MONTFORT　69
モンマルトル　Montmartre　4, 21, 46–47, 48, 51, 58–60, 63, 77–79, 108, 123, 132–33, 135–39, 149–50, 152, 154, 159, 170, 187, 193, 235, 246, 256
モンルージュ　Montrouge　60

ヤ 行

ユアール　Charles HUARD　199, 235
ユゴー　Hugo　129, 171
ユゼス　Uzès DUCHESSE　140
ユトリロ　Maurice UTRILLO　59, 136
ユニベル　André HUNEBELLE　249

ラ 行

ラ・ガンダーラ　Antoine LA GANDARA　245
ラ・ブラシュリ　Pierre LA BRACHERIE　201
ラ・ボール　La Baule　4
ラーヴェンスブリュック　Ravensbrück　109
ラーマン　Baz LUHRMANN　249
ラインハルト　Django REINHARDT　97
ラヴィッス　Ernest LAVISSE　34, 164, 166
ラクルテル　Jacques de LACRETELLE　54
ラクロワ　Christian LACROIX　244
ラジュニー　Lajunie　136
ラシルド　Rachilde　70
ラテス　Jean-Claude LATTÈS　243
ラデュレ　Ladurée　246
ラテンアメリカ　Amérique latine　226, 229
ラナヴァロナ三世　Ranavalona III　73
ラニ　Lagny　207
ラフェンシュタイン　Ravenstein　220
ラヌー　Armand LANOUX　8, 173, 254
ラビーシュ　Eugène LABICHE　53
ラブッシュ　Frères LABOUCHE　208
ラベ　Marcel LABBÉ　107, (49)
ラボー　Jean RABAUT　200
ラミュール　Pierre LA MURE　133
ラルエット　Jacqueline LALOUETTE　13
ランヴァン　Jeanne LANVIN　50, 190, 245
ラング　Walter LANG　133, 160
ラングラン　Suzanne LENGLEN　48
ランス　Reims　186, 206
ランス　Maurice RHEIMS　190
ランデー　Max LINDER　143
ランブイエ　Rambouillet　206
リーリック　Charles REARICK　11, 13
リヴァローラ　Matto Jose Maria RIVAROLA　227
リヴィエール　Jacques RIVIÈRE　39
リヴェ　Marcel de LIVET　104
リヴェット　Jacques RIVETTE　184
リエージュ　Liège　220
リオ・デ・ジャネイロ　Rio de Janeiro/João do RIO　224–27
リカール　Paul RICARD　199
リゴルボッシュ　Rigolboche　109
リシャール　Elie RICHARD　59
リゼ　Charlotte LYSÈS　73
リッチョーネ　Riccione　222
リマ　Lima　227
リム　Carlo RIM　147
リムーザン　Limousin　43
リュール　Ruhl　103
リュカス＝ルブルトン　Jean LUCAS-LEBRETON　60
リュミエール兄弟　Auguste et Louis LUMIÈRE　6, 79
ル・ドゥレ　Ernest-Louis-Désiré LE DELEY　208
ル・ブロン　Maurice LE BLOND　71
ルアネ　Gustave ROUANET　35

ルイス　Raoul RUIZ　236
ルーヴェール　André ROUVEYRE　15, 43
ルーベ　Émile LOUBET　4, 169
ルグラン　Raymond LEGRAND　99
ルシュー　Daniel LESUEUR　200
ルドルフ　Raymond RUDORFF　221
ルトンド　Rethondes　96, 111
ルナール　Jules RENARD　37
ルヌヴァン　Pierre RENOUVIN　166
ルノー　Renaud　217
ルノワール　Jean RENOIR　129, 133, 146, 149, 151, 153–55, 157, 161, 236, 246
ルブラン　Georgette LEBLANC　143
ルブラン　Maurice LEBLANC　54, 56, 148, 242
ルルー　Gaston LEROUX　74, 148, 242
ルロー　Raymond ROULEAU　158
レ・ミル　Milles　127
レイ　Henri-François REY　188
レーマン　Henri LHEMENS　88
レオポルド二世　Léopold II　142, 220, 248
歴史　Histoire　161–67, 196–200, 234, 237, 253–59
歴史家　Historiens　161–67, 196–200
レジャン　Réjane　143
レシャル　Antonin RESCHAL　217
レトロ　Rétro　206–12
レナック　Joseph REINACH　166
レネ　Alain RESNAIS　118
レノー　Paul REYNAUD　96
レマン湖　le Lac Léman　247
レモン　René RÉMOND　203
ロ・エ・ガロンヌ　Lot-et-Garonne　4
ロイド　Frank LLOYD　85
ロヴィック　Hervé LAUWICK　191
ローデ　Fernand LAUDET　71
ロード　Alfred RODE　156
ローマ　Rome　222
ロシア　Russie　126
ロシェ　Pierre ROCHÉ　182
ロシュフォール　Henri ROCHEFORT　66, 247
ロスタン　Edmond ROSTAND　6, 143
ロッシ　Tino ROSSI　97, 108, 112, 132
ロニー兄　aîné ROSNY　71
ロバートソン　Imogen ROBERTSON　241
ロペス　Francis LOPEZ　133
ロマネッリ　Piero ROMANELLI　222
ロマン　Jules ROMAINS　81, 86
ロラン　Jean LORRAIN　73, 202
ロラン　Romain ROLLAND　45
ロリス　George de LAURIS　142
ロワ　Claude ROY　40
ロワ　Jean-Claude ROY　133
ロワイヤン　Royan　170
ロンドン　Londres　85, 232

ワ 行

ワイルダー　Billy WILDER　159
ワイルド　Oscar WILDE　222, 224
笑い　Rire　105–07, 144, 171–72, 201, 256

《叢書・ウニベルシタス　1172》
〈ベル・エポック〉の真実の歴史

2024年9月12日　初版第1刷発行

ドミニク・カリファ
寺本敬子 訳
発行所　一般財団法人　法政大学出版局
〒102-0071 東京都千代田区富士見 2-17-1
電話 03(5214)5540 振替 00160-6-95814
組版：HUP　印刷：平文社　製本：積信堂

Printed in Japan

ISBN978-4-588-01172-6

著　者

ドミニク・カリファ（Dominique Kalifa）

1957年生まれ。1994年，パリ第7大学博士課程修了。パリ第7大学，レンヌ第2大学を経て，2002年，アラン・コルバンの後任としてパリ第一大学教授に就任。2015年，フランス大学学院の会員に選任。近代フランスの犯罪など社会史を専門とし，著書に『犯罪・捜査・メディア—— 19世紀フランスの治安と文化』（法政大学出版局，2016年），『ビリビ——フランス軍の植民地徒刑場』（ペラン社，2009年），『どん底——ある想像物の歴史』（スイユ社，2013年）などがある。本書でアカデミー・フランセーズ「ウジェーヌ・コラス賞」を受賞。2020年没。

訳　者

寺本敬子（てらもと・のりこ）

成蹊大学文学部准教授。一橋大学大学院社会学研究科博士後期課程修了，パリ第一大学（パンテオン・ソルボンヌ）歴史学科博士課程修了。専門はフランス近代史，日仏交流史。単著に『パリ万国博覧会とジャポニスムの誕生』（思文閣出版，2017年），共著に『〈フランス革命〉を生きる』（刀水書房，2019年），『万博学——万国博覧会という，世界を把握する方法』（思文閣出版，2020年）ほか。

叢書・ウニベルシタスより

(表示価格は税別です)

1084 性そのもの　ヒトゲノムの中の男性と女性の探求
S. S. リチャードソン／渡部麻衣子訳　4600円

1085 メシア的時間　歴史の時間と生きられた時間
G. ベンスーサン／渡名喜庸哲・藤岡俊博訳　3700円

1086 胎児の条件　生むことと中絶の社会学
L. ボルタンスキー／小田切祐詞訳　6000円

1087 神　第一版・第二版　スピノザをめぐる対話
J. G. ヘルダー／吉田達訳　4400円

1088 アドルノ音楽論集 幻想曲風に
Th. W. アドルノ／岡田暁生・藤井俊之訳　4000円

1089 資本の亡霊
J. フォーグル／羽田功訳　3400円

1090 社会的なものを組み直す　アクターネットワーク理論入門
B. ラトゥール／伊藤嘉高訳　5400円

1091 チチスベオ　イタリアにおける私的モラルと国家のアイデンティティ
R. ビッツォッキ／宮坂真紀訳　4800円

1092 スポーツの文化史　古代オリンピックから21世紀まで
W. ベーリンガー／髙木葉子訳　6200円

1093 理性の病理　批判理論の歴史と現在
A. ホネット／出口・宮本・日暮・片上・長澤訳　3800円

1094 ハイデガー＝レーヴィット往復書簡　1919–1973
A. デンカー編／後藤嘉也・小松恵一訳　4000円

1095 神性と経験　ディンカ人の宗教
G. リーンハート／出口顯監訳／坂井信三・佐々木重洋訳　7300円

1096 遺産の概念
J.-P. バブロン, A. シャステル／中津海裕子・湯浅茉衣訳　2800円

1097 ヨーロッパ憲法論
J. ハーバーマス／三島憲一・速水淑子訳　2800円

叢書・ウニベルシタスより
（表示価格は税別です）

1098 オーストリア文学の社会史　かつての大国の文化
W. クリークレーダー／斎藤成夫訳　7000円

1099 ベニカルロの夜会　スペインの戦争についての対話
M. アサーニャ／深澤安博訳　3800円

1100 ラカン　反哲学3 セミネール 1994–1995
A. バディウ／V. ピノー校訂／原和之訳　3600円

1101 フューチャビリティー　不能の時代と可能性の地平
F. ベラルディ（ビフォ）／杉村昌昭訳　3600円

1102 アメリカのニーチェ　ある偶像をめぐる物語
J. ラトナー＝ローゼンハーゲン／岸正樹訳　5800円

1103 セザンヌ＝ゾラ往復書簡　1858–1887
H. ミトラン校訂・解説・注／吉田典子・高橋愛訳　5400円

1104 新しい思考
F. ローゼンツヴァイク／村岡晋一・田中直美編訳　4800円

1106 告発と誘惑　ジャン＝ジャック・ルソー論
J. スタロバンスキー／浜名優美・井上櫻子訳　4200円

1107 殺人区画　大量虐殺の精神性
A. デ・スワーン／大平章訳　4800円

1108 国家に抗するデモクラシー
M. アバンスール／松葉類・山下雄大訳　3400円

1109 イシスのヴェール　自然概念の歴史をめぐるエッセー
P. アド／小黒和子訳　5000円

1110 生の肯定　ニーチェによるニヒリズムの克服
B. レジンスター／岡村俊史・竹内綱史・新名隆志訳　5400円

1111 世界の終わりの後で　黙示録的理性批判
M. フッセル／西山・伊藤・伊藤・横田訳　4500円

1112 中世ヨーロッパの文化
H. クラインシュミット／藤原保明訳　7800円

叢書・ウニベルシタスより

（表示価格は税別です）

1127 プルーストとシーニュ〈新訳〉
G. ドゥルーズ／宇野邦一訳 3000円

1128 ミクロ政治学
F. ガタリ，S. ロルニク／杉村昌昭・村澤真保呂訳 5400円

1129 ドレフュス事件　真実と伝説
A. パジェス／吉田典子・高橋愛訳 3400円

1131 哲学の 25 年　体系的な再構成
E. フェルスター／三重野・佐々木・池松・岡崎・岩田訳 5600円

1132 社会主義の理念　現代化の試み
A. ホネット／日暮雅夫・三崎和志訳 3200円

1133 抹消された快楽　クリトリスと思考
C. マラブー／西山雄二・横田祐美子訳 2400円

1134 述語づけと発生　シェリング『諸世界時代』の形而上学
W. ホグレーベ／浅沼光樹・加藤紫苑訳 3200円

1135 資本はすべての人間を嫌悪する
M. ラッツァラート／杉村昌昭訳 3200円

1136 病い、内なる破局
C. マラン／鈴木智之訳 2800円

1137 パスカルと聖アウグスティヌス　上・下
Ph. セリエ／道躰滋穂子訳 13500円

1138 生き方としての哲学
P. アド／小黒和子訳 3000円

1139 イメージは殺すことができるか
M.-J. モンザン／澤田直・黒木秀房訳 2200円

1140 民主主義が科学を必要とする理由
H. コリンズ，R. エヴァンズ／鈴木俊洋訳 2800円

1141 アンファンタン　七つの顔を持つ預言者
J.-P. アレム／小杉隆芳訳 3300円

——— 叢書・ウニベルシタスより ———

(表示価格は税別です)

1142 名誉の起源　他三篇
B. マンデヴィル／壽里竜訳　4800円

1143 エクリチュールと差異〈改訳版〉
J. デリダ／谷口博史訳　5400円

1144 幸福の追求　ハリウッドの再婚喜劇
S. カヴェル／石原陽一郎訳　4300円

1145 創られたサン＝キュロット　革命期パリへの眼差し
H. ブルスティン／田中正人訳　3600円

1146 メタファー学のパラダイム
H. ブルーメンベルク／村井則夫訳　3800円

1147 カントと人権
R. モサイェビ編／石田京子・舟場保之監訳　6000円

1148 狂気・言語・文学
M. フーコー／阿部崇・福田美雪訳　3800円

1149 カウンターセックス宣言
P. B. プレシアド／藤本一勇訳　2800円

1150 人種契約
Ch. W. ミルズ／杉村昌昭・松田正貴訳　2700円

1151 政治的身体とその〈残りもの〉
J. ロゴザンスキー／松葉祥一編訳，本間義啓訳　3800円

1152 基本権　生存・豊かさ・合衆国の外交政策
H. シュー／馬渕浩二訳　4200円

1153 自由の権利　民主的人倫の要綱
A. ホネット／水上・大河内・宮本・日暮訳　7200円

1154 ラーラ　愛と死の狭間に
M. J. デ・ラーラ／安倍三﨑訳　2700円

1155 知識・無知・ミステリー
E. モラン／杉村昌昭訳　3000円

叢書・ウニベルシタスより

(表示価格は税別です)

1156 耐え難き現在に革命を！
M. ラッツァラート／杉村昌昭訳 4500円

1157 魂を失った都　ウィーン 1938 年
M. フリュッゲ／浅野洋訳 5000円

1158 ユダヤ人の自己憎悪
Th. レッシング／田島正行訳 4000円

1159 断絶
C. マラン／鈴木智之訳 3200円

1160 逆境の中の尊厳概念　困難な時代の人権
S. ベンハビブ／加藤泰史監訳 4800円

1161 ニューロ　新しい脳科学と心のマネジメント
N. ローズ, J. M. アビ＝ラシェド／檜垣立哉監訳 5200円

1162 テスト・ジャンキー
P. B. プレシアド／藤本一勇訳 4000円

1163 文学的絶対　ドイツ・ロマン主義の文学理論
Ph. ラクー＝ラバルト, J.-L. ナンシー／柿並・大久保・加藤訳 6000円

1164 解釈学入門
H. ダンナー／山﨑高哉監訳／高根・弘田・田中訳 2700円

1165 19 世紀イタリア・フランス音楽史
F. デッラ・セータ／園田みどり訳 5400円

1167 レヴィナスの論理
J.-F. リオタール／松葉類訳 3300円

1168 古くて新しい国　ユダヤ人国家の物語
Th. ヘルツル／村山雅人訳 4000円

1169 アラブの女性解放論
Q. アミーン／岡崎弘樹・後藤絵美訳 3200円

1170 正義と徳を求めて　実践理性の構成主義的説明
O. オニール／髙宮正貴・鈴木宏・櫛桁祐哉訳 4200円